Aachener Bausachverständigentage 1996
Instandsetzung und Modernisierung
Rechtsfragen für Baupraktiker

Register für die Jahrgänge 1975-1996

Aachener Bausachverständigentage 1996

REFERATE UND DISKUSSIONEN

Arlt, Joachim	Die Instandsetzung als Planungsleistung - Leistungsbild, Vertragsgestaltung, Honorierung, Haftung
Brenne, Winfried	Balkoninstandsetzung und Loggiaverglasung - Methoden und Probleme
Dahmen, Günter	Nachträgliche Querschnittsabdichtungen - ein Systemvergleich
Franke, Lutz	Imprägnierungen und Beschichtungen auf Sichtmauerwerks- und Natursteinfassaden - Entwicklungen und Erkenntnisse
Fuhrmann, Günter	Beschichtungssysteme für Flachdächer - Beurteilungsgrundsätze und Leistungserwartungen
Jagenburg, Walter	Baumängel im Grenzbereich zwischen Gewährleistung und Instandhaltung
Lamers, Reinhard	Nachträglicher Wärmeschutz im Baubestand
Meisel, Ulli	Einfache Untersuchungsgeräte und -verfahren für Gebäudebeurteilungen durch den Sachverständigen
Nuss, Ingo	Beurteilungsprobleme bei Holzbauteilen
Oswald, Rainer	Instandsetzungsbedarf und Instandsetzungsmaßnahmen am Altbaubestand Deutschlands - ein Überblick
Weber, Helmut	Sanierputz im Langzeiteinsatz - ein Erfahrungsbericht
Gerner, Manfred Künzel, Helmut	Die Fachwerksanierung im Widerstreit zwischen Nutzerwünschen, Wärmeschutzanforderungen und Denkmalpflege

Aachener Bausachverständigentage 1996

INSTANDSETZUNG UND MODERNISIERUNG

mit Beiträgen von

Winfried Brenne
Günter Dahmen
Lutz Franke
Günter Fuhrmann
Manfred Gerner
Helmut Künzel

Reinhard Lamers
Ulli Meisel
Ingo Nuss
Rainer Oswald
Helmut Weber

RECHTSFRAGEN FÜR BAUPRAKTIKER

mit Beiträgen von

Joachim Arlt
Walter Jagenburg

Register für die Jahrgänge 1975 -1996

Herausgegeben von Rainer Oswald
AIBau - Aachener Institut für Bauschadensforschung und angewandte Bauphysik

BAUVERLAG GMBH • WIESBADEN UND BERLIN

Die Deutsche Bibliothek – CIP-Einheitsaufnahme

Instandsetzung und Modernisierung / mit Beitr. von Winfried Brenne ...
Rechtsfragen für Baupraktiker [u.a.] / mit Beitr. von Joachim Arlt; Walter Jagenburg.
[Gesamtw.]: Aachener Bausachverständigentage 1996.
Hrsg. von Rainer Oswald. – Wiesbaden; Berlin: Bauverl., 1996
   ISBN 3-7625-3284-2
NE: Oswald, Rainer [Hrsg.]; Brenne, Winfried; Aachener
   Bausachverständigentage <1996>; Rechtsfragen für Baupraktiker

Referate und Diskussionen der Aachener Bausachverständigentage 1996

Das Werk einschließlich aller seiner Teile ist urheberrechtlich geschützt. Jede Verwendung außerhalb des Urheberrechtsgesetzes ist ohne Zustimmung des Verlags unzulässig und strafbar. Dies gilt insbesondere für Vervielfältigungen, Übersetzungen, Mikroverfilmungen und die Einspeicherung und Verarbeitung in elektronischen Systemen.

© 1996 Bauverlag GmbH, Wiesbaden und Berlin
Satz: Daniela Schmidli, Wiesbaden
Druck: Hans Meister KG, Kassel

ISBN 3-7625-3284-2

Vorwort

Bauleistungen im Bestand haben einen großen Anteil am Gesamthochbauvolumen in Deutschland. Bei Wohnbauten beträgt dieser Anteil fast 50 %. Der Bedarf an derartigen Arbeiten ist noch größer: Der 3. Bauschadensbericht ermittelt alleine für den Wohnungsbestand für 1993 einen Instandsetzungsbedarf von 163,38 Mrd. DM. Besondere Impulse gehen dabei vom schlechten Zustand der Bausubstanz in den neuen Bundesländern und vom erstrebenswerten nachträglichen Wärmeschutz aus. Die fachgerechte Planung und Ausführung von Instandsetzungen und Modernisierungen und die angemessene Beurteilung von Mängeln und Schäden an solchen Arbeiten haben daher wachsende Bedeutung.

Insbesondere auf dem Sektor der Bauleistungen im Bestand werden häufig nicht genormte Methoden benutzt. Diese werfen für den Anwender und den beurteilenden Sachverständigen viele Fragen auf. Die Beiträge der 22. Aachener Bausachverständigentage suchen schwerpunktmäßig auf diese Fragen eine Antwort zu geben.

Neben einem allgemeineren Überblick über den **Instandsetzungsbedarf** in Deutschland und grundsätzliche Aspekte des **nachträglichen Wärmeschutzes** im Baubestand werden daher detaillierter ausgewählte Instandsetzungsmethoden behandelt: Beiträge über **Imprägnierungen von Fassaden, Beschichtung von Flachdächern und Balkonen, Loggiaverglasungen, nachträgliche Querschnittsabdichtungen** und **Sanierputze** an erdberührten Bauteilen befassen sich kritisch mit den Anwendungsmöglichkeiten und den Anwendungsgrenzen dieser Verfahren.

Ein besonderer Schwerpunkt liegt bei der Problematik der **Fachwerksanierung**, da hier ein besonders ausgeprägter Widerstreit zwischen den Nutzeransprüchen, den Forderungen nach einem hohen Wärmeschutz und den Anforderungen der Denkmalpflege besteht.

Arbeiten am Bestand setzen eine nach Art und Aufwand problembezogene **Anamnese** und **Diagnose** voraus. Fehlerhafte Diagnosen aufgrund unzureichender Untersuchungen gehören zu den häufigsten Ursachen bei Sanierungsfehlschlägen. Die Methoden und Hilfsmittel zur groben Bestandsbeurteilung durch den Sachverständigen sowie die besonderen Beurteilungsprobleme bei Holzbauteilen werden daher detailliert abgehandelt.

Die tiefere Ursache vieler mangelhaft geplanter und schlecht bauüberwachter Instandsetzungen und Modernisierungen ist die unzureichende Honorierung solcher Arbeiten im Bestand. Ein Beitrag befaßt sich daher mit der „**Instandsetzung als Planungsleistung**".

Werden durch den Bauherrn Bauunterhaltungs- und Instandsetzungsarbeiten unterlassen, so kann dies in juristischer Hinsicht im Hinblick auf Gewährleistungsansprüche von Bedeutung sein. Dieser besondere juristische Aspekt wird daher ebenfalls behandelt.

Die Referenten haben mit dem großen Kreis der Tagungsteilnehmer über offene Fragen zum hier behandelten umfangreichen Problemkreis im Rahmen von vier Podiumsdiskussionen diskutiert. Die wichtigsten Diskussionsbeiträge sind am Schluß dieses Bandes abgedruckt. Ich empfehle die Lektüre dieser Diskussionszusammenfassungen besonders.

Es kennzeichnet einen gut informierten Sachverständigen, daß er weiß, wo die Streitpunkte auf seinem Fachgebiet liegen und wo ein gesichertes Wissen noch ganz fehlt.

Den Referenten und den engagiert mitdiskutierenden Tagungsteilnehmern danke ich für ihre Beiträge, das Gelingen der Tagung und das Zustandekommen dieses Tagungsbandes.

Prof. Dr.-Ing. R. Oswald

Inhaltsverzeichnis

Jagenburg, Baumängel im Grenzbereich zwischen Gewährleistung
und Instandhaltung 9

Arlt, Die Instandsetzung als Planungsleistung –
Leistungsbild, Vertragsgestaltung, Honorierung, Haftung 15

Oswald, Instandsetzungsbedarf und Instandsetzungsmaßnahmen am
Altbaubestand Deutschlands - ein Überblick 23

Lamers, Nachträglicher Wärmeschutz im Baubestand 31

Meisel, Einfache Untersuchungsgeräte und -verfahren für Gebäudebeurteilungen
durch den Sachverständigen 40

Franke, Imprägnierungen und Beschichtungen auf Sichtmauerwerks-
und Natursteinfassaden - Entwicklungen und Erkenntnisse 49

Fuhrmann, Beschichtungssysteme für Flachdächer – Beurteilungsgrundsätze
und Leistungserwartungen 56

Brenne, Balkoninstandsetzung und Loggiaverglasung –
Methoden und Probleme 65

Das aktuelle Thema: Die Fachwerksanierung im Widerstreit zwischen
Nutzerwünschen, Wärmeschutzanforderungen und Denkmalpflege

   1. Beitrag: Gerner, Fachwerkinstandsetzung und Fachwerkmodernisierung aus
   der Sicht der Denkmalpflege 74

   2. Beitrag: Künzel, Instandsetzung und Modernisierung von Fachwerkhäusern für heutige Wohnanforderungen 78

Nuss, Beurteilungsprobleme bei Holzbauteilen 81

Dahmen, Nachträgliche Querschnittsabdichtungen – ein Systemvergleich 94

Weber, Sanierputz im Langzeiteinsatz – ein Erfahrungsbericht 105

Podiumsdiskussionen 116

Verzeichnis der Aussteller 135

Register 1975-1996 136

Baumängel im Grenzbereich zwischen Gewährleistung und Instandhaltung

Prof. Dr. Walter Jagenburg, Rechtsanwalt, Köln, Honorarprofessor an der Universität zu Köln

Nach dem Werkvertragsrecht des Bürgerlichen Gesetzbuchs (§§ 631 ff. BGB) muß der Unternehmer eines Bauwerks oder von Teilen desselben 5 Jahre ab Abnahme Gewähr leisten.

§ 633 Abs. 1 BGB:
"Der Unternehmer ist verpflichtet, das Werk so herzustellen, daß es die zugesicherten Eigenschaften hat und nicht mit Fehlern behaftet ist, die den Wert oder die Tauglichkeit zu dem gewöhnlichen oder nach dem Vertrage vorausgesetzten Gebrauch aufheben oder mindern."

§ 638 Abs. 1 BGB:
"Der Anspruch des Bestellers auf Beseitigung eines Mangels des Werkes sowie die wegen des Mangels dem Besteller zustehenden Ansprüche auf Wandelung, Minderung oder Schadensersatz verjähren, sofern nicht der Unternehmer den Mangel arglistig verschwiegen hat, ... bei Bauwerken in 5 Jahren. Die Verjährung beginnt mit der Abnahme des Werkes."

Danach hat der Unternehmer dafür einzustehen, daß seine Werkleistung
1. die zugesicherten Eigenschaften hat, die wir hier vernachlässigen können,
2. den anerkannten Regeln der Technik entspricht, die zwar nur in § 13 Nr. 1 VOB/B erwähnt sind, beim BGB-Werkvertrag aber in gleicher Weise gelten, und
3. nicht mit Fehlern behaftet ist, die den Wert oder die Tauglichkeit der Leistung
   a) zu dem gewöhnlichen
   b) zu dem nach dem Vertrag vorausgesetzten Gebrauch aufheben oder mindern.

Dafür Gewähr zu leisten, heißt, daß der Werkunternehmer im Rahmen seiner Nachbesserungspflicht unabhängig von einem Verschulden im Sinne einer Erfolgshaftung dafür einzustehen hat, daß der so umschriebene Zustand der Mangelfreiheit nicht nur bei Abnahme vorhanden ist, sondern diese überdauert und mindestens 5 Jahre lang vorhält. Das ist nach den Vorstellungen des Gesetzgebers eine kurze Gewährleistung, auch wenn die VOB Teil B in § 13 Nr. 4 die Möglichkeit eröffnet, bei Vereinbarung der VOB/B "als Ganzes" diese Frist nochmals um 3 Jahre auf insgesamt nur 2 Jahre zu verkürzen. Kurz sind die 5 Jahre Gewährleistung des § 638 BGB nach der Vorstellung des Gesetzgebers trotzdem, weil ein Bauwerk und die zu seiner Herstellung erbrachten Bauleistungen ihrer Bestimmung nach ja nicht nur 5 Jahre lang halten sollen, sondern insgesamt mind. 50 Jahre und mehr. So besehen trägt deshalb der Auftraggeber das Mängelrisiko ohnehin zu mehr als 90 % und damit praktisch auch die gesamte Last der Instandhaltung der Leistungen des Werkunternehmers für die Dauer des Bestandes des Bauwerks, sobald die 2- bzw. 5jährige Gewährleistung des Unternehmers abgelaufen ist.

Der Werkunternehmer dagegen haftet im Rahmen seiner Gewährleistung, selbst wenn diese 5 Jahre nach BGB beträgt, nicht einmal mit 10 % der Gesamtlebensdauer des Bauwerks für die Haltbarkeit bzw. Mängelfreiheit seiner Leistung.

Trotzdem stellt sich immer wieder und in letzter Zeit zunehmend die Frage, ob es nicht auch schon innerhalb dieser ersten 5 Jahre, die im folgenden zugrunde gelegt werden, Ausnahmen hiervon gibt in Form von Fällen, in denen ein Mangel kein Fehler im Sinne der Gewährleistung des Unternehmers ist, sondern ein Problem vorgezogener Instandhaltung des Bauherrn, und als solches bereits in dessen Risiko fällt.

Lassen Sie mich dies anhand von Beispielen illustrieren, wobei ich 3 Gruppen bilde:

Gruppe 1:
Mängel, die unabhängig von jeder Nutzung des Bauherrn oder Einwirkung von außen allein auf Grund der geringen Lebensdauer bestimmter Baumaterialien innerhalb der

9

ersten 5 Jahre auftreten.
Beispiele:
Dauerelastische Fugen, die vorzeitig verspröden, die Flankenhaftung verlieren und abreißen
a) im Inneren, in Bädern und Küchen sowie zwischen Wänden und gefliesten Fußböden, aber auch
b) außen, unabhängig von Witterungseinflüssen.

Gruppe 2:
Mängel, die ebenfalls unabhängig von einer Nutzung bzw. Abnutzung durch den Bauherrn innerhalb der Gewährleistungsfrist auftreten, aber auf Einwirkungen von außen im Sinne von Witterungs- und Umwelteinflüssen beruhen.
Beispiele:
Flachdächer, insbesondere Folienflachdächer verwittern, ebenso Außenanstriche, z.B. Holzschutzanstriche, die verbleichen, Metallschutzanstriche an Zäunen und Geländern, die Rostbildung nicht verhindern, Fassaden, die durch Witterungs- und Umwelteinflüsse verschmutzen oder bewittern und "Grünspan" ansetzen.

Gruppe 3:
Mängel, die trotz bestimmungsgemäßen Gebrauchs nutzungsbedingt als normaler Verschleiß schon innerhalb der Gewährleistungszeit auftreten.
Beispiele:
Glühbirnen brennen nach kurzer Zeit durch, Durchlauferhitzer verkalken und verweigern ihren Dienst, Aufzug und Heizungsanlage fallen aus, Fußbodenheizungen verschlammen, ebenso Drainagen, Türen und Fenster schleifen, klemmen oder lassen sich nicht öffnen bzw. schließen, weil sie sich verzogen haben, Küchenanstriche werden durch Kochschwaden u.ä. alsbald speckig und fleckig oder sonst unansehnlich, Teppichböden werden durch Laufspuren verunstaltet und verschleißen.

Wenn wir uns vorgenannte 3 Mängelgruppen jetzt unter dem Gesichtspunkt der Gewährleistung des Unternehmers näher ansehen, läßt sich dazu etwa folgendes sagen:

Gruppe 1:
Mängel, die allein auf Grund kurzer Lebensdauer von Baustoffen innerhalb der 5jährigen Gewährleistung auftreten.
Außer den dazu genannten dauerelastischen Fugen, die sich als wenig dauerhafte "Wartungsfugen" erweisen und frühzeitiger Überarbeitung bedürfen, ist hier auch an Folienflachdächer, die Hydrophobierung von Fassaden und andere Imprägnierungen zu denken, die als solche nur eine begrenzte Dauer haben, selbst wenn im Außenbereich, auch bei Außenwand- und Fassadenversiegelungen, Witterungseinflüsse zusätzlich hinzukommen.

Nun differenziert das Gesetz, was die Dauer der Gewährleistung des Werkunternehmers angeht, nicht danach, welche natürliche Lebensdauer die einzelnen Bauteile haben. Die 5jährige Gewährleistung nach § 638 BGB gilt grundsätzlich auch dann, wenn im Einzelfall verwendete Baumaterialien nicht diese Lebensdauer haben.

Anders mögen die Dinge liegen, wenn die Regelgewährleistung, z.B. bei einem Folienflachdach, durch wiederholte Beweissicherungsverfahren - heute: selbständige Beweisverfahren - mehrfach unterbrochen und dadurch auf 10, 15 oder 20 Jahre verlängert wird. In derartigen Fällen mag der Einwand berechtigt sein, daß die rechtlich so weit verlängerte Gewährleistung wegen der begrenzten normalen Lebensdauer solcher Baumaterialien technisch-inhaltlich leerläuft, wenn es richtig ist, daß die normale Lebensdauer bei Folienflachdächern ohnehin nach etwa 20 Jahren an ihre Grenze kommen. Aber selbst dann tut der Jurist sich schwer, allein wegen der begrenzten Lebensdauer von Baustoffen die rechtlich zulässigerweise verlängerte Gewährleistung einfach als gegenstandslos zu betrachten. Hier wird man sich davon ausgehen, daß ein Flachdach, das im Rahmen entsprechend verlängerter Gewährleistung nach 17 oder 18 Jahren altersbedingt erneut undicht wird, grundsätzlich trotzdem mangelhaft und zu sanieren ist. Allerdings wird man in solchen Fällen einen Ausgleich auf dem Weg über die sog. Vorteilsausgleichung suchen und dem Bauherrn aus dem Gesichtspunkt "neu für alt" eine Beteiligung an den Mängelbeseitigungskosten wegen Wertverbesserung auferlegen, weil sein nach so langer Zeit saniertes Dach dadurch wieder entsprechend länger hält.

Innerhalb der ersten 5 Jahre der Regelgewährleistung scheidet eine solche Betrachtung jedoch aus. Innerhalb dieser Zeit wird der Bauherr deshalb auch verlangen können, daß vorzeitig abgerissene dauerelastische Fugen kostenlos überarbeitet werden, ohne daß der Unternehmer einwenden kann, bei derartigen Fugen handele es sich um "Wartungsfugen".

Das gilt auch dann, wenn der Unternehmer

von vornherein darauf hinweist, daß derartige Fugen gewartet werden müssen, denn das verhindert und verkürzt grundsätzlich nicht seine eigene 5jährige Gewährleistung.

Man kann auch nicht einfach sagen, es liege kein Fehler im Sinne des Gewährleistungsrechts vor, wenn die normale Lebensdauer eines Baustoffes kürzer ist als die reguläre Gewährleistungszeit von 5 Jahren. Ein Gewährleistungsmangel im Sinne eines Fehlers liegt immer dann vor, wenn die Ist-Beschaffenheit von der sog. Soll-Beschaffenheit negativ abweicht. Bei einer Fuge, die abgerissen und undicht ist, handelt es sich deshalb grundsätzlich um einen Mangel, selbst wenn dies auf Grund begrenzter technischer Lebensdauer normal und regelgerecht sein sollte. Denn auch wenn eine Leistung den anerkannten Regeln der Technik entspricht, ist sie mangelhaft im Sinne des Gewährleistungsrechts, wenn sie nicht funktioniert und Fehler aufweist, die ihre Gebrauchstauglichkeit beeinträchtigen. Das ist inzwischen vielfach entschieden, für Spannbetonbauweisen wie im Falle der Blasbachtalbrücke[1] bis hin zu Wärmeschutzfassaden.[2] In beiden Fällen ging es um Risse, die nach der Behauptung der Werkunternehmer trotz Einhaltung aller anerkannten Regeln der Technik angeblich unvermeidbar waren. Die Rechtsprechung, allen voran der BGH, hat das jedoch nicht gelten lassen, sondern entschieden, daß eine Brücke oder Fassade, die während der Gewährleistungszeit des Unternehmers Risse bekommt, einen Fehler aufweist und mangelhaft ist, selbst wenn die anerkannten Regeln der Technik eingehalten worden waren.[3] Das allein genügt nicht und ist kein Argument, wenn die technische Lösung nicht funktioniert oder Fehler aufweist, die die Gebrauchstauglichkeit der Werkleistung beeinträchtigen. Denn wie der BGH unlängst nochmals entschieden hat,[4] muß der Unternehmer die Entstehung eines mangelfreien, zweckgerechten Werkes gewährleisten. Entspricht seine Leistung nicht diesen Anforderungen, so ist sie fehlerhaft, und zwar unabhängig davon, ob die anerkannten Regeln der Technik eingehalten worden sind. Maßgeblich ist allein, daß der Mangel, der dem Werk anhaftet, den angestrebten Erfolg zwangsläufig beeinträchtigt.

Ebensowenig ist es möglich, die 5jährige Regelgewährleistung des § 638 BGB wegen u.U. kurzer Lebensdauer oder nur begrenzter Haltbarkeit einzelner Baustoffe zu verkürzen, es sei denn durch Vereinbarung der VOB "als Ganzes". Denn ansonsten verbietet es das AGB-Gesetz in § 11 Nr. 10 Buchst. f, die gesetzliche Gewährleistungsdauer von 5 Jahren zu verkürzen. Das gilt zwar nur für Allgemeine Geschäftsbedingungen, doch handelt es sich darum schon dann, wenn der Unternehmer eine solche Verkürzung mehrfach in gleicher Weise und damit letztendlich formularmäßig vornimmt. Im übrigen besteht die Möglichkeit einer Inhaltskontrolle nach dem AGB-Gesetz in Zukunft auch bei Individualverträgen.

Was dagegen überraschenderweise möglich erscheint, ist der völlige Ausschluß der Gewährleistung für bestimmte Bauteile, Baustoffe oder Bauweisen, z.B. für die Dauerhaftigkeit und Haltbarkeit von Fugenversiegelungen generell. Das muß dann aber von vornherein eindeutig vertraglich vereinbart sein. Es ergibt sich nicht schon aus der sog. Natur der Sache, weil das Gesetz die Gewährleistungsdauer eben nicht von der Haltbarkeit der Baumaterialien abhängig macht und je nach ihrer Lebensdauer unterschiedlich lange regelt.

Gruppe 2:
Mängel, die unabhängig von der Nutzung des Bauherrn, aber durch das Hinzutreten von Witterungseinflüssen vorzeitig auftreten.
Auch insoweit ist grundsätzlich davon auszugehen, daß ein Folienflachdach, das während der normalen Gewährleistungsdauer durch Witterungseinflüsse schadhaft oder undicht wird, mangelhaft im Sinne des Gewährleistungsrechts und vom Unternehmer nachzubessern ist.

Anders mögen die Dinge bei Sturm- und Unwetterschäden liegen, die sich als höhere Gewalt darstellen. Nicht in die Gewährleistung des Unternehmers fallen auch Schäden auf Grund von Dritteinwirkungen, etwa wenn sich durch den Sturm Gerüstdielen vom Gerüst eines benachbarten Hochhauses lösen und das darunterliegende Flachdach beschädigen.

Ähnlich dürften Rückstauschäden im Dach- oder Kellerbereich zu beurteilen sein, wenn Dach- oder Bodeneinläufe durch Laub verstopft und zugesetzt sind oder die Dachrinne überläuft und Regenwasser nach innen drückt, weil das

---

1) OLG Frankfurt, NJW 1983, 456 = BauR 1983, 156 (Blasbachtalbrücke).
2) BGHZ 91, 206 ff., 212/13 = NJW 1984, 2457 = BauR 1984, 510 (Wärmeschutzfassade).
3) Ebenso BGH BauR 1985, 567 = ZfBR 1985, 276 (Alu-Heizkörper) und BGH NJW-RR 1989, 849 = BauR 1989, 462 = ZfBR 1989, 213 (Nachtstromspeicherheizung).
4) BGH NJW-RR 1995, 472 = BauR 1995, 230 = ZfBR 1995, 132 (Schallschutzmängel).

Regenfallrohr durch Eispfropfen verstopft ist. Dies hat nichts mit der Beeinträchtigung der Lebensdauer von Baustoffen während der normalen Gewährleistungsdauer zu tun, die zu Lasten des Unternehmers geht. Dies ist vielmehr eine Störung der Funktionsfähigkeit und Gebrauchstauglichkeit auf Grund von außen hinzutretender Ereignisse, auf die der Unternehmer keinen Einfluß hat. Derartige Umstände fallen deshalb in die Sphäre des Bauherrn selbst als des Nutzers der ansonsten mangelfreien Werkleistung. Sie gehen auf Grund der allgemeinen Wartungs- und Unterhaltungspflicht des Bauherrn zu dessen Lasten.

Bei vorzeitigen Anstrichschäden, insbesondere im Außenbereich, gilt dies dagegen nicht in gleicher Weise. Denn Holzschutzanstriche, die nicht für die gesamte Dauer der Gewährleistung halten und schützen, sind ebenso mangelhaft wie Metallschutzanstriche an Zäunen und Gebäuden, wenn diese innerhalb der Gewährleistungszeit Rost ansetzen.

Im Prinzip gilt das auch für Fassaden, die durch Witterungseinflüsse vorzeitig verschmutzen oder veralgen. Anders als bei Anstrichschäden wird hierdurch zwar die Funktionsfähigkeit der Fassade nicht beeinträchtigt. Gerade bei Fassaden spielt aber auch die Optik eine Rolle, weshalb ihre Beeinträchtigung ebenfalls einen Mangel darstellt. Das gilt jedenfalls dann, wenn die Fassade deutlich schneller verschmutzt oder veralgt als die üblichen turnusmäßigen Reinigungszeiträume. Denn gerade mit Fassaden, insbesondere solchen aus Metall oder Stein, ist auch die Vorstellung einer gewissen Wartungsfreiheit verbunden, die oftmals sogar ausdrücklich als Werbeargument benutzt, wenn nicht sogar zugesichert wird. Deshalb gehört es hier unter Umständen auch zur Beratungspflicht des Unternehmers und der Planer (Architekt, Fassadenplaner), der Luftverschmutzung und sonstigen Witterungs- und Umwelteinflüssen Rechnung zu tragen und deshalb von hellen oder zu rauhen Fassadenmaterialien abzuraten.

Wenn der Bauherr trotz solcher Beratung auf einem ungünstigen Fassadenmaterial besteht, mag der Hinweis auf dessen besondere Wartungsbedürftigkeit genügen. Ansonsten befreit ein solcher Hinweis den Unternehmer aber nicht von seiner Haftung für negative Abweichungen von der Soll-Beschaffenheit während der Dauer seiner Gewährleistung.

Deshalb wird von Unternehmerseite zunehmend versucht, dem Bauherrn als Voraussetzung oder Bedingung für die eigene Gewährleistung den zusätzlichen Abschluß eines Wartungsvertrages abzuverlangen, insbesondere in Fällen der verlängerten Gewährleistung von 10 Jahren. Damit wird jedoch letztendlich nur die eigene Einstandspflicht für die Wartungsbedürftigkeit bestimmter Bauteile und Baustoffe vorzeitig auf den Bauherrn abgewälzt. Außerdem löst dies nicht das Problem, ob ein dann auftretender Fehler ein Gewährleistungs- oder ein Wartungsmangel ist. Das ist zwar so lange unwichtig, wie Gewährleistungsschuldner und Wartungsverpflichteter identisch sind. In dem Moment, wo der Wartungsvertrag aber mit einer anderen Firma geschlossen wird, stellt sich bei Mängeln sofort die Frage, wer sie zu vertreten hat, der Bauunternehmer oder die Wartungsfirma.

Gruppe 3:
Mängel, die auch bei bestimmungsgemäßem Gebrauch nutzungsbedingt als normaler Verschleiß schon innerhalb der Gewährleistungszeit auftreten.

In diesen Fällen kommt als Mängelursache die Nutzung durch den Bauherrn hinzu, doch wird man auch hier grundsätzlich zunächst einmal davon ausgehen müssen, daß diese Nutzung normal und gerade der Sinn und Zweck der Werkleistung ist. Denn diese ist schließlich dazu bestimmt, im Rahmen des normalen Gebrauchs benutzt zu werden. Das muß sie im Prinzip aushalten, und zwar bis zum Ende der Gewährleistung des Unternehmers und eigentlich auch noch eine ganze Weile darüber hinaus.

Wenn deshalb Glühbirnen innerhalb der Gewährleistungszeit durchbrennen, Durchlauferhitzer verkalken und versagen, Aufzug und Heizungsanlage ausfallen, Fußbodenheizungen und Drainagen verschlammen, Türen und Fenster schleifen, klemmen und sich nicht öffnen oder schließen lassen, ist das alles im Grunde ebenfalls ein Gewährleistungsmangel. Denn eine Glühbirne, die nicht brennt, ist mangelhaft. Ein Durchlauferhitzer, der kein warmes Wasser erzeugt, ein Aufzug, der nicht fährt, eine Heizungsanlage, die nicht heizt, sind es ebenfalls. Und für Fußbodenheizungen und Drainagen sowie Fenster und Türen, die nicht funktionieren, gilt nichts anderes.

Zwar haben Glühbirnen bekanntlich nur eine begrenzte Brenn- und Lebensdauer. Auch ist weitgehend bekannt, daß Durchlauferhitzer regelmäßig entkalkt, Aufzugs- und Heizungsanlagen gewartet werden müssen. Im Prinzip ändert das aber nichts daran, daß trotzdem der

Unternehmer für den bestimmungsgemäßen Gebrauch während der Gewährleistungsdauer einstehen muß. Bezüglich der Glühbirnen kann er sich dadurch helfen, daß er seine Gewährleistung für eine bestimmte Brenndauer gänzlich ausschließt. Gleiches gilt für alle anderen sog. Verschleißteile, für die die Gewährleistung ausgeschlossen werden sollte. Bezüglich Durchlauferhitzer, Aufzug und Heizungsanlage sowie anderer trotz bestimmungsgemäßen Gebrauchs nutzungsempfindlicher Bauteile (Fußbodenheizungen, Drainagen, Türen und Fenster) empfiehlt sich der Abschluß eines Wartungsvertrages mit dem Bauherrn, selbst wenn dieser die Gewährleistungshaftung nicht ausschließt, sofern ein Mangel nicht auf unterbliebener Wartung beruht.

Eine Verkürzung der gesetzlichen Gewährleistungsdauer dagegen ist – wie gesagt – nur bei Vereinbarung der VOB/B "als Ganzes" auf 2 Jahre möglich, ansonsten jedoch durch § 11 Nr. 10 Buchst. f AGB-Gesetz verboten. Deshalb haftet der Werkunternehmer auch 5 oder nach VOB 2 Jahre für Mängel des von ihm verarbeiteten Materials, vom Dachbaustoff über Anstrichmaterialien bis zur Glühbirne, auch wenn er selbst dafür von seinem Lieferanten, z.B. dem Baustoffhandel, nur eine wesentlich kürzere Gewährleistung nach Kaufrecht erhält, bei beweglichen Sachen nach § 477 BGB von 6 Monaten. Das war bei den Trocal-Dachschäden unter anderem eines der Probleme der Dachdecker, soweit diese keine gesonderte Materialgarantie des Herstellers hatten. Jedoch kennt das deutsche Recht nicht die im angelsächsischen Recht verbreitete Unterscheidung der Haftung für "handwork" und "material", wobei letztere auf das beschränkt werden kann, was der Unternehmer selbst an Gewährleistung beim Materialeinkauf erhält. Gerade um diese "Schere" zu schließen, die zur Zeit noch zwischen der kurzen Haftung des Materiallieferanten und der wesentlich längeren Gewährleistung des Werkherstellers für dieses Material besteht, hat der vor einiger Zeit vorgelegte Reformentwurf der Schuldrechtskommission vorgeschlagen, den Materialhersteller und -lieferanten als Gesamtschuldner in die Gewährleistung des Werkherstellers einzubeziehen, wie es bezüglich des aufsichtsführenden Architekten schon seit langem der Fall ist. Dort war dies allerdings auch einfacher, weil in beiden Fällen – bezüglich des Unternehmers wie des Architekten – ein Werkvertrag vorliegt, also derselbe Vertragstypus gegeben ist, während der Materiallieferant, wenn es sich nicht um für ein konkretes Bauwerk hergestellte Spezialanfertigungen handelt, nach Kaufrecht haftet.

Es bleiben, um zu unseren Beispielen zurückzukommen, die trotz normalen Gebrauchs vorzeitig verschlissenen Anstriche, Teppichböden und ähnliches. Diese Fälle sind insofern von einer anderen Qualität, als hier die Mängel die Funktionsfähigkeit als solche nicht beeinträchtigen. Auch wird man die Nikotinablagerungen im Wohnzimmer eines starken Rauchers und die in der Küche sichtbaren Spuren der Kochkünste der Hausfrau nicht ohne weiteres als Mangel des Anstrichs ansehen können, wenn sie nicht extrem vor Eintritt der turnusmäßigen Renovierungsintervalle auftreten.

Bei vorzeitigen Laufspuren auf Teppichböden werden die Dinge jedoch schon kritisch, denn Teppichböden werden nun einmal normalerweise begangen und müssen das mindestens für die Dauer der Gewährleistungszeit des Unternehmers aushalten, ebenso Marmorböden. Zu letzterem erinnere ich mich an ein Beweissicherungsverfahren, in dem von einem Arzt gerügt wurde, daß der in seiner Praxis verlegte Marmorfußboden schon nach kürzester Zeit deutliche Laufspuren zwischen Warte- und Behandlungszimmer aufwies. Daraufhin wurden mehrere Proben dieses Marmors im Labor der Fachhochschule Köln untersucht. Das Ergebnis war, daß Mängel des Marmors für die Laufspuren verantwortlich waren, allerdings in diesem Fall Mängel besonderer Art und Güte: Der Marmor war nämlich kein naturgewachsener Marmor, sondern ein aus gemahlenen Marmorresten gepreßter Kunststein. Insofern hatten die Nutzungsschäden hier eine auf der Hand liegende Ursache.

Ansonsten wird man bei derartigen Nutzungsschäden an Stein- oder Teppichböden das Ausmaß der Abnutzung berücksichtigen müssen, das durch den normalen Verschleiß bestimmt ist. So wollte in einem anderen selbständigen Beweisverfahren, durch das die Gewährleistung auf 10 Jahre verlängert worden war, der Bauherr nach 9 1/2 Jahren neue Teppichböden, obwohl deren normale Lebensdauer nach dem Gutachten des Sachverständigen bei gewerblicher Nutzung nur 8 bis 10 Jahre beträgt. Hier hat das Gericht eine Haftung verneint, weil der Bauherr im Wege der Vorteilsausgleichung nach dem Grundsatz "neu für alt" nicht mehr hätte bezahlen müssen, als er im Wege des Schadensersatzes als Gewährleistung selbst dann hätte verlangen können, wenn der

Verschleiß der Teppichböden in diesem Fall ein Mangel gewesen wäre.

Anders können die Dinge aber liegen, wenn ein als strapazierfähig gepriesener hochwertiger Teppichboden schon nach einem halben oder ganzen Jahr völlig verschlissen ist. Das mag bei gewerblicher Nutzung, in einem Kaufhaus oder eine Schule, noch angehen, in einem Privathaus oder einem normal begangenen Büro dagegen wäre dies ein Mangel. Das ist bei Teppichböden nicht anders wie bei Autoreifen, für die allerdings nur eine 6monatige Gewährleistung gilt. Wenn sie in dieser Zeit normal abgefahren sind, ist dies kein Mangel, sind sie nach 6 Monaten dagegen völlig „blank", hat etwas mit der Qualität nicht gestimmt – oder mit der Fahrweise des Fahrers, der sich wie Michael Schumacher gefühlt und sein Auto mit einem Rennwagen verwechselt hat.

Ergebnis
Fassen wir zusammen, so ist zu sagen, daß das Gesetz eine vorgezogene Wartungs- und Instandhaltungspflicht des Bauherrn schon während der Gewährleistungsdauer des Unternehmers nicht kennt, sondern dieser grundsätzlich 5 Jahre – oder bei Vereinbarung der VOB "als Ganzes" 2 Jahre – für die Mangelfreiheit und Funktionsfähigkeit seiner Leistung haftet, gleichgültig wodurch diese beeinträchtigt wird, solange es sich nicht um von außen hinzutretende, über normale Witterungseinflüsse hinausgehende Dritteinwirkungen handelt.

Ist gleichwohl ein vorzeitiger Verschleiß oder eine vorgezogene Wartungsbedürftigkeit gegeben, verkürzt dies nicht die Gewährleistung, noch kann in diesen Fällen deren Dauer vertraglich verkürzt werden. Jedoch kann für sog. Verschleißteile die Gewährleistung gänzlich ausgeschlossen und im übrigen versucht werden, durch zusätzlichen Abschluß von Wartungsverträgen den Bauherrn an den Kosten vorzeitiger Wartungsbedürftigkeit von Anlagen und Bauteilen zu beteiligen.

Die Instandsetzung als Planungsleistung - Leistungsbild, Vertragsgestaltung, Honorierung, Haftung

Prof. Dr.-Ing. Joachim Arlt, Institut für Bauforschung, Hannover

Das Rahmenthema heißt „Instandsetzung und Modernisierung". Mein Thema ist im Titel auf Instandsetzung eingeschränkt. Das ist mir allerdings zu eng. Ich werde die Modernisierung mitbehandeln, denn Sie wissen selbst aus der Praxis, daß eine exakte Trennung der Begriffe, wie sie auch § 3 HOAI in den Begriffsbestimmungen behandelt, selten möglich ist. So relativiert § 3 Nr. 10 auch gleich mit der Definition: „Instandhaltungen sind Maßnahmen zur Wiederherstellung des zum bestimmungsmäßigen Gebrauchs geeigneten Zustandes (Soll-Zustandes) eines Objektes, soweit sie nicht unter Nummer 3 (d.h. Wiederaufbauten) fallen oder durch Maßnahmen nach Nummer 6 (Modernisierungen) verursacht sind".

Ich gehe davon aus, daß Instandsetzungen unter Berücksichtigung der Lebensdauer von Konstruktionen, Ausbau und Technik immer auch die Weiterentwicklung dieser Bereiche einbeziehen müssen und damit auch eine nachhaltige Erhöhung des Gebrauchswertes erreicht wird, wie es HOAI § 3 Nr. 6 – Modernisierungen – definiert.

Wer wird z.B. bei einem schadhaften Putz heute nicht überlegen, ob nicht vielleicht eine Sanierung durch Aufbringung eines Wärmedämmverbundsystems mit dem Effekt einer besseren Wärmedämmung der langfristig sinnvollere Weg ist. Nur bei denkmalgeschützten Objekten wird es sich wohl dann um reine Instandsetzungen handeln, sobald es sich bei der Konstruktion (z.B. ein abgebrannter Dachstuhl oder Auswechslung von Balkenlagen) oder dem Ausbau (Wandbeläge, Bodenbeläge, Türen) um Bauteile handelt, die exakt wiederholt bzw. nachgebaut werden müssen.

Beide Bereiche, Instandsetzungen und Modernisierungen, sind durch Bestimmungen in der HOAI erfaßt. Die Berechnung der Entgelte für entsprechende Leistungen der Architekten und Ingenieure hat also nach den Bestimmungen dieser Verordnung zu erfolgen.

Grundlagen für Modernisierungen sind
- anrechenbare Kosten nach § 10,
- Honorarzone sinngemäß nach § 11,
- Leistungsphasen § 15,
- Honorartafel § 16,
- Zuschlag § 24,
bei Instandsetzungen alternativ
- Zuschlag § 27,
und natürlich finden zudem die Regelungen des Teil I HOAI Anwendung. (Sinngemäß § 55 Ingenieurbauwerke und Verkehrsanlagen.)

Zum Teil sind dies Verlegenheitslösungen, die dem Umfang des Planens und Bauens im Bestand nicht gerecht werden, denn mit 50 % aller Bauaufgaben im Bestand liege ich gerade heute bei einem Rückgang der Neubautätigkeit sicher nicht falsch, oder ist vielleicht die generelle Ausrichtung auf Neubauten die Verlegenheitslösung?

Immerhin wurde mit § 24 ein Ansatz gefunden, der Honorargrundlagen nennt. Die 4. ÄndV hat in § 24 Abs. 1 eine Honorarerhöhung, die den anfallenden Mehraufwand abdecken soll, vorgeschrieben. Damit ist einem wesentlichen Anliegen der Praxis Rechnung getragen worden, wenngleich die Regelung im Detail nicht befriedigen kann.

Leistungen bei Umbauten und Modernisierungen

§ 24 sieht die Leistungen bei Umbauten und Modernisierungen als identisch mit den Leistungen bei Neubauten und Neuanlagen. Das ist zwar im Prinzip richtig, jedoch wird man sich dann nach der Berechtigung der Zuschläge fragen. Wo ist der Mehraufwand? Die amtliche Begründung zur ursprünglichen Fassung des § 24 verweist auf einen regelmäßig anfallenden Mehraufwand. Die Praxis bestätigt dies. Generell sind die technischen Schwierigkeiten in bezug auf vorhandene Substanz, Konstruktion und Material, insbesondere Abnutzungen und Schäden, erheblich höher. Bei der Frage nach der Wirtschaftlichkeit wird in den verschiedenen Kostenermittlungsphasen ein größeres Risiko zu beachten sein. Die Kostensicherheit wird von der Schwierigkeit der Aufgabe beeinflußt.

Die Einzelheiten der Ausführung werden im Zusammenhang alter und neuer Materialien eine detailliertere Darstellung verlangen. Das gilt auch für die Ausschreibung und Vergabe. Erst in dieser Phase läßt sich eine relative Kostensicherheit erreichen. Die Objektüberwachung wird ohne Spezialkenntnisse nicht auskommen, die erst nach langjähriger Erfahrung zu erlangen sind.

Der gute Bauleiter ist nach Aussagen entsprechender Architektenbüros gerade im Bereich des Planes und Bauens im Bestand der wichtigste und am besten bezahlte Mitarbeiter.

Insgesamt müssen die Leistungen den Maßnahmen (Modernisierungen, Instandsetzungen, Instandhaltungen) angepaßt werden.

Der Bundeswirtschaftsminister hat als federführendes Bundesressort seinerzeit einen Forschungsauftrag zur Erarbeitung von Leistungsbildern für das Planen und Bauen im Bestand erteilt. Ein Vorschlag der Forschungsgemeinschaft Pfarr/Koopmann/Rüster liegt vor. Allerdings sind nur wenige Besondere Leistungen in § 15 Abs. 4 übernommen worden. Das Leistungsbild ist bei Hartmann, R., Die neue HOAI, WEKA Verlag, Kissing, veröffentlicht, woraus ich als Mitautor in diesem Vortrag zitiere.

Grundsätzlich ist davon auszugehen, daß jede Maßnahme mit Planungs- und Überwachungsleistungen aller Leistungsphasen der entsprechenden Leistungsbilder HOAI verbunden ist. Werden Instandsetzungen jedoch ohne Modernisierungsleistungen erbracht, sind mind. die Leistungsphasen § 15 Abs. 2 Nrn. 1 und 5 bis 9 unumgänglich. Inwieweit die Leistungsphasen 2 bis 4, insbesondere Kostenermittlungen und Berechnungen, Unterlagen für die Genehmigungsplanung usw., notwendig werden, wird im Einzelfall zu klären sein und sollte, um spätere Unsicherheiten zu vermeiden, unbedingt bei Auftragserteilung schriftlich vereinbart werden.

§ 24 verweist zur Leistungsbeschreibung auf § 15 Abs. 2. Allerdings bedingt der spezifische Charakter der Leistungen für das Planen und Bauen im Bestand eine Reihe von Modifikationen des Leistungsbildes. Dies ändert jedoch nichts daran, daß § 15 vollinhaltlich anwendbar ist. Dieser Zusammenhang ergibt sich nicht nur aus dem Wortlaut des § 24, der auf § 15 verweist, sondern folgt auch aus § 15 Abs. 1 S. 1, wonach das Leistungsbild Objektplanung unter anderem die Leistungen für Umbauten und Modernisierungen, Instandhaltungen und Instandsetzungen umfaßt, sowie aus § 15 Abs. 4.

Leistungen für Umbauten und Modernisierungen lassen sich nur sinnvoll durchführen, wenn als Besondere Leistungen zunächst eine Kurzbegehung zur Aufgabenklärung und eine Bestandsaufnahme vereinbart wird. Das schrittweise Vorgehen in der Planungsvorbereitung als Leistungsphase 1 kann differenziert werden in Maßnahmenklärung und Substanzerkundung (Vorschlag Pfarr).

Dabei umfaßt die Maßnahmenklärung die üblichen Leistungen der Grundlagenermittlung und eine Objektbegehung.

Die Substanzerkundung dagegen ist auf den Bestand bezogen, d.h. die Beurteilung der Substanz, das Auswerten der Bestandsaufnahme und der Vorschlag für Modernisierungs- und Instandsetzungsmaßnahmen (Inhalt, Umfang, Kosten, Zeit).

Die Besonderen Leistungen des § 15 Abs. 4 sind maßnahmenbezogen besonders zu vereinbaren (maßliches und technisches Aufmaß, Schadenskartierung, Schadensursachen).

Vorentwurf und Entwurf müssen sich intensiv mit der Nutzung der vorhandenen Substanz auseinandersetzen, um die Eingriffe in Grenzen zu halten, um Bauschäden zu vermeiden, kritische Punkte wie Treppen, Geländer, Kopfhöhen, Brüstungen oder Raumgrößen mit dem Baurecht in Einklang zu bringen und dabei eine wesentliche Verbesserung der Nutzung des Gebrauchswertes zu erreichen.

Der Mehraufwand liegt bei der genauen Prüfung, Erhebung der bei der Substanz verwendeten Arbeitsverfahren, Baustoffe und baurechtlichen und technischen Bestimmungen, der Prüfung auf Bestandsschutz und der genauen Maßnahmenbeschreibung.

Für den Rahmen der Kostenermittlungen in diesen beiden Phasen ist darauf hinzuweisen, daß die Nebenkosten oft unterschätzt und zu niedrig angesetzt werden.

Unzureichend beachtet wird, daß neben den auch beim Neubau üblichen Nebenkosten noch Kosten auftreten können durch:
- Umsetzen von Mietern,
- Arbeiten in bewohnten Räumen,
- Mieterbetreuung,
- Abfinden,
- Finanzierung,
- Notar- und Schätzgebühren,
- Baustellenbewachung,

- Bestandsaufnahmen,
- zusätzliche Verwaltungsleistungen,
- Versicherungen.

So können sich Nebenkosten für einfache Objekte von ca. 20 %, für durchschnittliche Objekte von ca. 30 % und für solche mit Entmietungsproblemen, Abfindungen usw. bis über 30 % der Gesamtkosten ergeben.

Im Rahmen der Genehmigungsplanung ist zu überprüfen, inwieweit eine Baugenehmigung oder Bauanzeige erforderlich ist. Bei geringem Umfang der Modernisierung ohne Eingriffe in die konstruktive Substanz ist in der Regel, auch im Hinblick auf die Freistellungsverordnungen der Länder, eine Genehmigung nicht mehr erforderlich. Unbedingt erforderlich ist aber eine Überprüfung des Objektes auf möglichen Bestandsschutz. Dabei werden im Einzelfall auch Fragen des Denkmalschutzes zu klären sein.

Die Ausführungsplanung ist insbesondere im Detail wesentlich anspruchsvoller als bei Neubauten, da sie auf vorgegebene Substanz Rücksicht nehmen muß. Eine örtliche Überprüfung der konstruktiven und der Ausbaudetails ist notwendig. Die Leistungen der einzelnen Gewerke müssen präzise dargestellt und in ihren Abhängigkeiten erkennbar gemacht werden, damit eine spätere störungsfreie und möglichst zerstörungsfreie Arbeit gewährleistet ist. Der Aufwand übersteigt erheblich denjenigen bei Neubauten.

Das gilt ebenso für die Vorbereitung der Vergabe und die Mitwirkung bei der Vergabe. In diesen Leistungsphasen ist die Beschreibung und Berücksichtigung der Bausubstanz von besonderer Bedeutung, um den Nutzern kein hohes Risiko aufzubürden. Eine Fehleinschätzung der realen Situation muß vermieden werden. Im Hinblick auf mit Modernisierungen und Instandsetzungen verbundene besondere Risiken sollte der Auftragnehmer, der Planer bei der Vergabe auf die Vereinbarung längerer Verjährungsfristen der Gewährleistungsansprüche als nach VOB/B durch den Auftraggeber bedacht sein.

Die Objektüberwachung kann in der Regel nur mit viel Erfahrung die vielfältigen, teilweise unvorhersehbaren technischen und organisatorischen Schwierigkeiten bewältigen. Besonderer Wert muß auf die richtige Koordinierung der Leistungen der einzelnen Unternehmer gelegt werden. Wesentliche Bedeutung kommt dem Arbeitsablauf beim Planen und Bauen im Bestand in bewohnten oder genutzten Räumen zu. Differenzierte Zeit- und Kapazitätspläne werden daher in vielen Fällen als Besondere Leistungen zu vereinbaren sein.

Anrechenbare Kosten
Für die Honorarberechnung sind folgende Bestandteile zu beachten:
- anrechenbare Kosten,
- Honorarzone,
- Honorartafel.

Die anrechenbaren Kosten richten sich nach § 10. Daher sind auch für diese Leistungen Kostenermittlungen nach dem System der DIN 276 vorzunehmen. Insbesondere für das Planen und Bauen im Bestand wurde in der 3. ÄndV ein neuer Absatz 3a aufgenommen. Diese Vorschrift bietet die Möglichkeit der Einbeziehung der Kosten vorhandener Bausubstanz, die technisch oder gestalterisch mitverarbeitet wird, in die anrechenbaren Kosten des Objekts, macht den Umfang der Anrechnung aber von einer schriftlichen Vereinbarung abhängig.

Der § 10 Abs. 3a bietet den Vorteil, daß er insbesondere dem Auftragnehmer klar die Notwendigkeit einer Einigung hierfür vor Augen führt. Die Schriftform ist aus Gründen der Beweiskraft zu begrüßen. Allgemeingültige Kriterien für derartige Vereinbarungen haben sich bisher noch nicht herausgebildet.

Vorgeschlagen wird, auf den dem effektiven Erhaltungszustand entsprechenden Nutzwert abzustellen. Der Wert der wiederverwendeten Bauteile ergibt sich aus Kosten, wie sie nach heute üblichen Baumethoden unter Berücksichtigung vergleichbarer konstruktiver, bauphysikalischer, gestalterischer und nutzungsbezogener Merkmale ermittelt werden können. Daraus ergibt sich eine Bewertung der Bauteile nach ortsüblichen Preisen. Da im Prinzip für die wiederverwendeten Bauteile von der gleichen Lebensdauer ausgegangen wird, wie sie auch für Materialien und Bauteile der ausgeführten Maßnahmen gelten, sollte in jedem Fall vom Neuwert ausgegangen werden.

Relativ einfach erscheint zunächst die Bewertung von Maßnahmen, die das gesamte Objekt umfassen.

Eine Vollmodernisierung mit erheblicher Nutzungsverbesserung sollte den Wert aller vorhandenen und mitverarbeiteten Gebäudeteile berücksichtigen, d.h. alle Gebäudeteile, die nicht umgebaut bzw. verändert oder installiert werden.

Der Wert sollte als Neuwert nach ortsüblichen Preisen geschätzt und den anrechenbaren

17

Kosten zugeschlagen werden. Sollten allerdings z.B. bei mehrgeschossigen Gebäuden im Dachoder im Kellergeschoß keine Modernisierungsmaßnahmen vorgenommen werden, so sind beispielsweise die Kosten dieser Geschosse nicht mit einzubeziehen.

Je nach Art und Umfang der Maßnahme am Gesamtobjekt ist es auch möglich, vom gesamten Wert der bestehenden und mitverarbeiteten Bausubstanz, soweit sie nicht bei einer Vollmodernisierung zu 100 % angesetzt wird, entsprechend prozentuale Abschläge vorzunehmen, die dem geringeren Aufwand gerecht werden.

Allerdings bietet die HOAI für solche Fälle umfassender Maßnahmen auch noch andere Möglichkeiten der Honorarvereinbarung, z.B. eine höhere Honorarzone bei der Nutzungsänderung für ein historisches Gebäude, eine entsprechende Vereinbarung zwischen Mindest- und Höchstsätzen bzw. ein höherer Zuschlag nach § 24.

Für den Fall einer Teilmaßnahme wird es oft einfacher sein, die technisch oder gestalterisch mitverarbeiteten Bauteile zu bestimmen. Die Abgrenzung von zugehörigen Wänden und Decken wird schon bei Vertragsabschluß möglich sein; im Zweifel lassen sich auch über die Mengen und ortsübliche Preise schon anrechenbare Kosten benennen. Trotzdem wird man sich darüber klar sein müssen, daß bei evtl. später abweichender Planung auch hier eine Neuberechnung auf der vereinbarten Grundlage erfolgen muß.

Im Falle z.B. einer überwiegenden Auswechslung des Außenständerwerkes eines Mansarddaches (Feuchtigkeit und Schwammbefall) werden die belassenen und evtl. verstärkten Holzkonstruktionen technisch mitverarbeitet und sollten, soweit es sich um eine Überarbeitung des gesamten Mansarddaches handelt, voll den anrechenbaren Kosten hinzugerechnet werden. Soweit es sich nur um einzelne Fassadenteile handelt, ist dies entsprechend differenziert zu betrachten. Für die Berechnung des Tragwerks wird ebenso zu verfahren sein.

Werden in einem Einfamilienhaus zwei kleinere Fenster eines Raumes durch ein größeres ersetzt, so muß die vorhandene Bausubstanz der Außenwand des Gebäudes sowohl gestalterisch wie auch technisch einbezogen werden. Gestalterisch gilt dies für die gesamte Fassade, die dann für die Leistungsphasen 1 – 4 voll und die Leistungsphasen 5 – 9 mit dem Anteil für die Außenwand des in Frage kommenden Raumes bei den anrechenbaren Kosten Berücksichtigung finden sollte. Insoweit können auch die Kosten für einzelne Leistungsphasen differenziert in Ansatz gebracht werden, wenn gestalterische und technische Mitverarbeitung im Ansatz unterschiedliche Anteile der Bausubstanz betreffen.

Honorarzone
Bei der Honorarberechnung für Neubauten wird die Honorarzone herangezogen, der das Gebäude nach den §§ 11 und 12 zuzuordnen ist. Bei Modernisierungen und Instandsetzungen kommt es bei der Anwendung dieser Vorschrift jedoch zu Schwierigkeiten.

Die Probleme fangen mit den Planungsanforderungen an. Bei Eingriffen im Inneren von Objekten wird die „Einbindung in die Umgebung" fraglich. Bei insbesondere technischen Verbesserungen gilt dies auch für „gestalterische Anforderungen". Auch die „Anzahl der Funktionsbereiche" läßt sich nicht benennen. Werden diese Anforderungen dann mit null Punkten bewertet, ergibt sich eine niedrige Honorarzone, obwohl die Planung trotzdem erheblichen Aufwand verursacht.

Mit der Objektliste wäre diese Fehleinschätzung nicht aufzufangen, da in Gebäuden ganz verschiedene Maßnahmen mit sehr unterschiedlichem Planungsaufwand durchgeführt werden können. Der bisherige Verweis auf § 12 ist durch die 4. ÄndV auch entfallen, vielmehr soll die Zuordnung der Honorarzone in „sinngemäßer Anwendung des § 11" erfolgen. Damit ist zwar der verfehlte Anknüpfungspunkt an § 12 beseitigt. Für die Praxis ist die Unsicherheit damit aber nur noch größer geworden. Tatsächlich hatte man sich bisher an § 12 orientiert und war zu gemeinsamen Lösungen gekommen, selbst wenn die innere Berechtigung zweifelhaft war.

Darüber hinaus ist der Hinweis in der amtlichen Begründung auf die Bedeutung der „Leistung" als maßgebliches Zuordnungskriterium irreführend.

Maßstab können nur Merkmale sein, die Objekt und Maßnahme gleichermaßen umfassen. Das sind im wesentlichen
- die Bausubstanz nach ihrem Alter und Zustand sowie feststellbaren Schäden,
- die notwendigen planerischen Veränderungen in Verbindung von Gestaltung, Funktion und Technik sowie Nutzungsänderung,
- die ökonomischen Aspekte der Angemessenheit der einmaligen und laufenden Kosten

- die Randbedingungen aus Gesetzen, Richtlinien und Normen sowie der laufenden Nutzung.

Pfarr/Koopmann/Rüster haben in ihrem Gutachten die Planungsanforderungen nach ihren Ausprägungen neu definiert und unterteilen 6 Merkmalgruppen:

Substanzbedingte Merkmale
- Schäden der Bausubstanz
- Einfluß des Alters der Bausubstanz auf die Maßnahme
- Einfluß der Häufigkeit und des Ausmaßes von Änderungen der Bausubstanz während ihrer Lebensdauer

Systembedingte Merkmale
- Schwierigkeitsgrad der planerischen Anforderungen an die Bausubstanz (aus heutiger Sicht)
- Gestaltungs- und funktionsgerechte Wiederverwendung alter Bauteile
- Grad der Verknüpfung der neuen Maßnahmen mit der alten Bausubstanz
- Erhaltung und Verbesserung des Sollzustandes sowie mögliche Anpassung an heutige Anforderungen

Organisatorisch bedingte Merkmale
- aufbauorganisatorisch
- Anzahl und Erfahrungspotential der beteiligten Institutionen am Planungs- und Bauprozeß
- Einschaltung bestimmter Institutionen (ohne Interesse am rationellen Planungs- und Bauablauf)
- ablauforganisatorisch
- Terminbindung und mögliche Unterbrechung bzw. Planen und Bauen bei laufendem Betrieb

Ökonomisch bedingte Merkmale
- Unter Abwicklung besonderer Förderungsmaßnahmen
- Einhaltung eines bestimmten Kostenrahmens für die einmaligen Kosten als Rahmenbedingungen
- Minimierung der Betriebskosten

Nutzungsbedingte Merkmale
- Grad der Veränderung der Nutzung der alten Bausubstanz
- Planen und Bauen bei laufender Nutzung

Normativ bedingte Merkmale
- Abstimmen auf neue Normen und Richtlinien und deren systemgerechte Anwendung

- *Erfüllung neuer Auflagen des Gesetzgebers (z.b. Energieverbrauch, Reinheit, Sterilität, Umweltverträglichkeit, Sicherheit).*

Man kann nun, um im System zu bleiben, auch versuchen, die Planungsanforderungen des § 11 argumentativ zu ergänzen, d.h.
- den Umfang der planerischen Veränderungen, sowie
- den Bauzustand/die Schadensintensität
- den Organisationsgrad nach Aufbau- und Ablauforganisation

besonders zu nennen und gegen die Einbindung in die Umgebung die gestalterischen Anforderungen und die Zahl der Funktionsbereiche auszutauschen.

Honorarzuschlag

Die Besonderheit des § 24 liegt in der Möglichkeit einer Honorarerhöhung nach Abs. 1 oder Abs. 2

Diese Honorarerhöhung tritt neben die Möglichkeit, nach § 4 Abs. 1 ein über den Mindestsätzen liegendes Honorar zu vereinbaren. Unabhängig davon ist ein Überschreiten der Höchstsätze unter den Voraussetzungen des § 4 Abs. 3 zulässig.

Der Regelung des § 24 liegt folgendes Honorierungssystem zugrunde:
- Das Honorar richtet sich nach §§ 10, 11, 15, 16.
- Hierfür kann/soll ein Honorar innerhalb der Honorarmarge vereinbart werden (§ 4 Abs. 1), möglich sind Unterschreitungen (§ 4 Abs. 2) und Überschreitungen (§ 4 Abs. 3); fehlt eine schriftliche Honorarvereinbarung bei Auftragserteilung, gilt der Mindestsatz als vereinbart (§ 4 Abs. 4).

Eine Honorarerhöhung muß vereinbart werden
- schriftlich,
- zu jedem Zeitpunkt,
- entweder durch einen Vomhundertsatz (§ 24 Abs. 1),
- oder durch eine Höherbewertung bestimmter Grundleistungen (§ 24 Abs. 2).

Grundsätzlich sind die Vertragsparteien frei, in welcher Höhe sie einen Zuschlag nach § 24 Abs. 1 oder Abs. 2 vereinbaren wollen. Mittelbar ergibt sich jedoch eine Einschränkung durch § 24 Abs. 1 S. 3 und 4. Für Leistungen mit durchschnittlichem Schwierigkeitsgrad kommt nur ein Zuschlag zwischen 20 bis 33 v.H. in Betracht. Bei diesen Werten handelt es sich nicht um Mindest- und Höchstsätze im Sinne des § 4, weil es sonst nicht der Regelung des § 24 Abs. 1 S. 4 bedurft hätte. Es bleibt aber dabei, daß bei durchschnittlichem Schwierigkeitsgrad mindestens 20 v.H. Zuschlag vereinbart werden müssen und höchstens bis zu 33 v.H. Zuschlag vereinbart werden können. Wenn die amtliche Begründung hierin nur einen „Hinweis" sieht, so ist dies unbeachtlich, weil der Charakter eines möglicherweise für die Praxis beabsichtigten – nicht verbindlichen – Anhaltspunktes im Text der Vorschrift nicht zum Ausdruck kommt.

Daraus folgt im Umkehrschluß, daß für Leistungen mit weniger als durchschnittlichem Schwierigkeitsgrad nur ein Zuschlag bis höchstens 20 v.H. zulässig ist.

Konsequenterweise wären für Leistungen mit höherem Schwierigkeitsgrad an sich nur Zuschläge ab mindestens 33 v.H. zulässig. Da aber bei fehlender schriftlicher Vereinbarung auch hier 20 v.H. als vereinbart gelten, spricht mehr dafür, bei überdurchschnittlichem Schwierigkeitsgrad ebenfalls die Spanne ab 20 v.H. beginnen zu lassen, allerdings ohne Begrenzung nach oben.

Vom Baugeschehen her ist es zwar zu begrüßen, daß kein bestimmter Zeitpunkt für die Vereinbarung festgeschrieben wurde. Die Vereinbarung kann daher bei Vertragsabschluß sowie vor, während oder auch nach der Bauausführung geschehen.

Da eine Regelung wie in § 4 Abs. 4 fehlt und die Vorschrift auch nicht abwendbar ist, muß es auch zulässig sein, eine einmal wirksam getroffene Vereinbarung später wieder – schriftlich – zu ändern, und zwar zu jedem beliebigen Zeitpunkt. Allerdings muß die Vereinbarung bis zur Beendigung der Leistungen des Auftragnehmers abgeschlossen werden, da jedenfalls dann die Auffangregelung eingreifen muß.

In der Praxis sind Fälle bekannt geworden, in denen Auftraggeber versucht haben, den Honorarzuschlag nach § 24 Abs. 1 nur auf einzelne Leistungsphasen zu erstrecken und entsprechende Honorarvereinbarungen mit dem Auftragnehmer herbeizuführen. Diese Vorgehensweise stimmt nicht mit dem Sinn und Zweck der Regelungen überein und kann darüber hinaus einen Preisrechtsverstoß darstellen.

Während § 24 Abs. 2 die Erhöhung auf bestimmte Leistungsphasen bezieht, schreibt § 24 Abs. 1 eine Erhöhung „der Honorare" vor. Unter Honorar ist der Gesamtbetrag zu verstehen, der sich nach Maßgabe der §§ 10, 11, 12, 15, 16 ergibt. Die Honorarerhöhung nach § 24 Abs. 1 beschränkt sich daher nicht auf ausgewählte Leistungsphasen, sondern auf das Honorar für sämtliche übertragene Leistungen.

Treffen Umbauten mit Modernisierungen zusammen, kann der Zuschlag nur einmal berechnet werden.

Schwierigkeiten tauchen auf, wenn zugleich Leistungen für Modernisierungen und Instandsetzungen für dasselbe Gebäude übertragen werden. In der Regel kommt es zwar zu keiner Kollision zwischen §§ 24 und 27, weil Instandsetzungen, die durch Modernisierungen verursacht werden, als Modernisierungen behandelt werden (§ 3 Nrn. 6, 10).

Ein Auftrag über Leistungen an demselben Gebäude kann jedoch Instandsetzungen und Modernisierungen betreffen, die voneinander unabhängig sind, z.B. in verschiedenen Geschossen oder Trakten. Dieser Fall ist in der HOAI nicht geregelt. Mehrere Berechnungsmodalitäten, die zu unterschiedlichen Honoraren führen, sind denkbar. Zur Vermeidung zufälliger Ergebnisse sollten beide Leistungen, soweit sie auch getrennt erbracht werden, getrennt abgerechnet werden, so daß zum einen § 24, zum anderen § 27 anwendbar ist. Die Sonderregelung des § 23 erfaßt diesen Fall nicht, so daß auch § 23 Abs. 2 nicht zur Anwendung gelangt. (Eine Leistung mindert die andere.)

Eine Abgrenzung zwischen Modernisierung und Instandsetzung ist in der Regel auch dann notwendig, wenn die Modernisierung öffentlich gefördert wird.

Bevor eine weitere Nutzung eines bestehenden Gebäudes möglich ist, werden oftmals alle Bauteile wie Decken, Wände und Dachstühle instand gesetzt werden müssen. Auch die Durchfeuchtung von Kellerwänden ist vielfach vorher zu beseitigen. Instandsetzungsanteile entfallen weiterhin insbesondere auf

- die Erneuerung des Kanalanschlusses und der Grundleitungen,
- das Ausschleudern von Kaminen,
- die Erneuerung des Daches und der Dachisolierung,
- die Erneuerung der Dachentwässerung,
- die Reparatur und den Anstrich der Fassade,
- die Erneuerung der Elektroinstallationen.

Insoweit kann der Instandsetzungsbedarf die Wirtschaftlichkeit der Gesamtmaßnahme erheblich beeinflussen. Der finanzielle Spielraum für die Modernisierung kann eingeschränkt werden.

Vertragliche Vereinbarungen, Haftung

Aus den Besonderheiten der Modernisierungs- und Instandsetzungsleistungen ergeben sich einige grundsätzliche Folgerungen, die sowohl

für Auftragnehmer wie auch für Auftraggeber bei vertraglichen Vereinbarungen von Bedeutung sind.
- Um eine sinnvolle Planung und Überwachung der Leistungen zu gewährleisten, ist es in der Praxis in der Regel kaum zu umgehen,
  a. Besondere Leistungen und
  b. eine angemessene Honorarerhöhung für die Grundleistungen zu vereinbaren.

Beides kann aber der Auftragnehmer nicht einseitig erzwingen, liegt aber im wohlverstandenen Interesse auch des Auftraggebers, denn eine qualitätvolle Leistung bedingt auch eine entsprechende Honorierung.
- Bestimmte Haftungsrisiken können dem Auftragnehmer billigerweise kaum auferlegt werden; die Vertragsparteien sollten ins Auge fassen, vertraglich die Haftung des Auftragnehmers auszuschließen für
  a. vorhandene Konstruktionen,
  b. Selbsthilfeleistungen, Leistungen in Nachbarschaftshilfe und Modernisierungsleistungen durch Mieter, soweit es sich um die Qualität und die Einhaltung die allgemein anerkannten Regeln der Technik für Arbeit und Konstruktionen geht.
- Um den notwendigen Mehraufwand bei Arbeiten in bewohnten Räumen oder bei Selbsthilfe abzudecken, ist dafür ein Honorar als Besondere Leistung zu vereinbaren.
- Bestimmte Vorschriften und Regelwerke, die für den Neubau gelten, werden wegen der damit verbundenen Mehrkosten nicht in allen Einzelheiten Beachtung finden können. Der Auftraggeber ist aber darauf aufmerksam zu machen. Es gilt insoweit, wenn nicht die Sicherheit der Nutzer betroffen ist, der Schutz des Bestandes. Der Auftragnehmer sollte für solche Fälle die Haftung ablehnen.

Die bestehenden Normen sind auf Neubauten zugeschnitten. Die Besonderheiten der Altbauten finden keine Berücksichtigung. Für Neubauten ist die Haftungsabgrenzung für Baumängel zwischen den Beteiligten nach VOB/B geklärt.

Bei Altbauten aber bringt der Bauherr eine Substanz ein, das zu modernisierende Gebäude. Alle Leistungen befassen sich mit Änderungen dieses Bestandes. Bei jedem Mangel stellt sich damit auch die Frage nach der Ursache, liegt sie im Bestand oder in der Neuplanung? Unklar ist also, wo liegt das Bauherrenrisiko und die Haftung der Beteiligten.

Hilfe geben die Definitionen des § 3 HOAI. Die Ergebnisse nach der Aufgabenstellung sind danach differenziert zu sehen.

Das Ziel einer Instandsetzung kann Neubauqualität sein.

Ziel der Modernisierung ist die nachhaltige Erhöhung des Gebrauchswertes eines Objekts. Mängel, die bei Neubauten auftreten können, z.B. bei Wärme- und Schallschutz, müssen nicht auch Mängel im Altbau sein.

Ein modernisierter Altbau kann also nicht wie ein Neubau gesehen werden.

Ein Gebäude erhält neue bessere, dichte Fenster, der Bauherr verzichtet auf die Dämmung der Außenwände, Schimmelpilzbildung tritt auf, wer hat dafür einzustehen?

Sind die Risiken nicht beherrschbar, tritt der Bauherr mit für entstehende Schäden ein. Vom Architekten setzt dies allerdings eine eingehende Beratung voraus, spezifischer als beim Neubau. Soweit der Bauherr sich des Risikos bewußt ist, ist der Architekt aus seiner Gewährleistung befreit.

Allerdings zeigen sich viele Probleme der Modernisierung erst bei Durchführung der Arbeiten. Es sind schnelle, gemeinsame Entscheidungen nötig, die der Bauherr dann auch mittragen muß.

So ist einerseits das Haftungsrisiko des Architekten bei der Modernisierung größer als beim Neubau, wird aber dann wieder gemindert, wenn der Bauherr intensiv beraten und umfassender in den Entscheidungsprozeß einbezogen wird.

Auch der Handwerker hat ein größeres Risiko, denn er arbeitet mit vorhandener Substanz. So kann die Ursache von Mängeln aus der Substanz herrühren.

Sowie er beim Neubau nach § 4 Nr. 3 VOB/B Bedenken gegen die vom Auftraggeber gelieferten Baustoffe und Bauteile äußern muß, ist dies auch beim Altbau für seine Gewährleistung wichtig. Zwar wird er sich nicht pauschal der Verantwortung entziehen können, aber doch dann, wenn er konkret die von ihm geforderte Leistung im Altbau anspricht.

Es geht um die Tauglichkeit einer Vorleistung, also auch um die Tauglichkeit der Altbausubstanz.

Grundsätzlich hat damit die gemeinsame Begehung des Objekts mit der Untersuchung der Bausubstanz vor der Ausführung ein ebenso hohes Gewicht wie die gemeinsame förmliche Abnahme nach Abschluß der Leistungen. Die fiktive Abnahme sollte man ganz schnell vergessen.

Es wird klar, daß beim Planen und Bauen im Bestand andere Anforderungen an die Beteiligten gestellt werden, die spezialisierte Kenntnisse erfordern, um die gewünschten planerischen und technischen Qualitäten zu erreichen.

Wie immer man das auch sicherstellen kann, ist aber ein neues Thema. Vielleicht können wir diese Diskussion bei einem anderen Sachverständigentag weiterführen.

Literatur

Hartmann, R.: Die neue Honorarordnung für Architekten und Ingenieure (HOAI), WEKA Verlag, Kissing 1996, Loseblattausgabe

Pfarr/Koopmann/Rüster: Leistungsbeschreibung für das Planen und Bauen im Bestand in der Honorarordnung für Architekten und Ingenieure HOAI, Forschungsvorhaben des Bundesministeriums für Wirtschaft, 1989.

Instandsetzungsbedarf und Instandsetzungsmaßnahmen am Altbaubestand Deutschlands – ein Überblick

Prof. Dr.-Ing. Rainer Oswald, Architekt und Bausachverständiger, Aachen

Seit 1984 werden in der Bundesrepublik im Rahmen von „Bauschadensberichten" Globaldaten über Schäden am Hochbaubestand analysiert, im Bundestag diskutiert und durch das Bundesbauministerium veröffentlicht. Der 1. Bericht (1984) war auf Schäden an Neubauten beschränkt, der 2. Bericht (1988) bezog andere „vermeidbare" Schadensformen – die Schäden bei Instandsetzungs- und Modernisierungsarbeiten und Schäden durch „vermeidbare" Umwelteinflüsse (z.B. Luftverschmutzung) – mit ein.

Mit der Vereinigung der beiden Teile Deutschlands war eine neue Situation eingetreten, die für den 3. Bauschadensbericht (1996) eine Beschränkung auf die Erfassung „vermeidbarer Schäden" nicht mehr sinnvoll erscheinen ließ: Wo sollte angesichts der jahrzehntelangen politisch bedingten Mangelsituation in der DDR bei Gebäudeschäden die Abgrenzung zwischen „unvermeidbarer Alterung" oder einer Neubauausführung mit „bewußt geplant kurzer Lebensdauer" und „vermeidbarem Verfall" oder „vermeidbarem Fehler bei der Konstruktion und Materialwahl" gezogen werden?

Der 3. Bauschadensbericht versteht daher unter „Bauschäden" alle „negativen Veränderungen an Hochbauten" – erfaßt also auch Schäden, die durch Abnutzung und Alterung entstanden sind.

Der Bericht konzentriert sich auf den Hochbaubestand von besonderem öffentlichen Interesse: den Wohnungsbau; die im öffentlichem Besitz (Kommunen, Länder, Bund) befindlichen Hochbauten und den unter Denkmalschutz stehenden Bestand. Selbstverständlich wird insbesondere im Hinblick auf die alten Bundesländer auch weiterhin über typische Neubauschäden und Schäden bei Arbeiten am Bestand berichtet. Bezugsjahr des Berichtes ist 1992.

Der Hochbaubestand und sein Instandsetzungsbedarf

Will man den Schädigungsgrad des Hochbaubestandes beschreiben, so ist zunächst erforderlich, die Größe dieses Baubestandes zu kennen. Es ist nun erstaunlich, daß es in Deutschland keine Gesamtdaten über diesen für ein Gemeinwesen doch sehr wichtigen Gegenstand gibt, wird doch die Identität eines Landes zu ganz wesentlichem Anteil durch seinen Baubestand geprägt. Dieser Mangel kann nur zum Teil durch den Sachverhalt begründet werden, daß der Hochbaubestand nach Nutzungsart, Bauart, Qualität, Wert, Größe des Einzelobjektes und Alter sehr unterschiedlich ist und daher nicht einfach durch sinnvolle Maßzahlen beschreibbar ist.

So liegen für den Gesamtbestand der alten Bundesländer nur die sehr bedingt aussagefähigen Daten zum „Brutto-Bau-Anlagevermögen" vor, das 9,34 Bill. DM beträgt. Ca. 56,6 % davon entfallen auf den Wohnungsbereich, ca. 10,9 % auf den staatlichen Bereich und ca. 32,3 % auf den gewerblichen Bereich. (Daten für die neuen Länder fehlen.)

Sehr unbefriedigend ist es ebenfalls, daß weder die verschiedenen staatlichen Ebenen (Gemeinden, Länder, Bund) – mit Ausnahme einiger Ansätze – die Struktur und Größe ihres Bestandes genauer statistisch erfaßt haben noch im Denkmalschutzbereich – mit Ausnahme wenig verläßlicher Schätzungen (es wird die Zahl von 1,3 Mio. Baudenkmälern in Gesamtdeutschland genannt) – die Bestandsstruktur und dessen Größe hinreichend bekannt sind.

Zum Instandsetzungsbedarf des Bestandes in öffentlicher Hand kann daher nur wenig gesagt werden – so machten nur 5 Bundesländer Angaben zu den für Bauunterhaltung aufgewendeten Mitteln: Sie lagen bei 769,3 Mio. DM. Da die tatsächlich erforderlichen Mittel zur Bestandserhaltung deutlich höher liegen werden und sich eine einfache Hochrechnung auf die Gesamtheit aller Bundesländer verbietet, kann nur vermutet werden, daß der Instandsetzungsbedarf an Gebäuden der öffentlichen Hand einen zweistelligen Milliardenbetrag ausmacht. Eine genauere Untersuchung für die zu den „Gesellschaftsbauten" der DDR zählenden Kinderkrippen/-gärten, Schulen und Sporthallen in Fertigteilbauweise ermittelt allein für diesen relativ kleinen Teilbestand einen Instandsetzugsbedarf von 3,9 Mrd. DM. 800 Mio. DM davon müssen kurzfristig bereitgestellt werden.

Zu den Baudenkmälern kann nur grob abschätzend gesagt werden, daß die privaten Eigentümer von Baudenkmälern bei der Instandsetzung und Modernisierung denkmalpflegerisch bedingte Mehraufwendungen von 2,4 Mrd. DM selbst finanzierten, während der staatliche Beitrag bei 551 Mio. DM lag.

Wie soll angesichts dieser völlig desolaten Datenlage sowohl für den in öffentlicher Hand befindlichen Baubestand als auch für das kulturelle Erbe der Baudenkmäler eine vorausschauende Konzeption für die Erhaltung z.B. in Form von Prioritätenlisten und Investitionsplänen möglich sein? Dabei ist doch gerade in Zeiten allgemeiner Finanzknappheit ein „Dahinwursteln" besonders sträflich!

Besseres statistisches Grunddatenmaterial, das die Voraussetzungen zur Abschätzung des Schädigungsgrades ist, liegt beim Wohnungsbau vor.

Die rund 34 Mio. Wohnungen der Bundesrepublik Deutschland befinden sich zu 54,4 % in Mehrfamilienhäusern und zu 45,6 % in Ein- und Zweifamilienhäusern. In den alten Bundesländern ist die Anzahl der Wohnungen in Mehr- und Einfamilienhäusern etwa gleich groß (13,2 Mio. zu 13,8 Mio.), während sich in den neuen Bundesländern mehr als zwei Drittel aller Wohnungen (4,75 Mio.) in Mehrfamilienhäusern befinden. Erklärlich ist dies durch die dort seit 1958 bevorzugt errichteten mehrgeschossigen Beton-Fertigteilbauweisen mit 2,17 Mio. Wohneinheiten.

Auch im Hinblick auf die Altersstruktur sind deutliche Unterschiede zwischen den alten und neuen Bundesländern auszumachen: in den neuen Ländern befinden sich 41,7 % (rund 2 Mio.) der Mehrfamilienhauswohnungen in Gebäuden, die älter als 50 Jahre sind (Baualtersstufe bis 1948), während in den alten Ländern die gleiche Altersgruppe nur 25,5 % (3,5 Mio. Wohnungen) ausmacht. Dies ist einer der wichtigsten Gründe, warum der 3. Bauschadensbericht sich besonders detailliert mit dem Mehrfamilienwohnhausbestand der neuen Länder befaßt.

Da Globaluntersuchungen zum Erhaltungszustand oder Schädigungsgrad eines großen Baubestandes nach unserem Kenntnisstand bisher noch nicht durchgeführt wurden, war zu klären, durch welche möglichst einfache Meßgröße diese Eigenschaft beschrieben werden kann.

Es wurde entschieden, dazu den „Instandsetzungsbedarf" zu beziffern. Dies sind die Kosten (in Baupreisen des Bezugsjahres 1992), die erforderlich sind, um die „Gebrauchstauglichkeit" eines Gebäudes sicher zu stellen. Es wurden also nicht die Modernisierungskosten ermittelt, die zur Erzielung eines bestimmten Standards notwendig sind, da dieser Standard je nach Nutzer und Vorschriftenentwicklung stark schwanken kann.

Tatsächlich ist selbstverständlich im Einzelfall eine klare Grenzziehung zwischen Instandsetzungsmaßnahmen und Modernisierungsmaßnahmen häufig sehr schwierig oder gar unmöglich – bei den hier durchgeführten Untersuchungen wurde daher versucht, für jede Einzelsituation die „vernünftigste" Maßnahmenentscheidung zu treffen: So sind z.B. in ländlichen Mehrfamilienhäusern der ehemaligen DDR noch häufiger Trockenklosetts in Benutzung – hier wurde nicht der Instandsetzungsbedarf dieser vorsintflutlichen, bald denkmalreifen Örtlichkeiten ermittelt, sondern die Kosten des Einbaus normaler WC-Anlagen; bei den Fassaden der mehrgeschossigen Fertigteilbauweisen sind häufig Betonschäden und Risse in der Wetterschutzschale, Regenundichtigkeiten im Verlauf der Fertigteilfugen und einzelne Wärmebrücken mit Schimmelpilzfolgen am selben Objekt gleichzeitig festzustellen – in diesen Fällen wurden nicht die Kosten zur Beseitigung der Einzelschäden durch Beton- und Rißsanierung, Erneuerung oder Überklebung der Fugen und bereichsweise Innendämmaßnahmen, sondern die Kosten für hinterlüftete, gedämmte Bekleidungen oder Wärmedämmverbundsysteme beziffert, obwohl es sich dabei streng genommen um wertverbessernde Modernisierungen handelt. In Wirklichkeit wird man Instandsetzungen in dieser Form nicht realisieren, da je nach Rahmenbedingungen mehr oder minder umfangreiche Modernisierungen für den Eigentümer und Nutzer wirtschaftlicher und akzeptabler sind - insofern bleibt hervorzuheben, daß die hier ermittelten Kosten als Maßzahl für den Schädigungsgrad des Bestandes zu verstehen sind und allenfalls einen nicht mehr unterschreitbaren Sockelbetrag für die vernünftige Modernisierung umreißen.

Weiter wurde bei der Untersuchung die Dringlichkeit einer Instandsetzung berücksichtigt. In Anlehnung an ältere Untersuchungen in der DDR wurden vier Dringlichkeitsstufen unterschieden:

- *Kurzfristiger Instandsetzungsbedarf* (Dringlichkeitsstufe 3 und 4): Schaden/Mangel, der eine erkennbare oder vermutete (Stufe 4) bzw. absehbare (Stufe 3) Gefahr für die Sicherheit darstellt oder die Nutzbarkeit weitgehend beeinträchtigt oder unmöglich macht;
- *Mittelfristiger Instandsetzungsbedarf* (Dringlichkeitsstufe 2): Schaden/Mangel, der absehbar die Dauerhaftigkeit/Nutzbarkeit des Bauteils/Bauwerks beeinträchtigt; Instandsetzung mittelfristig (ca. innerhalb von 5 Jahren) erforderlich;
- *Langfristiger Instandsetzungsbedarf* (Dringlichkeitsstufe 1): Schaden/Mangel, der kein Risiko für die Sicherheit und Dauerhaftigkeit/Nutzbarkeit des Bauwerks darstellt; Instandsetzung vorläufig noch nicht erforderlich.

Der Instandsetzungsbedarf im Wohnungsbestand der alten Bundesländer wurde durch das Institut für Stadt-, Regional- und Wohnforschung GmbH - GEWOS, Hamburg, auf der Basis eines Rechenmodels anhand theoretischer Überlegungen und praktischer Erfahrungswerte ermittelt. Der Instandsetzungsbedarf liegt demnach für diesen Teilbestand bei ca. 34 Mrd. DM, wobei der kurzfristige Instandsetzungsbedarf davon etwa 25 % beträgt.

Der Instandsetzungsbedarf des Wohnungsbestandes in den neuen Bundesländern wurde durch ein vom Verfasser geleitetes Team verschiedener Institutionen an einer repräsentativ ausgewählten Gebäudestichprobe ermittelt. Aufgrund der sehr unterschiedlichen Bauweise wurden die Untersuchungen für den konventionell errichteten Altbaubestand und für die in Fertigteilbauweise errichteten Gebäude getrennt durchgeführt.

Der Instandsetzungsbedarf des deutschen Wohnungsbestandes beträgt insgesamt 163,4 Mrd. DM. Hiervon entfallen mehr als 70 % (117,6 Mrd. DM) auf den Wohnungsbestand der neuen Länder, obwohl dessen Anteil am Gesamtwohnungsbestand nur bei ca. 20 % liegt. Die Abbildungen zeigen die typischen Schadensschwerpunkte im nicht industriell errichteten Mehrfamilienhausbau (Abb. 1) und im Fertigteilbauweise errichteten Mehrfamilienhausbau (Abb. 2). Besonders häufig schadensbetroffen sind selbstverständlich die am stärksten der Witterung ausgesetzten Fassaden und Dachbauteile. Dies sind beim konventionell errichteten Bau die Fassaden (Risse, Putzablösungen), die Fenster sowie die Dächer. Im Fertigteilwohnungsbau – der im wesentlichen aus Betonbauteilen besteht – liegt entsprechend ein Schadensschwerpunkt bei den notwendigen Instandsetzungen an Betonbauteilen.

Die höchsten durchschnittlichen Instandsetzungskosten mit ca. 65.000 DM je Wohnung wurden bei Mehrfamilienhäusern in Fachwerkbauweise der Baujahre vor 1918 festgestellt. Bei einem sehr großen Bestand der Mauerwerksbauten der Baualtersstufe bis 1918 wurde ein mittlerer Instandsetzungsbedarf von 43.000 DM je Wohnung ermittelt. Bei in Fertigteilbauweise errichteten Gebäuden wurden durchschnittliche Instandsetzungskosten von 13.300 DM pro Wohnung festgestellt. Für die bautechnische Instandsetzung des Altbaubestandes in den neuen Bundesländern insgesamt wurden 83 Mrd. DM ermittelt. Für den Fertigteilbau im bautechnischen Bereich 16,53 Mrd. DM, für den haustechnischen Bereich ein Mittelbedarf von 12,25 Mrd. DM.

Selbst der Instandsetzungsbedarf mit hoher Dringlichkeit übertrifft mit 39,7 Mrd. DM die tatsächlich für Instandsetzung **und** Modernisierung insgesamt in Ostdeutschland verbaute Summe von 13,9 Mrd. DM um ein Mehrfaches.

Hierbei ist als besonders alarmierend das Untersuchungsergebnis zu bewerten, daß dieser – deutlich zu geringe – Mittelaufwand nicht etwa den besonders vom Verfall bedrohten, häufig stadtbildprägenden Altbauten der Baujahre vor 1918 zugute kommt, sondern im Gegenteil die besser erhaltenen, neueren Wohnungen bevorzugt modernisiert werden, da dies kostengünstiger möglich ist. Die Abb. 3 vergleicht die bereits durchgeführten Instandsetzungs- und Modernisierungsmaßnahmen (1990 bis 1994) mit den kurzfristig erforderlichen Instandsetzungsmaßnahmen. Dieser Sachverhalt ist jedoch nur zu einem sehr kleinen Teil den Wohnungsbaugesellschaften anzulasten und stellt insofern nicht - wie in Zeitungsberichten bereits angeführt - einen „Skandal" dar. Es handelt sich vielmehr um die typische Folge einer dirigistischen Maßnahme: Da die Wohnungsgenossenschaften und Wohnungsgesellschaften der neuen Bundesländer durch Verordnung zur Privatisierung gedrängt werden, die Finanzmöglichkeiten angesichts der niedrigen erzielbaren Mietpreise jedoch nur gering sind, bleibt den Gesellschaften häufig keine andere Wahl,

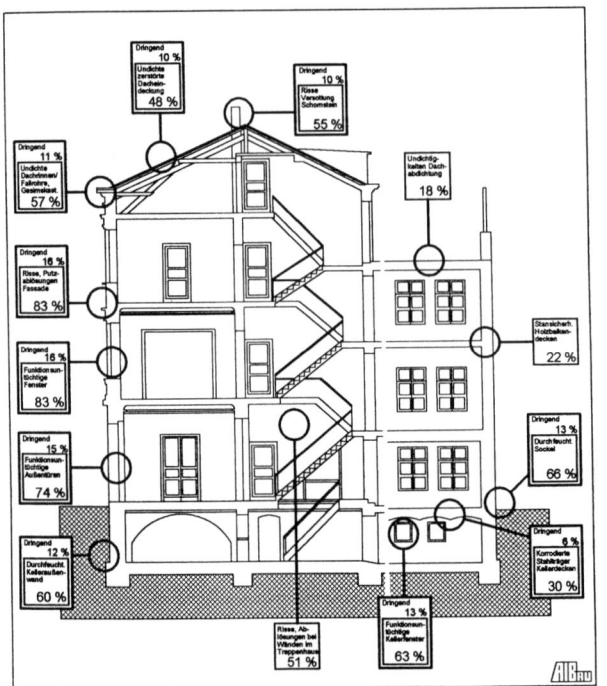

Abb. 1:
Schadensschwerpunkte am nicht industriell errichteten Mehrfamilienhausbau (bis 1960) der neuen Bundesländer (Häufigkeit schadhafter Bauteile) (Quelle: AIBAU)

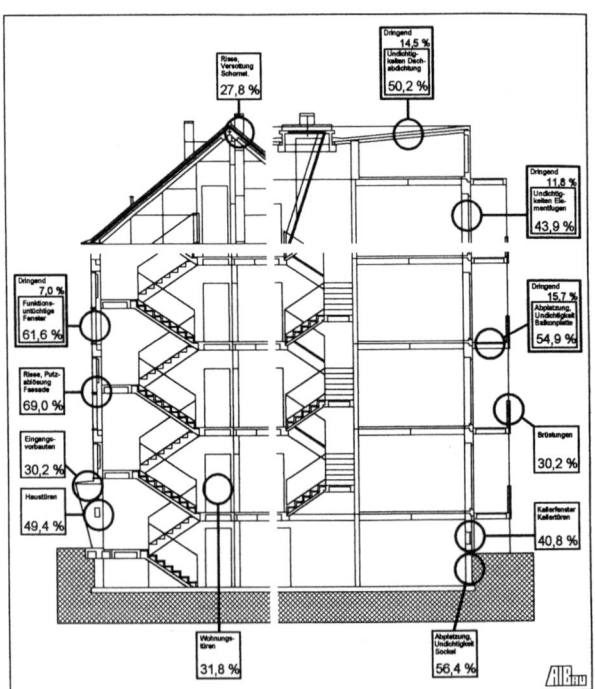

Abb. 2:
Schadensschwerpunkte an den Wohnbauten in Fertigteilbauweise in den neuen Bundesländern (Häufigkeit schadhafter Bauteile)

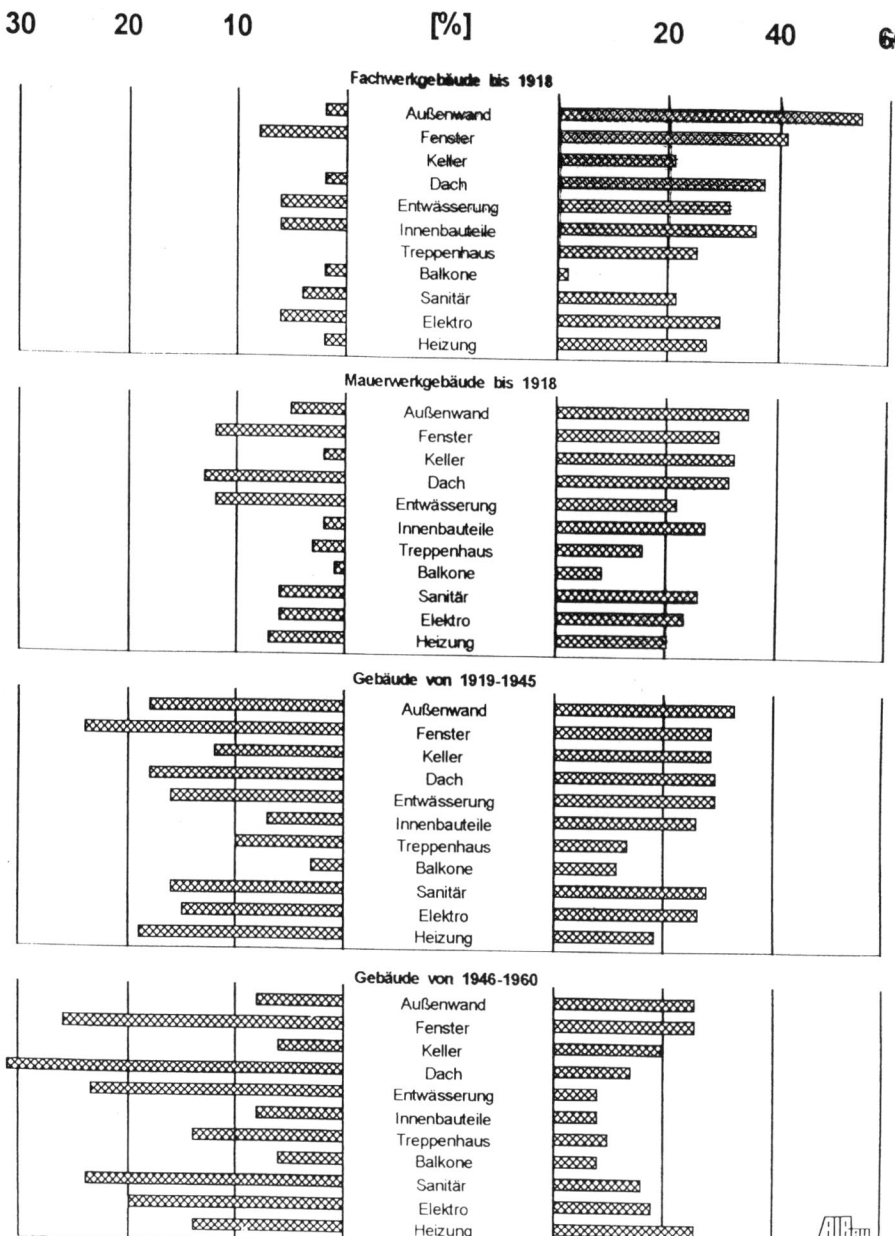

Abb. 3: Vergleich zwischen erforderlichen und tatsächlichen Instandsetzungsschwerpunkten

als über den kostengünstigsten Weg durch Modernisierung einen Teilbestand für die Privatisierung vorzubereiten. Kostengünstig ist aber die Modernisierung des jüngsten Bestandes, der bereits über einen vergleichsweise guten Ausgangsstandard verfügt. Nur durch wesentlich differenziertere Förderprogramme, eine bessere gesetzliche Regelung der Möglichkeiten der provisorischen Gebäudesicherung sowie durch die Erarbeitung von Prioritätenlisten erhaltenswerter Objekte kann daher in vielen Städten der neuen Bundesländer der städtebaulich wichtige Altbaubestand vor dem endgültigen Verfall geschützt werden.

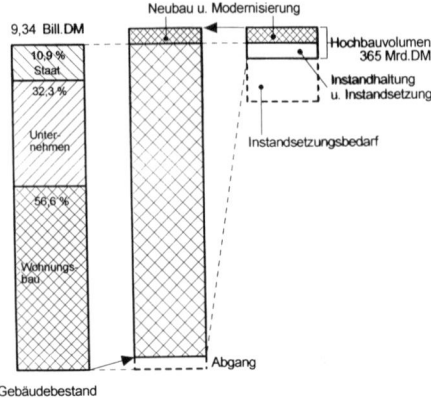

Abb. 4: Struktur des deutschen Baubestandes

Vermeidbare Bauschäden an Hochbauleistungen

Der Baubestand der Bundesrepublik Deutschland wird kontinuierlich durch Neubauleistungen vergrößert. Zugleich werden angesichts des großen Bestandes in sehr großem Umfang Bauleistungen zu Instandsetzungen und Modernisierungen erbracht. Abb. 4 veranschaulicht die jährlichen Veränderungen am Hochbaubestand. Das Hochbauvolumen betrug demnach in Deutschland 1992 insgesamt 365,4 Mrd. DM. Für den Wohnungsbau ist das Hochbauvolumen nach Ermittlungen des Deutschen Instituts für Wirtschaftsforschung Berlin nach Bauleistungen an Neubauten und Bauleistungen im Bestand differenzierbar: 110,5 Mrd. DM wurden für den Neubau und 106,0 Mrd. DM für Bauleistungen im Bestand (Modernisierung und Instandsetzung) aufgebracht.

Zu den Bauschäden im engeren Sinne, wie sie im 1. Bauschadensbericht ausschließlich behandelt worden sind, wurden in den letzten Jahren zwar Globaluntersuchungen zur zeitlichen Schadensverteilung und zu Schäden bei Instandsetzungs- und Modernisierungsmaßnahmen durchgeführt, statistisch verläßliche Globaluntersuchungen zur Schadensverteilung und zu Schadenskosten bei Neubaumaßnahmen wurden jedoch nicht durchgeführt, da aufgrund der geringen zur Verfügung stehenden Forschungsmittel der Schwerpunkt auf dringliche Einzeluntersuchungen gelegt wurde. Grobe Schätzwerte bei den Schadenskosten bei Neubauten sind daher nur auf der Grundlage von Hochrechnungen älterer Untersuchungen möglich und ergeben für 1992 einen Betrag von 3,4 Mrd. DM. Dieser Betrag darf nicht – wie es immer wieder in Veröffentlichungen geschieht – einfach in Relation zum Neubauvolumen gesetzt werden, da die Schadenskosten des Jahres

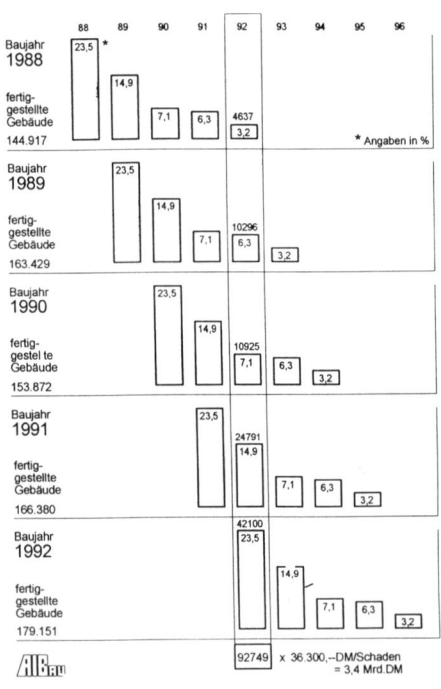

Abb. 5: Rechenweg zur Ermittlung der Schadenskosten, die 1992 durch Schäden an Gebäuden der Baujahre 1988-1992 entstanden sind

1992 entsprechend der zeitlichen Verteilung des Auftretens von Bauschäden im wesentlichen an Neubauten entstehen, die in den Jahren 1987 bis 1992 errichtet wurden (siehe Abb. 5). Nach ähnlichen Schätzungen kann der Aufwand für die Nachbesserung vermeidbarer Bauschäden bei Instandsetzungs- und Modernisierungsmaßnahmen in der Bundesrepublik auf rund 3,3 Mrd. DM geschätzt werden, so daß insgesamt ca. 6,7 Mrd. DM für die Beseitigung von „vermeidbaren" Bauschäden an Hochbauleistungen angefallen sind.

Soweit anhand des zur Verfügung stehenden Datenmaterials überhaupt ein Vergleich mit früheren Jahren möglich ist, muß das Ergebnis als ernüchternd bezeichnet werden: Sowohl im Hinblick auf die Schadensschwerpunkte als auch auf die Schadenshöhen sind keine wesentlichen Veränderungen zu beobachten. Bereits der 2. Bauschadensbericht (1988) hatte eine sehr große Zahl von Initiativen vorgeschlagen, um die Bauschadenssituation zu verbessern. Es stellt sich nun die Frage, warum derartige Berichte so wenig bewegen.

Die tieferen Ursachen von Bauschäden liegen in vielen unterschiedlichen gesellschaftlichen Bereichen. Ein Bauschadensbericht kann in einem förderativ strukturierten Land nur aufzeigen und appellieren. Handeln müssen die einzelnen gesellschaftlichen Gruppen in ihrem jeweiligen Zuständigkeitsbereich. Im Hinblick auf die Bauschadensproblematik wird offensichtlich zu wenig Druck auf die verantwortlichen Gruppierungen ausgeübt, der diese dazu bewegen könnte, Änderungen einzuleiten. Auf einer Tagung, die sich mit der Instandsetzung und Modernisierung beschäftigt, sollen im Hinblick auf diesen Schadensbereich dazu noch einige Anmerkungen gemacht werden: Es ist nach meiner Ansicht skandalös, daß nach wie vor das Bautenschutzgewerbe keine eigene Berufsbildungsordnung erhalten hat und daher „Bautenschutz" ohne jede fachliche Qualifikation als Leistung angeboten und ausgeführt werden kann. Man darf sich dann über die Ergebnisse nicht wundern. Das Problem ist auch hier die Unbeweglichkeit der gesellschaftlichen Gruppen. So sperren sich die mit Teilgebieten des Bautenschutzes befaßten Gewerke (Dachdecker, Maurer, Putzer) gegen die Einführung eines Bautenschutzhandwerks. Im Bereich des Bautenschutzes sind aber meist komplexe Probleme zu lösen, die den Rahmen der traditionellen Gewerke sprengen.

Da man vernünftigerweise und sprichwörtlich zunächst vor der eigenen Tür kehren sollte, wäre also vor dem Teilnehmerkreis dieser Tagung vor allen Dingen zu fragen, was die gesellschaftliche Gruppe der Architekten und Ingenieure zur Verminderung des Bauschadensproblems selbst beitragen kann oder genauer wäre zu fragen, warum trotz der jahrelangen Appelle auch im Einflußbereich unserer Berufsgruppe so wenig passiert ist.

Betrachten wir die Ausbildung: Der Anteil der Lehrveranstaltungen zum Thema des Bauens im Bestand und des schadenfreien Bauens ist – von einigen Ausnahmen abgesehen – viel zu gering. Die Kultusbehörden fühlen sich hinsichtlich einer Umstrukturierung offenbar nicht angesprochen - sie verweisen bei entsprechenden Rückfragen auf die Zuständigkeit der Selbstverwaltungsorgane der Hochschulen. Da eine Vergrößerung des Lehrangebots nicht diskutabel ist, müßten bisher umfangreicher gelehrte Fachgebiete minimiert werden. Welcher Hochschullehrer ist aber bereit, sein Fachgebiet beschneiden zu lassen, und welche Fakultät unternimmt die mühevolle Arbeit, ohne äußeren Druck gegen den Willen eines Teils ihrer Mitglieder Neuerungen einzuleiten? Gern wird von Hochschullehrern die Notwendigkeit für Neuerungen mit dem Hinweis verneint, daß eine gute theoretische Ausbildung in den Grunddisziplinen ausreiche: „Nichts ist praktischer als eine gute Theorie". Bei immer differenzierterer Aufgabenstellung geht dies jedoch am praktischen Problem des Alltags vorbei. Die Entwicklung der Wissenschaften generell ist durch eine immer weiter gehende, notwendige Differenzierung gekennzeichnet. Dies gilt aber auch für das Gebiet der Bautechnik. So ist es einfach für das Bauen im Bestand erforderlich, wesentlich differenzierter über die Anamnese, Diagnose und Therapie von Bauten zu erlernen. Da nichts geschieht, werden Architekten und Ingenieure weiterhin völlig unzureichend für das Aufgabengebiet der Bausubstanzerhaltung ausgebildet, obwohl fast 50 % aller Bauleistungen in diesem Bereich getätigt werden.

Betrachten wir die Fortbildung: Die Standesorganisationen der Architekten und Ingenieure – die Kammern – tragen, wiederum von einigen Ausnahmen abgesehen, wenig Konstruktives bei. Diese Standesvertreter sind im wesentlichen auf die Imagepflege des Architekten und Ingenieurs in der Massengesellschaft fixiert. Selbst die Nennung des Wortes „Bauschaden" wird daher vermieden, und jede Kritik an Fehlleistungen unserer Berufsgruppe aus den

eigenen Reihen wird als Nestbeschmutzung abgetan. Wie bei den Interessenvertretern in Deutschland wohl allgemein üblich, wird Aktivität im wesentlichen im Hinblick auf die Schuldzuweisung gegenüber anderen entwickelt. Aus dem eigenen menschlichen Erfahrungsbereich weiß man, daß man durch ein derartiges Verhalten so gut wie nichts ändern kann. Die öffentliche Diskussion zum 3. Bauschadensbericht im September 1995 haben mir dies bis zum Überdruß deutlich gezeigt. Ich kann daher nur die Hoffnung äußern, daß durch den 3. Bauschadensbericht und auch diesen Beitrag bei den Einzelnen ein Erkenntnisprozeß und damit insgesamt langsam eine Verbesserung einsetzt:
- Instandhaltung, Instandsetzung und Modernisierung muß systematisch betrieben werden! Dazu müssen in weiten Bereichen erst die Datengrundlage geschaffen werden; dazu gehören Statistiken zum Bestand, Denkmal- und Bauschadenskataster, Prioritätenlisten.
- Die Bauwerksanamnese und die Diagnose muß durch die Entwicklung einfacher Untersuchungsverfahren verbessert werden! Die vor allen Dingen auf ihre wissenschaftliche Reputation ausgerichteten Forschungsinstitutionen sind viel zu wenig an der Entwicklung ungenauerer aber gut praktikabler Verfahren interessiert!
- Die Ausbildung zum Bauen im Bestand muß wesentlich verbessert werden. Dies gilt sowohl für die Seite der Planenden als auch für die Seite der Ausführenden!

Literaturhinweis:
Die hier dargestellten Zusammenhänge sind detailliert im 3. Bauschadensbericht der Bundesregierung (1996) beschrieben, der von einer größeren Zahl von Institutionen und Personen unter der Projektleitung des Verfassers erarbeitet wurde. Dem 3. Bauschadensbericht ist ein umfangreiches Quellenverzeichnis angefügt. Er ist beim Bundesministerium für Raumordnung, Bauwesen und Städtebau, Bonn, zu beziehen.

Nachträglicher Wärmeschutz im Baubestand

Dipl.-Ing. Reinhard Lamers, Architekt, Aachen und Kirchhellen

Einführung
Allgemein ist anerkannt, daß in dem Bestreben, den Heizenergieverbrauch in der Bundesrepublik Deutschland zu senken, dem nachträglichen Wärmeschutz des Altbaus eine besondere Bedeutung zukommt. Ich möchte hier einen Überblick über die Problematik, aber auch konstruktive Hinweise auf effektive Energiesparmaßnahmen geben.

Entwicklung des Wärmeschutzes
Ein Blick auf die Entwicklung des Wärmeschutzes vom 18./19. Jahrhundert bis heute verdeutlicht zum einen, mit welchem Wärmeschutzniveau man bei dem vorgefundenen Altbaubestand zu rechnen hat, zeigt aber auch eindrucksvoll, wie unzureichend die bauphysikalischen Randbedingungen, und das heißt die Lebensbedingungen, teilweise noch bis zum Ende des 19. Jahrhunderts waren. Im niedersächsischen Freilichtmuseum Cloppenburg ist im Jahr 1974 in einem Versuch ein niederdeutsches Hallenhaus so bewohnt worden, wie es zur Mitte des 19. Jh. noch weit verbreitet war. Menschen und Tiere lebten in einem Raum, auf dem Dachboden eingelagertes Heu und Stroh wirkten als Wärmedämmung. Durch dieses raffinierte Konzept – so haben es zumindest Generationen von Schülern gelernt – war es im Inneren leidlich warm. Tatsächlich stellte sich aber bei dem nachgestellten Bewohnen, selbst bei intensiver Befeuerung der ursprünglichen Feuerstelle, innen Raumlufttemperaturen ein, die nur etwa 5°C über den jeweiligen Außentemperaturen lagen. Und dies, obwohl in solchen Häusern bewußt kein Kamin angeordnet war, um zusätzliche Thermik und damit den Nachzug kalter Luft zu vermeiden. Entsprechend verräuchert war die Luft, so daß diese weit verbreitete Haustyp als Rauchhaus bezeichnet wird. Damals tätige Ärzte berichteten von entzündeten Schienbeinen als häufiger Krankheit, weil die Bewohner immer wieder zu nah ans Feuer rückten und trotzdem auf dem Rücken vermutlich immer noch gefroren haben.

Die Zugigkeit der Fachwerkkonstruktionen war sicher als Hauptursache für die unbehaglichen tiefen Temperaturen erkannt, und man hatte auch schon Abhilfe gefunden: Im Barock war es zumindest bei wohlhabenden Bürgern üblich geworden, Wohnräume innenseitig zu verputzen. Oft trat zusätzlich ein Außenputz hinzu. Durch den inneren Verputz einer Fachwerk- oder massiven Mauerwerkswand und durch entsprechend verputzte Deckenunterseiten ließen sich so luftdichte Konstruktionen erstellen, daß die Räume nun auf ein heute übliches Niveau beheizbar waren. Bei den angesprochenen Hallenhäusern war es allein aus Kostengründen nicht möglich, die gesamte Halle einschließlich der Stallungen luftdicht auszubilden, so daß sich hier die Entwicklung vollzog, daß man einen schmalen neuen Trakt mit innen verputzten Stuben und Schlafräumen anbaute.

Die Energiespareffekte, die durch weitgehend luftdichte Außenkonstruktionen erzielt wurden, waren so überzeugend, daß sich verputzte Konstruktionen - und dabei immer mehr die verputzte Massivbauweise – allgemein durchsetzten. Um das Jahr 1900 hatte sich weitgehend ein entsprechender einheitlicher Standard der Luftdichtheit durchgesetzt, von dem heute kaum einer der auf uns überkommenen Altbauten abweicht.

Mindestwärmeschutz
Den Begriff Bauphysik gab es meines Wissens im 19. Jh. noch nicht. Es gab aber sogenannte Bauhygieniker, die beobachteten, daß bei den üblichen einschaligen Ziegelaußenwänden bei bestimmten Wanddicken Schimmelpilzbildungen vermieden wurden. Aus diesen Beobachtungen entwickelte sich der Begriff „hygienischer Wärmeschutz". Auf jeden Fall war in den 1920er Jahren dieser Begriff dann gleichgesetzt mit der Forderung nach einem Mindestwärmeschutz. Aufgrund der damaligen Kohleknappheit gab es auch schon Anregungen, einen darüber hinausgehenden energiesparenden Wärmeschutz

einzuführen. Diese Diskussion der 20er Jahre ist dann fortgeführt worden, bis sie, unterbrochen durch den Krieg, im Jahre 1952 zur ersten DIN 4108 Wärmeschutz im Hochbau führte. Die Normenväter waren übrigens der Meinung, daß sie mit dieser Norm nicht etwas Neues forderten, sondern daß sie nur das festgeschrieben hatten, was schon seit 1900 oder sogar in den Jahren davor als Standard angesehen wurde.

Der Mindestwärmeschutz für Außenwände im Wärmedämmgebiet I ($1/\Lambda = 0,36$ m²K/W), das sich auf die unter maritimen Einfluß liegenden Gebiete Nord- und Westdeutschlands mit milden Wintern erstreckte, entsprach z.B. einer 30 cm Vollziegelwand bzw. einer Hohlwand aus zwei Schalen Vollziegelmauerwerk (11,5 cm + 7 cm Luftschicht + 11,5 cm). Die 36,5 cm starke Ziegelwand war in den Regionen des Wärmedämmgebiets II, das sich über den größten Teil Deutschlands erstreckte, üblich und wurde Maßstab für die Festlegung des Wärmedurchlaßwiderstandes auf 0,45 m²K/W (nach den 1952 üblichen Einheiten 0,55 m² · h · °C/kcal). Die Festlegungen für das Wärmedämmgebiet III orientierten sich an den für Regionen mit kalten Wintern üblichen Ziegelwänden von 49 cm Dicke ($1/\Lambda = 0,56$ m²K/W). Die DIN 4108 hatte bei ihrem Erscheinen 1952 – entsprechend den damaligen politischen Verhältnissen - Gültigkeit auch in den östlichen Regionen Deutschlands. Erst später wurde der DDR-Standard eingeführt, für den Wärmeschutz z.B. die TGL 35424.

Schimmelpilzbildungen

Man glaubte, mit der DIN 4108 des Jahres 1952 als Kompromiß zwischen Lüften und Wärmeschutz die Anforderung festgeschrieben zu haben, die bei „üblicher" Wohnungsnutzung und „üblicher" Lüftung in der Regel nicht zu Schimmelpilzbildung führten. Zwar hielten Bauphysiker die Anforderung der DIN 4108 spätestens ab den 60er Jahren für zu niedrig, aber erst nach dem Erdöllieferboykott des Jahres 1973 kam es häufig zu Schimmelpilzschäden in Wohnungen, insbesondere wenn zuvor neue, dichtschließende Fenster eingebaut worden waren und/oder zuvor eine wohnungsbezogene Heizkostenabrechnung eingeführt wurde. Gleiche Erfahrungen werden derzeit auch in den neuen Bundesländern gemacht, obwohl dort aufgrund der relativ gut dotierten Fördermaßnahmen häufig der Empfehlung gefolgt werden kann, mit dem Austausch der Fenster auch den Wärmeschutz der übrigen Außenbauteile zu verbessern. Wenn trotzdem Schimmelpilzschäden auftreten, wird dieses Phänomen derzeit häufig falsch gedeutet, in dem man glaubt, die zusätzliche Dämmung habe die „Atemfähigkeit" der Wand herabgesetzt. Der Wassertransport per Dampfdiffusion durch eine Wand hindurch ist gegenüber der notwendigen Lüftung praktisch zu vernachlässigen. Der Begriff „atmende Wand" entstammt falschen Vorstellungen des 19. Jh. und sollte überhaupt nicht gebraucht werden. Ehe man falschen Erklärungsversuchen folgt, sollte man sich vor Augen führen, daß auch bei sehr gutem Wärmeschutz ein bestimmter Luftwechsel sichergestellt sein muß. Selbst bei extrem gedämmten Niedrigenergiehäusern sind Schimmelpilzschäden beobachtet worden. Schimmelpilzschäden sind allerdings auch aufgetreten, wenn Baufeuchte durch äußere Verkleidung eingeschlossen wurde und die in dieser Situation notwendigen erhöhten Luftwechselraten nicht erreicht wurden. Dies ist aber eher ein Neubauproblem als ein Problem des nachträglichen Wärmeschutzes.

Richtig bleibt auf jeden Fall die Grundtatsache, daß durch einen guten Wärmeschutz das Schimmelpilzrisiko erheblich herabgesetzt wird, so daß die schon seit langem ausgesprochene Empfehlung weiterhin Gültigkeit hat, daß dort, wo der Wärmeschutz für Außenwände sich lediglich an dem niedrigen Niveau der DIN 4108 orientiert, nachgebessert werden sollte. Ich verweise hierzu auf die Aachener Bausachverständigentage 1992, die u.a. unter dem Thema Schimmelpilze stand.

Abhängigkeit des k-Wertes von der Dämmstoffdicke

Gerade dort, wo das Dämmniveau niedrig ist, ist nachträglicher Wärmeschutz effektiv. Dies wird sehr einfach deutlich, wenn man sich die Abhängigkeit des k-Wertes, der ein Maß für den Transmissionswärmeverlust ist, von der Dämmstoffdicke (bzw. generell von der Dicke des wärmedämmenden Baustoffes) vor Augen führt. Abb. 1 zeigt die Abhängigkeit für eine Wärmedämmung der Wärmeleitfähigkeitsgruppe 040. Würde man die Wärmeübergangszahlen vernachlässigen, wären k-Wert und Dicke umgekehrt proportional. Ergänzt man eine Außenwand, die dem derzeitigen Mindestwärmeschutz mit k = 1,39 W/m²K entspricht, um 4 cm Wärmedämmung, verbessert sich der k-Wert um 0,81 auf k = 0,58. Beträgt der Ausgangswert jedoch 0,58, so bringen 4 cm zusätzlicher Wärmedämmung nur noch eine Verbesserung von 0,21 auf k = 0,37.

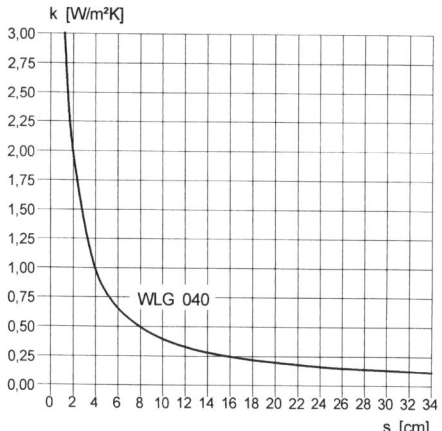

Abb. 1: Abhängigkeit des k-Wertes von der Dämmstoffdicke (Oswald, 1995)

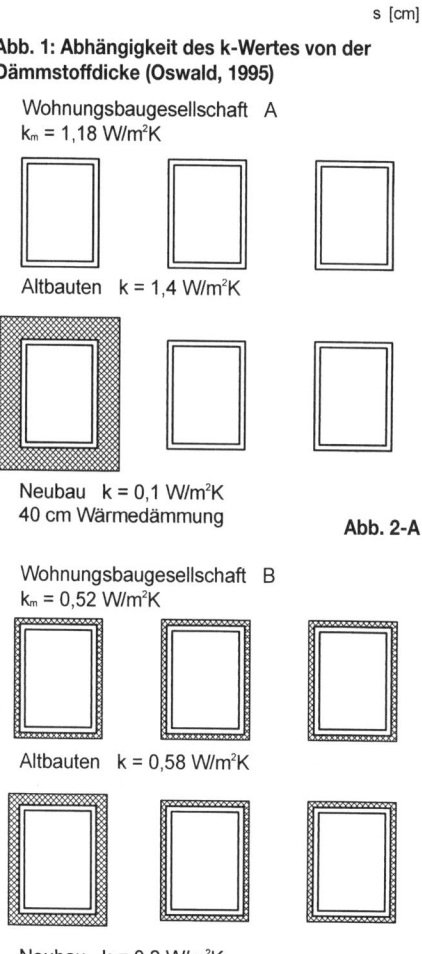

Abb. 2-A

Abb. 2-B

Diese Betrachtung unterstreicht, wie wichtig es ist, genau dort zu dämmen, wo bisher Schwachstellen vorliegen. Danach sollte man sich z.b. unter Umständen weniger um den nachträglichen Wärmeschutz der WBS-70-Gebäude bemühen als vielmehr vorrangig um Verbesserungen bei den alten Wohnbauserien. Aber naturgemäß bestehen bei diesen alten Gebäuden mit schlechtem Wohnungszuschnitt unter Umständen Bedenken, ob langfristige Investitionen überhaupt lohnen.

Homogene Verteilung der Wärmedämmung
Aus der Abhängigkeit von k-Wert und Dämmstoffdicke läßt sich der Grundsatz ableiten, daß Wärmedämmung dann besonders effektiv eingesetzt wird, wenn sie homogen, d.h. in gleichmäßigen Schichtdicken verteilt wird. Dieser Grundsatz ist aus konstruktiven Gründen natürlich nicht immer einzuhalten. Er gilt aber im Prinzip sowohl für das einzelne Bauwerk als auch für die Betrachtung des Gesamtgebäudebestandes in Deutschland, wie nachfolgendes Denkmodell verdeutlicht. Es wird vereinfacht angenommen, daß Häuser nur aus Wärmedämmung bestehen: Eine Wohnungsbaugesellschaft A (siehe Abb. 2) mit einem Bestand von fünf Gebäuden, die nach dem Dämmniveau vor der 1. Wärmeschutzverordnung gedämmt sind (k 1,4 W/m²K), will ein zusätzliches Gebäude errichten. Dieser Neubau soll rundherum mit 40 cm Dämmstoffdicke ausgestattet werden, das entspricht einem k-Wert von 0,1. Der mittlere k-Wert des Gebäudebestandes dieser Gesellschaft A beträgt nach dem Neubau dann 1,18 W/m²K. Gegenüber 1,4 W/m²K ist dies eine Abminderung um 15,7 %. Eine Wohnungsbaugesellschaft B mit genau gleichem Altbaubestand setzt dagegen beim Neubau statt 40 cm Dämmstoff nur 20 cm ein. Das restliche Dämmaterial wird in Schichtdicken von je 4 cm in den Altbauten eingebaut, so daß sich für die Altbauten ein mittlerer k-Wert von 0,58 und für den Neubau ein k-Wert von 0,2 ergibt. Der mittlere k-Wert des Gesamtgebäudebestandes der Gesellschaft B beträgt damit 0,52. Das heißt, durch Erfassung des Altbaubestandes sind die Transmissionswärmeverluste des gesamten Gebäudebestandes von B gegenüber der Gesellschaft A mehr als halbiert worden, bei in beiden Fällen gleichem Dämmaterialeinsatz. Der mittlere k-Wert wurde bei B im Vergleich zum bisherigen Altbaubestand um rund 63 % abgesenkt, gegenüber nur 15,7 % bei Gesellschaft A.

Altbauten gemäß WärmeschutzV 1995
Zum Zeitpunkt des Inkrafttretens der jetzigen 3. Wärmeschutzverordnung am 01.01.1995 waren nur gut 10 % des Gebäudebestandes Deutschlands nach Wirksamwerden der 1. Wärmeschutzverordnung 1977 erbaut (in der DDR wurden durch die TGL etwa vergleichbare Anforderungen gestellt). Also im wesentlichen nur dieser 10 %-Anteil des Bestandes genügt leidlich den Anforderungen energiesparenden Bauens. Überträgt man diese Zubaurate als Projektion in die Zukunft, zeigt sich, daß eine effektive Heizenergieeinsparung im Gesamtgebäudebestand nur erreicht werden kann, wenn auch der Altbaubestand im möglichst hohen Maße energetischer Modernisierung unterworfen wird. Allein der geringe Zuwachs an Neubauten würde nicht die gewünschten Energiesparraten herbeiführen.

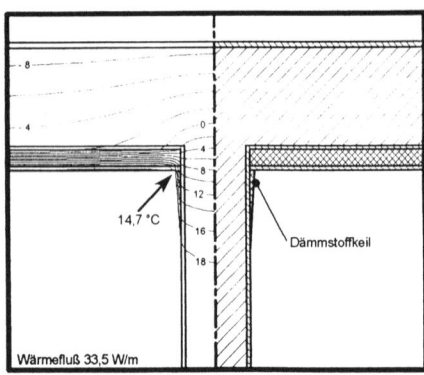

Abb. 3 (AIBau, 1996)

Es darf aber nicht übersehen werden, daß nachträglicher Wärmeschutz unter Umständen deutlich teurer ist als entsprechende Maßnahmen am Neubau. Beim Neubau zum Beispiel sind die Kosten für Gerüst und Putzschicht eines Wärmedämmverbundsystems nicht den Kosten für die eigentliche Wärmedämmung anzurechnen, da sie in jedem Fall anfallen. Bei einem Altbau mit intakten Außenputz dagegen sind die Kosten für Gerüst und die Beschichtung der Wärmedämmung als Kosten der Dämmaßnahme anzurechnen. Anders ist es, wenn eine sowieso verwitterte Fassade mit einem Wärmedämmverbundsystem saniert wird. Daher ist die WärmeschutzV 1995 in ihren Anforderungen an bestehende Gebäude bei dem Grundsatz geblieben, daß eine generelle Nachrüstungspflicht nicht besteht, sondern daß sich die Anforderungen auf solche Maßnahmen beziehen, die der Gebäudeeigentümer häufig aus anderen Motiven durchführt, die aber ohne großen Aufwand besonders energiesparend ausgestaltet werden können und demnach wirtschaftlich vertretbar sind. Eine generelle Nachrüstungspflicht hätte bei dem sehr heterogenen Gebäudebestand die Gefahr heraufbeschworen, daß Maßnahmen, die evtl. bei einem großen Teil des Bestandes noch technisch und wirtschaftlich sinnvoll sind, in vielen Einzelfällen nicht möglich oder nur mit unverhältnismäßig hohem Aufwand durchführbar sein würden. Aber gerade weil wegen rechtlicher Bedenken eine generelle Nachbesserungspflicht nicht eingeführt wurde, ist es besonders wichtig, die Öffentlichkeit zu motivieren, in möglichst großem Umfang Maßnahmen zur Senkung des Energiever-

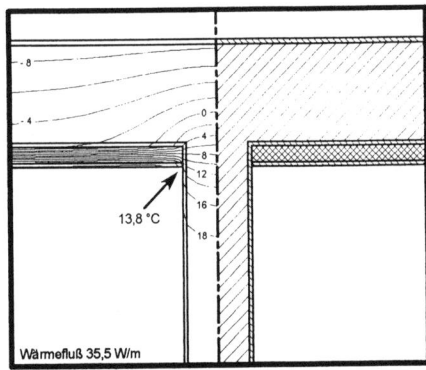

Abb. 4 (AIBau, 1996)

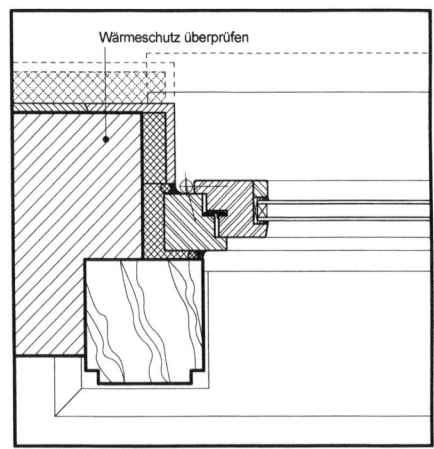

Abb. 5 (AIBau, 1996)

brauchs im Bestand zu ergreifen.

Das bei dem erstmaligen Einbau, Ersatz oder Erneuerungen von Außenbauteilen bestehender Gebäude bestimmte k-Werte einzuhalten sind (Anlage 3 der WärmeschutzV im Zusammenhang mit § 8), ist in der Baupraxis weitgehend bekannt. Vielfach nicht beachtet wird, daß bei der baulichen Erweiterung eines Gebäudes um mindestens einen beheizten Raum oder der Erweiterung der Nutzfläche in bestehenden Gebäuden um mehr als 10 m² zusammenhängende, beheizte Gebäudenutzfläche für die neuen beheizten Räume die Anforderungen für Neubauten einzuhalten sind (§ 8 (1) WärmeschutzV).

Typisches Beispiel ist der Ausbau eines bisher nicht beheizten Dachbodens. Der Nachweis nach dem Neubaubilanzverfahren gelingt hier allerdings meist leicht, da die große Fußbodenfläche in der Regel an beheizte Räume grenzt und entsprechend gemäß Anlage 1 Ziff. 6.2 der WärmeschutzV als nicht wärmedurchlässig angenommen werden darf. Unter diesen Umständen ergeben sich im Neubaubilanzverfahren vielfach geringere Anforderungen als im Altbaueinzelnachweis gemäß Anlage 3. In den Fällen, in denen Anforderungen gem. WärmeschutzV Anlage 3 einzuhalten sind, darf übrigens immer alternativ der Nachweis nach dem Neubaubilanzverfahren geführt werden (§ 8 (2) WärmeschutzV).

Umnutzung eines Straßenbahndepots

Der § 8 (1) der WärmeschutzV kann bei der Umnutzung von bisher nicht beheizten Industriekomplexen zu beheizten Räumen zu strengen, u.U. kaum erfüllbaren Anforderungen führen. Als Beispiel möchte ich aus meiner Beratungstätigkeit ein Straßenbahndepot nennen, das unter Denkmalschutz steht und jetzt zu Verkaufsräumen umgestaltet werden sollte. Trotz des relativ günstigen A/V-Verhältnisses von 0,44 hätten die Anforderungen der WärmeschutzV wegen der ungünstigen Ausrichtung der Schaufenster dazu geführt, daß an den Außenwänden 8 cm Innendämmung, im Dach 16 cm und im Fußboden 6 cm Wärmedämmung hätten angeordnet werden müssen, bei einem k_F-Wert von 1,6 W/(m²K). Am schwersten wog aber, daß gegenüber der gestalterisch sehr einfühlsamen Planung der Architekten, nach der die Schaufenster in einer Arkade hinter den geöffneten Toren angeordnet werden sollten, die Schaufenster hätten verkleinert werden müssen, denn diese waren hinter den Toren weitgehend verschattet. Richtigerweise kam bei diesem Projekt eine sinnvolle Ausnahmeregelung zum Tragen, die gemäß WärmeschutzV § 11 (2) bei Baudenkmälern oder sonstiger besonders erhaltenswerter Bausubstanz möglich ist.

Innendämmung

Die Innendämmung ist eine typische Maßnahme des nachträglichen Wärmeschutzes, z.B. wenn eine Stuckfassade vorliegt, die durch äußere Maßnahmen verschandelt würde. Bei der praktischen Umsetzung einer Innendämmung kann die Wärmebrücke, die am Rand oder durch eine Unterbrechung der Innendämmung entsteht, vielfach zu Problemen führen. Dabei führt die immer wieder zitierte Einbindemauerwerkswand in der Regel noch nicht zu so dramatischen Wärmebrücken, daß die Innenwand selbst in die Dämmaßnahme mit einbezogen werden müßte. Wo dies notwendig ist, ist ein Dämmstoffkeil eine relativ wirksame Maßnahmen, wie im Vergleich von Abb. 3 (hier mit einem Dämmstoffkeil von 2 cm Dicke und 30 cm Länge) und Abb. 4 erkennbar ist. Ohne die Wärmequerleitung, die die 12,5 mm dicke Gipskartonplatte (Abb. 4) auf der Innenseite der Dämmung bewirkt, läge die Kehlentemperatur in dem hier gewählten Beispiel mit 6 cm Innendämmung, Mauerwerk aus Vollziegel (λ = 0,81) übrigens bei 13,0 °C, d.h., das Schwärzepilzrisiko wäre ohne eine solche Gipskartonschicht schon erheblich erhöht.

Besonders schwer abzuschätzen ist die Wirkung von die Innendämmung durchstoßenden Betondecken, da vielfach die Qualität und die genaue geometrische Anordnung der Wärmedämmung an der Deckenstirnseite nicht bekannt ist. In einer solchen Situation ist dann die Raumecke, in der einbindende Betondecke und nichtgedämmte Innenwand zusammenstoßen, in der Regel der Bereich mit den niedrigsten Innenoberflächentemperaturen. Abhilfe gegen zu tiefe Oberflächentemperaturen in der Deckenkehle ist evtl. durch einen Gipskartonkasten, der in der Innenansicht wie ein Unterzug wirkt oder in seinen Abmessungen auf vorhandene Rolladenkästen oder Vorhangschienen abgestimmt sein kann, möglich. In anderen Fällen wurde ein schmaler Innendämmungsstreifen entlang der Decke bewußt als umlaufendes Gestaltungselement eingesetzt.

Eine krasse Wärmebrücke mit niedrigen Innenoberflächentemperaturen tritt auch dann auf, wenn eine Innendämmung nicht in die Fensterleibung hineingeführt wird. Diese im Grunde bekannte Problematik sollte man auch schon dann beachten, wenn neue Fenster eingebaut werden, ohne daß zu diesem Zeitpunkt das Geld für eine weitere Dämmung zur Verfügung steht. Der neue Fensterrahmen sollte so bemessen werden, daß es später möglich sein wird, eine Dämmung in die Leibung hineinzuführen, oder – da der Leibungsputz sowieso in der Regel nachgebessert werden muß – es sollte gleich die Leibung mitgedämmt werden (Abb. 5).

Zur Frage von notwendigen Dampfsperren möchte ich auf DIN 4108-3 verweisen, aber auch auf den Aufsatz Kießl im Tagungsband der Aachener Bausachverständigentage 1992 (Kießl, 1992).

Einbindende Holzbalkendecken

Durch Innendämmaßnahmen liegen die Balkenköpfe von Holzbalkendecken in einer Wandzone, die nun tieferen Temperaturen ausgesetzt ist als vor der Dämmaßnahme. Dadurch wird die Sorptionsfeuchte angehoben. Wenn in zurückliegender Zeit immer wieder geringe Schlagregendurchfeuchtungen aufgetreten sind, die aber schnell wegtrockneten, so kann eine Innendämmung das Austrocknen u.U. so verlangsamen, daß nunmehr Fäulnisschäden an den Holzbalkenköpfen auftreten können. Diese Problematik, daß bei Balkenköpfen in der Außenwand eine ausreichende Schlagregensicherheit vorhanden sein muß, ist aber bisher schon bekannt und wird in der Praxis auch beachtet. Ein anderer Schadensmechanismus auf der windabgewandten Seite, der Leeseite des Gebäudes, wird allerdings oft nicht ausreichend beachtet: Insbesondere bei Sichtmauerwerk kann es im Bereich des durch die Balkenköpfe geschwächten Wandquerschnittes häufig zu Zugerscheinungen kommen, auf der Leeseite des Gebäudes in der Form, daß feuchtwarme Luft aus dem Wohnraum an den ausgekühlten Balkenköpfen entlang streicht (Abb. 6) und entsprechend Tauwasser ausfällt. Insbesondere bei Holzdielenböden, mit den typischen Fugen zwischen den Dielen, können große Luft- und damit Feuchtigkeitsmengen über den Deckenhohlraum in die Wand hineintransportiert werden. Abhilfe kann durch eine Luftdichtheitsschicht in Form einer Folie im Deckenhohlraum, die allerdings in aufwendiger Kleinarbeit sorgfältig angeschlossen werden muß, geschaffen werden oder durch einen luftdichten Fußbodenbelag, der an seinen Rändern entsprechend angeschlossen werden muß.

Luftdichtheit von Außenwänden

Anhand der Betrachtung alter Fachwerkgebäude wurde oben ausgeführt, welche großen Energieverluste durch nicht luftdichte Außenbauteile auftreten können. Allgemein wird darauf verwiesen, daß Gebäude mit Massivkonstruktionen einen hohen Luftdichtheitsstandard haben. Dabei darf aber nicht übersehen werden, daß Mauerwerk z.b. erst durch eine mindestens einseitige Putzschicht luftdicht wird; wo diese unterbrochen wird, können Zugerscheinungen auftreten. In dem in Abb. 7 gezeigten Beispiel war eine Schieferbekleidung direkt auf dem nagelbaren Mauerwerk aufgebracht. Eine äußere Putzschicht gab es also nicht. Die innere Putzschicht war im Bereich des schwimmenden Estrichs und an Steckdosen unterbrochen und dort traten deutlich bemerkbare Zugerscheinungen auf. Grundsätzlich sollte der Innenputz bis zur Betondecke hinuntergeführt werden, übrigens auch an Innenwänden, denn dort, wo Zugerscheinungen auftreten könnten, ist auch der Schalldurchgang erhöht. In dem hier vorgestellten Fall sollte die genagelte Schieferverkleidung ersetzt werden durch eine wärmegedämmte Schieferfassade auf Holzunterkonstruktion. Diese Konstruktion aber hätte die Zugerscheinungen nicht unterbunden. Bevor die Verkleidung aufgebracht wurde, mußte das Mauerwerk zunächst außen verputzt werden. Vergleichbare Zugerscheinungen durch Fehlstellen im Innenputz werden auch

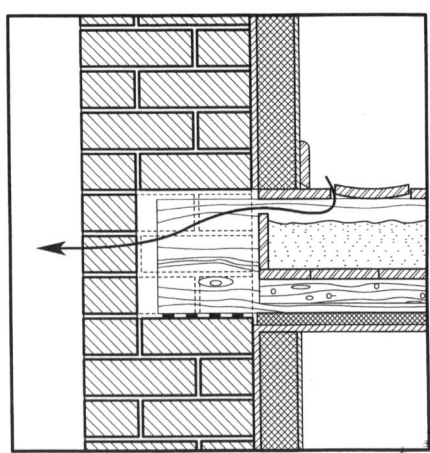

Abb. 6: Wasserdampftransport durch Konvektion (AlBau, 1996)

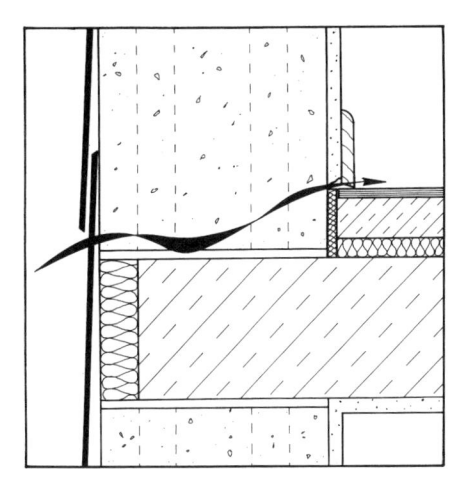

Abb. 7

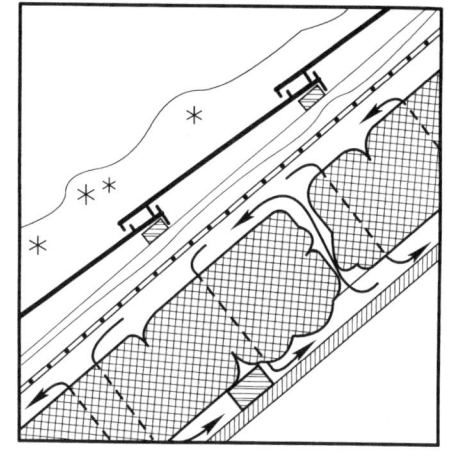

Abb. 9: Rotationsströmung (AIBau, 1996)

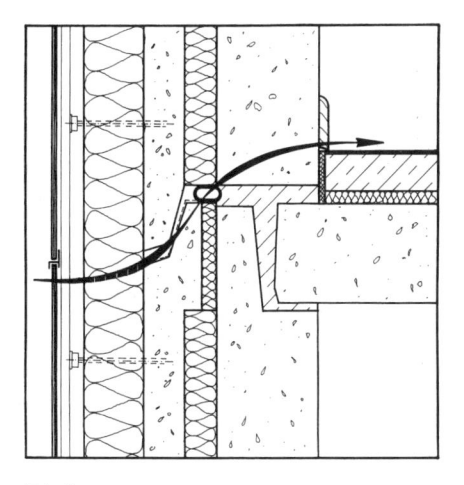

U-Profil als Kragarm

Abb. 8

Abb. 10 (AIBau, 1996)

vielfach bei Gebäuden mit hinterlüfteter Vormauerschale registriert. Auch Außenwände aus Fertigteilplatten zeigen häufig Zugerscheinungen. Beispielhaft möchte ich ein bei der Sanierung von WBS-70-Bauten auftretendes Problem darstellen. In der Regel sind WBS-70-Gebäude mit einem Verbundestrich, der als Fließestrich eingebracht wurde, ausgestattet. Wird dieser Verbundestrich nun herausgenommen – vielfach ist der Estrich aufgrund von Verarbeitungsfehlern stark gerissen – und durch einen schwimmenden Estrich ersetzt, treten aus den Randfugen plötzlich deutliche Zugerscheinungen (Abb. 8) auf. Durch eine gleichzeitig aufgebrachte hinterlüftete Fassade werden solche Zugerscheinungen naturgemäß auch nicht unterbrochen. Selbst bei außenseitigen Wärmedämmverbundsystemen sind entsprechende Zugerscheinungen zumindest nahe des unteren Randes des Wärmedämmverbundsystems beobachtet worden.

DIN 4108-7 Vornorm
Mit der jetzigen Fassung der Wärmeschutzverordnung vom 16. August 1994 werden

Anforderungen an die Dichtheit formuliert (§ 4). Ergänzend dazu soll 1996 eine DIN 4108-7 (Teil 7) Vornorm erscheinen, in der Randanschlüsse von Luftdichtheitsschichten im Detail gezeigt werden, aber auch definiert wird, welche Materialien als Luftdichtheitsschicht anzusehen sind.

Rotationsströmungen

Bei der Wärmedämmung von hinterlüfteten Fassaden und bei Wärmedämmung im Dach können Rotationsströmungen, d.h. Wärmeverluste durch Konvektion, auftreten, wenn beiderseits der Dämmung Luftspalte vorhanden sind. Offene Stoßfugen fördern solche Konvektionswalzen in besonderem Maße. Bei Dämmungen aus Fasermaterial findet aber vielfach auch eine Luftbewegung durch das Material hindurch statt (Abb. 9). Auch wenn man die Rotationsströmung nicht überbewerten sollte, ist natürlich die Unterbrechung einer solchen Konvektionswalze eine sinnvolle effektive Energiesparmaßnahme. Die Rotation wird praktisch unterbrochen, wenn die Dämmung zumindest einseitig an einer luftdichten Schicht anliegt.
Im geneigten belüfteten Dach sollte die Dämmung also z.B. direkt auf der Luftdichtheitsschicht aufliegen. Ist dies nicht der Fall, sollte auf der Oberseite Kontakt zu einer entsprechend luftdichten Schicht bestehen. Eichler und entsprechende weitere Veröffentlichungen aus der ehem. DDR haben daher z.B. in der Vergangenheit eine Windsperre auf der Oberseite der Dämmung empfohlen. Auch in skandinavischen Ländern bestehen solche Empfehlungen. Eine Rotationsströmung wird natürlich auch unterbrochen, wenn die Dämmung unterseitig kaschiert ist. Eine solche Kaschierung stellt nach zurückliegenden baupraktischen Erfahrungen keine Luftdichtheitsschicht dar, so daß diese noch zusätzlich erforderlich ist. Zur Frage der Luftdichtheit hat Tanner bei den Aachener Bausachverständigentagen 1993 vorgetragen (Tanner, 1993). Mit (Zeller, 1995) liegt ein umfassender Bericht zu diesem Thema vor. Vergleiche hierzu auch das Verzeichnis der Aussteller bei den Aachener Bausachverständigentagen.

Transparente Wärmedämmung

In Musterbauvorhaben wurde transparente Wärmedämmung (TWD) bei Altbauten eingesetzt. Die Grundidee der TWD ist bestechend, denn es werden nicht nur Wärmeverluste vermindert, sondern Solargewinne erzielt. Allerdings ist der Preis sehr hoch. Z.B. muß bei den bisher üblichen Systemen ein automatisch schließender Sonnenschutz vorhanden sein, so daß TWD als Fassadensystem zu Preisen von 1.400,00 bis 2.000,00 DM/m^2 führt. Mechanische Störungen des Sonnenschutzrollos führten zu Schädigungen durch Überhitzung. Ein großer Putzhersteller bietet TWD inzwischen in der Form eines Wärmedämmverbundsystems an. Da hier der geregelte Sonnenschutz nicht unabdingbar notwendig ist, ist das System preiswerter. Aber es dürfen naturgemäß nur kleine Fassadenanteile hiermit ausgestattet werden, da es sonst zu extremen Überhitzungen im Inneren käme.

Generell ist es nicht sinnvoll, Fassaden komplett mit TWD auszustatten. Ein Überangebot an Sonnenenergie kann nicht mehr genutzt werden und muß weggelüftet oder durch das Schließen des Sonnenschutzes ausgesperrt werden. Die DIN 4108-6 Vornorm Berechnung des Jahresheizwärmebedarfs von Gebäuden bietet hierzu ein Berechnungsverfahren an, in dem aus dem Verhältnis von Wärmegewinn zu Wärmeverlust der erzielbare Sonnenenergie-Nutzungsgrad ermittelt wird. Entsprechende Berechnungen führen dann möglicherweise zu dem Ergebnis, daß ergänzend zu der vorhandenen Fensterfläche eine TWD-Fläche von 2 m^2 oder 3 m^2 zweckmäßig sein kann. Will man Sonnenenergie im Sinne eines hochwertigen Niedrigenergiehauskonzeptes optimal nutzen, ist ein computergesteuertes Management von Sonnenschutz und temporärem Wärmeschutz sinnvoll. Unabhängig von der Frage nach Extremlösungen sind Altbauten mit hohen Speichermassen im Grundsatz gut geeignet zur Sonnenenergienutzung.

Wärmebrücken

Eine allgemeine fachgerechte Planung hätte aber sicher größeren Einfluß auf den Energieverbrauch in Deutschland als wenige optimale Niedrigenergiehäuser. Genausowenig wie man die Wärmeverluste von Altbauten mit wenigen extrem gedämmten Neubauten ausgleichen kann, können die Verluste von Wärmebrücken durch extreme Dämmung an anderer Stelle ausgeglichen werden. Entsprechend kommt der Vermeidung von Wärmebrücken eine große Bedeutung zu. Als Beispiel möchte ich anführen, daß bei Altbauten vielfach Dächer erneuert werden, daß dabei auch ein guter Wärmeschutz in der Fläche erstellt, die Dämmung der Mauerkronen aber vergessen wird. Wird ein Dach neu gedeckt, ist es relativ leicht, auch den Ortgang zu dämmen, selbst wenn dazu evtl. eine obere Steinlage abgenommen werden muß. Vorsorglich sollte gleichzeitig eine Auskragung, die eine spätere äußere Wärmedämmung überdecken kann, ausgebildet werden. In dem hier angeführten Beispiel (Abb. 10) tragen Stahl-U-Profile den Randsparren.

Gerade beim Altbau sind es die vielen kleinen vernünftigen Schritte, die den Wärmeschutz vorantreiben. Wenn eine Renovierungsmaßnahme ansteht, sollte immer auch überprüft werden, ob eine Verbesserung des Wärmeschutzes möglich ist.

Literaturhinweise
AlBau, 1996
Oswald; Lamers; Schnapauff; Spilker; Wilmes: Kostengünstige bauliche Maßnahmen zur Reduzierung des Energieverbrauchs unter besonderer Berücksichtigung des Wohnungsbestandes. Im Auftrag des Bundesministeriums für Raumordnung, Bauwesen und Städtebau - Bonn (Abschlußbericht für 1996 geplant)

Kießl, 1992
Kießl, K.: Wärmeschutzmaßnahmen durch Innendämmung - Beurteilung und Anwendungsgrenzen aus feuchtetechnischer Sicht. In: Aachener Bausachverständigentage 1992; Bauverlag, 1992

Oswald, 1995
Oswald, R.; Lamers, R.; Schnapauff, V.: Nachträglicher Wärmeschutz für Bauteile und Gebäude. Bauverlag, 1995

Tanner, 1993
Tanner, C.: Die Messung von Luftundichtigkeiten in der Gebäudehülle. In: Aachener Bausachverständigentage 1993; Bauverlag, 1993

Zeller, 1995
Zeller; Dorschky; Borsch-Laaks; Feist: Luftdichtigkeit von Gebäuden, Luftdichtigkeitsmessungen mit der Blower-Door in Niedrigenergiehäusern und anderen Gebäuden. Hrsg.: Institut Wohnen und Umwelt, Darmstadt, 1995

Einfache Untersuchungsgeräte und -verfahren für Gebäudebeurteilungen durch den Sachverständigen

Dipl.-Ing. Ulli Meisel, Landesinstitut für Bauwesen, Aachen

1 Einführung und Problemstellung

Der Bestand an vorhandenen Gebäuden ist umfangreich und weist eine heterogene Struktur auf. Er umfaßt verschiedenste Gebäudetypen, vom Fachwerkhaus über Gründerzeitgebäude, Bauten der 20er und 30er Jahre, den Siedlungen der 50er und 60er Jahre bis zum Klinikneubau der 70er Jahre.

Unterschiedliche Baualtersstufen von Gebäuden wurden nach üblichen technischen Regeln der jeweiligen Zeit errichtet, die heute nicht mehr zum normalen Wissensschatz des Baufachmannes zählen. Die Konstruktionsregeln überwölbter Räume eines historischen Gebäudes können im durchschnittlichen Wissensschatz heute ebensowenig vorausgesetzt werden wie die des Plattenbaues-Ost, wie er noch Anfang der 90er Jahre realisiert wurde.

Hinzu kommen unterschiedliche Erhaltungszustände sowie Veränderungen durch Umbauten und Erneuerungsmaßnahmen im späteren Verlauf des Nutzungszeitraumes. Geschädigte Balkone eines Gründerzeithauses sind ebenso zu beurteilen wie z.B. Rißbildung durch Baugrundveränderung in einem Gebäude oder Schäden an der Bausubstanz durch unsachgemäße Baumaßnahmen bei der Instandsetzung und Modernisierung.

Exakte Bestandsbeurteilungen vorhandener Gebäude sind zwingende Voraussetzung jeder zuverlässigen Instandsetzungs- und Modernisierungsplanung. Sie erfordern besondere Fachkenntnisse eines Sachverständigen für Bauen im Bestand und eine zielgerichtete Bearbeitungsweise, um ein akzeptables Verhältnis von Untersuchungsaufwand, Planungsaufwand und Baumaßnahmen-Volumen zu gewährleisten.

Anders als für den in Streitfällen tätigen Bauschadens-Sachverständigen stellt sich für den Sachverständigen beim Bauen im Bestand das Problem, durch Abschätzung von technischen Sachverhalten Planungsentscheidungen auf einer möglichst zuverlässigen Basis zu ermöglichen. Einfache Untersuchungsverfahren mit relativ einfachen Geräten als Hilfsmitteln und nach Aufwand abgestufte Untersuchungsschritte führen hier oft zum gewünschten Ziel

2 Einzelschritte systematischer Gebäudebeurteilung

Die zielgerichtete Bearbeitung von Gebäudebeurteilungen erfordert die Kenntnis der Abfolge notwendiger Einzel-Untersuchungsteile, ihrer inhaltlichen Verknüpfung und der dabei einzusetzenden Untersuchungsverfahren. Die Beachtung von sieben getrennten Einzelschritten gewährleistet eine wirtschaftliche Konzeption der Durchführung von Bestandsuntersuchungen.

Die Reihenfolge der genannten Einzelschritte beschreibt den zeitlichen Ablauf von Gebäudebeurteilungen und auch ihre Aufteilung in einzelne, getrennt zu erbringende Teilleistungen. Dennoch ist für eine zielgerichtete Verfahrensweise von Beginn an bereits die parallele Betrachtung aller sieben Einzelfelder der Untersuchungen durch den Sachverständigen unverzichtbar, wenn man eine Begrenzung des Untersuchungsaufwandes anstrebt.

Im 1. Schritt der Erfassung des maßlichen Baugefüges in Plänen und Fotos müssen z.B. vorhandene Pläne beschafft und kritisch überprüft werden, schiefe Winkel horizontal/vertikal sind zu erfassen. Dafür werden Lot, Wasserwaagen und Meßstäbe benötigt. Die Fotoausrüstung sollte kompakt und variabel sein, ergänzt um Datenrückwand in der Kamera, Fotomaßstab und Beschriftungstafel.

Aufwendigere Geräte zur maßlichen Erfassung sind Laserlevel, die Bezugsebenen für Aufmaße schaffen, oder Einmann-Schlauchwaagen, mit denen von einer Person z.B. Durchbiegungen in Geschoßdecken bestimmt werden können. Thermovision mit der Messung von unterschiedlichen Wärmeströmen durch Außenwände kann verputztes historisches Fachwerk zerstörungsfrei sichtbar machen.

Abb.1: Historisches Fachwerkgebäude

Abb. 2: Großklinikum der 70er Jahre

Abb. 3: Teilgeschädigter Balkon eines Gründerzeitgebäudes

Abb. 4: Bei Installationsarbeiten durchtrenntes Mauerwerks-Bogenauflager

Abb. 7: Verdeckte Tragelemente sind zuverlässig zu erfassen, wie z.B. gemauerte Kappendecken mit darauf aufliegendem Fußbodenaufbau

Abb. 6: Decken-, Wand und Bodenebenen in benachbarten Räumen können stark voneinander abweichen. Nimmt man Trennwände heraus, so sollten vorher die Ebenen genau eingemessen werden

Sieben Einzelschritte systematischer Gebäudebeurteilung

1. Schritt : Erfassen des maßlichen Baugefüges in Plänen und Fotos
2. Schritt : Klären der vorhandenen Konstruktionen und Baustoffe
3. Schritt : Erfassen von Schäden/Schwachstellen nach Art, Grad und Ausmaß
4. Schritt : Erklären von Schadensursachen und Wirkungsmechanismen
5. Schritt : Überprüfen und festlegen von Einzelzielen baulicher Maßnahmen
6. Schritt : Klären verschiedener, alternativer Baumaßnahmen an Bauelementen
7. Schritt : Kosten-/Nutzenvergleiche mit Kostenberechnungen nach Bauelementen

Abb. 5: Einzelschritte systematischer Gebäudebeurteilung

Der 2. Schritt des Klärens der vorhandenen Konstruktionen und Baustoffe wird in der Praxis sehr unzureichend durchgeführt. Er ist teilweise auch erforderlich, um zuverlässig die maßliche Erfassung von verdeckten Bauteilen bewältigen zu können.
Mauerwerk kann z.b. ein- oder mehrschalig sein und Kaminzüge enthalten, deren Lage und Verlauf zu klären ist. Auch die vorhandenen Baustoffe sind nicht ohne weiteres zu bestimmen, z.b. Putze, Mörtel, Anstriche. Scheinbar massive Pfeiler erweisen sich als Hohlraum mit Stahlstütze und Haustechnikleitungen, hochkant gemauerte Ziegel-Trennwand mit 7 cm Dicke wird in einem Altbau mit 3.20 m lichter Höhe festgestellt.
Ein Wandaufbau wird transparent durch Bohrkerne, wobei übermäßige Zerstörungen durch Bohrkernproben zu vermeiden sind. Mit Hilfe von Endoskopen mit aufgebrachtem Maßstab können in kleinen Bohrungen die Kanten von Konstruktionselementen angepeilt und vorne am Endoskop in Millimetern abgelesen werden.
Auch die Repäsentativität von Proben muß genau geplant werden. Bereits die Auswahl der Untersuchungsstelle kann ein bestimmtes Ergebnis vorwegnehmen. Wird sie falsch eingeschätzt, so kann das Untersuchungsergebnis entweder unzuverlässig oder sogar vollständig unzutreffend sein.
Der 3. Schritt des reinen Erfassens und Dokumentierens von Schäden/Schwachstellen nach Art, Grad und Ausmaß kann in der Regel auch von Nichtspezialisten geleistet werden, die damit einen zur Klärung der Ursachen hinzugezogenen Sachverständigen erheblich entlasten. Häufige Schadensschwerpunkte und Schwachstellen müssen für eine zielgerichtete Bearbeitung bekannt sein. Einige einfache Untersuchungsverfahren könne auch hierbei angewendet werden.

So erlaubt die Prüfung mit dem Karsten'schen Röhrchen qualitative Aussagen über die Wasseraufnahme sowohl von behandelten als auch von unbehandelten Bauteilflächen. Schichtdickenmessung von Anstrichen mit dickenabhängiger Funktion – z.B. CO_2-Bremse – ist möglich mit relativ einfachen Verfahren, was übrigens auch als Kontrolle bei der Bauausführung unbedingt zu empfehlen ist.
Rißlupe, Glasplättchen und Gipsmarken dienen zur Beurteilung von Rißbewegungen, sofern deren auslösende Faktoren noch nicht abgeklungen sind. Bestimmen von Wandausbauchungen und Schiefstellungen durch Abloten ist notwendig, um Hinweise zu geben für die Ursachen, die diesen Schäden zugrunde liegen.
Das erst im 4. Schritt anschließend eventuell erforderliche exakte Erklären von Schadensursachen und Wirkungsmechanismen kann die fachliche Kompetenz von Sonderfachleuten nötig machen, die gesondert mit spezifischen Aufgabenstellungen zu beauftragen sind.
Gebäudedurchfeuchtungen als häufiges, schwieriges Problem der Ermittlung von Ursachen und Wirkungsweisen können hier als Beispiel genannt werden. Der Zementputz auf durchfeuchtetem Sockel als Beispiel für unsachgemäßen Sanierungs-Aktionismus und nicht sachgerecht erfolgte Ursachenbestimmung ist ein häufig festzustellendes Symptom. Auch bei den zur Feuchtbestimmung angewendeten Meßverfahren stellt man immer wieder fest, daß die elektronische Feuchtemessung z.B. in Mauerwerk angewendet wird, obwohl sie nur relative Feuchtewerte ohne die nötige Genauigkeit liefert.
Feuchteanreicherungen in Holzbalkendecken können starke Schäden zu Folge haben. In

Abb. 8: Kleinere Bohrungen werden mit einer Hand-Luftpumpe vom Bohrstaub befreit

Abb. 11: Entnahmestelle des Quaders in einem nachträglich zugemauerten, nichttragenden Wandteil unterhalb eines tragenden Bogens, Planfehler und Fehler in den Bestandsuntersuchungen

Abb. 9: Endoskop mit aufgebrachtem Maßstab und Blickwinkel unter 90° erlaubt das Anvisieren von Schichtaufbau-Kanten in einer Bohrung geringen Durchmessers

Abb. 12: Schäden an Außenwandputz und Anstrichsystemen zählen zu den häufigsten Schwachstellen

Abb. 10: Aus einer Ziegelwand herausgeschnittene Quader zur Laborprüfung der Belastbarkeit

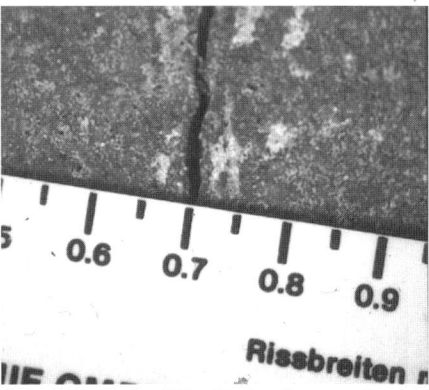

Abb. 13: Einfache Rißweitenbestimmung im Zehntel-Millimeterbereich mit dem Rißmaßstab

Abb. 14: Negativbeispiel einer nach der Modernisierung zusammengestürzten Einfeld-Holzbalkendecke; hier ist die exakte Ursachenbestimmung auftretender Durchbiegungen unterblieben

Abb. 16: Versalzungen können die Gleichgewichtsfeuchte erhöhen und den Baustoff zermürben

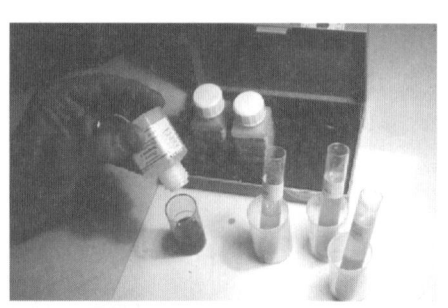

Abb. 17: Einfache, halbquantitative Salzbestimmungen geben Hinweise auf mögliche Salzbelastungen

Abb. 15: CM-Gerät als einfaches, preisgünstiges Verfahren zur zuverlässigen Ermittlung absoluter Feuchtewerte

ungenutzten Dachraum eingetragener Flugschnee kann hier auch verursachend sein. Fruchtkörper und Myzel z.b. des Echten Hausschwamms als gefährlichstem Holzzerstörer bei Durchfeuchtung sind unter Umständen über Endoskopie in Hohlräumen festzustellen. Die zuverlässige, einfache absolute Holzfeuchtebestimmung ist hier möglich mit elektronischen Feuchtemeßgeräten.

3 Leistungstiefe, -umfang und -aufwand

Der Sachverständige für Bauen im Bestand muß alle vorkommenden Konstruktionen und Baustoffe bei Gebäuden unterschiedlichen Baualters auf ihre Eignung für geplante Nutzungen unter heute geltenden Anforderungen beurteilen. Dadurch unterscheidet sich das Leistungsbild eines derartigen Sachverständigen von dem stärker spezialisierten Fachberater (z.B. für Betonsanierung, Abdichtung, Holzschutz). In der Regel wird der Sachverständige für Bauen im Bestand auch Architektenleistungen erbringen können, so daß seine Untersuchungsergebnisse in eine verbindliche Bauplanung und Ausführungsüberwachung einmünden. Dies bietet für den Auftraggeber den Vorteil der durchgängigen Planungsverantwortung ohne mögliche Informationsverluste bei getrennt beauftragten Gutachtern und Planern.

Der Leistungsumfang und die Leistungstiefe von Untersuchungen des Sachverständigen für Bauen im Bestand gliedert sich in mehrere Stufen, die aufeinander aufbauen. Die dabei in der Regel sinnvoll einzusetzenden Untersuchungsverfahren und -geräte sind abhängig von der Leistungsstufe und der Genauigkeit der benötigten Ergebnisse.

Beginnender Schwammbefall sollte bereits bei einer Kurzbegehung erkannt werden, um weitergehende Untersuchungen einzuleiten. Die Untersuchungen müssen an gefährdeten Punkten erfolgen – auch wenn diese schwer zugänglich sind, z.b. unter oder hinter Möbeln und in Drempeln und Abseiten. Dies ist bei einer Kurzbegehung auch bereits zu erfassen. Grad und Ausmaß festgestellter Befunde sind in geeigneter Weise in Plänen darzustellen

Zunehmend an Bedeutung gewinnt die Prüfung der Luftdichtheit von Gebäuden zur Ermittlung von Wärmelecks und zur Vermeidung von Feuchteschäden in Konstruktionen durch Konvektion. Bei aufgebautem Druckunterschied zwischen Innen und Außen lassen sich Luftströme sichtbar machen. Die Quantifizierung von Luftströmen ist mit einem einfachen Meßgerät möglich.

Neben der Beurteilung bestehender Gebäude in den vorgenannten Untersuchungsstufen können einfache Untersuchungsverfahren und Prüfgeräte sinnvoll ebenso bei der Überwachung von Instandsetzungs- oder Modernisierungsmaßnahmen eingesetzt werden. In einigen Fällen ist eine sachgerechte Überprüfung von ausgeführten Bauleistungen ohne derartige Geräte nicht möglich – als Beispiel sei die Holzfeuchtemessung an eingebautem Holz genannt.

4 Einfache Untersuchungsverfahren und -geräte

Fundierte Fachkenntnisse über Konstruktionen und Baustoffe verschiedener Baualtersperioden und ihre Eignung unter heutigen bautechnischen und bauphysikalischen Anforderungen sowie über Schadensbilder und -ursachen sind Voraussetzung jeder Untersuchung. Die Anwendung von Untersuchungsverfahren und

---

Untersuchungsstufen nach Leistungstiefe und -umfang

1. Stufe : Kurzbegehung mit Ortstermin, qualitative Abschätzung von Schäden/ Schwachstellen, allgemeine Planungsempfehlungen
2. Stufe : Qualitative Beurteilung aller relevanten Bauelemente, exemplarische Untersuchungen am Gebäude, elementbezogene Systemempfehlungen
3. Stufe : Zusätzlich vollständige maßliche Erfassung, komplette Schadensquantifizierung nach Grad und Ausmaß, Ausschreibungsangaben
4. Stufe : Ergänzende Laboruntersuchungen und Langzeitmessungen am Gebäude zur Klärung chemischer oder physikalischer Parameter, Auswertung

Abb. 20: Untersuchungsstufen nach Leistungstiefe und -umfang

Abb. 18: Bohrungen ins Holz an gefährdeten Stellen erlauben einfache Vorab-Einschätzungen anhand des Bohrmehls

Abb. 21: Preiswerte Lampen-Endoskope erlauben die stichpunktartige Untersuchung verdeckter Hohlräume

Abb. 19: Bei Befall mit Echtem Hausschwamm können bereits die Untersuchungen zur Ermittlung der Ausbreitung erhebliche Zerstörungen an der Bausubstanz anrichten

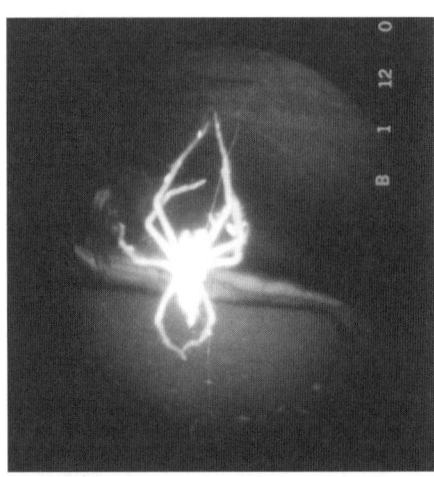

Abb. 22: Fotografieren durch Endoskope erfordert hohen Aufwand und ist im allgemeinen entbehrlich

Abb. 24: Luftfeuchteänderungen können Schäden an Kulturgütern hervorrufen, Beispiel für eine durch Austrocknung geschädigte gefaßte Holzdecke

Abb. 23: Luftdichtheitsmessung mit dem Blower-Door-Verfahren

Abb. 25: Messung mit Thermohygrographen zur Klimabestimmung über längere Zeiträume

-geräten an sich gewährleistet noch keine qualifizierten Ergebnisse.

Die Prüfung materiell vorhandener Gebäudesubstanz erfordert – anders als beim Neubau, der bei der Planung nur auf dem Papier existiert – Untersuchungen am Gebäude und eventuell an aus dem Gebäude entnommenen Proben im Labor, um zu sicheren Ergebnissen zu gelangen. Diese Untersuchungen müssen – bei ausreichender Genauigkeit für die Beurteilung – möglichst zerstörungsarm und schonend für die Gebäudesubstanz sein.

Die Untersuchungstechniken sind in ihrem Aufwand auf die notwendige Genauigkeit der Aussagen hin auszuwählen. Für die Abschätzung von Sachverhalten für Planungszwecke ist nicht immer das exakteste, aufwendigste Verfahren erforderlich. Zur Begrenzung des Untersuchungsaufwandes bietet die Fachkenntnis des Sachverständigen die Gewähr, daß wirklich nur die für die nötige Beurteilungstiefe erforderlichen Parameter durch die gewählten Untersuchungen ermittelt werden.

Verfahren und einfache Hilfsmittel zur Gebäudebeurteilung lassen sich nach einigen Kriterien einteilen, die sich an den Einzelschritten des Beurteilungsablaufes sowie der erforderlichen Leistungstiefe und dem Leistungsumfang orientieren.

Für ausführliche Informationen zu verschiedensten Verfahren und Geräten für Gebäudebeurteilungen wird auf die im folgenden genannte Literatur verwiesen. Die Veröffentlichungen wurden vom Landesinstitut für Bauwesen NRW (LB) in Aachen bearbeitet oder beauftragt.

Untersuchungsverfahren und -geräte nach Gruppen

1. Gruppe : Verfahren/Geräte zur maßlichen Überprüfung, zur Erweiterung des visuellen Untersuchungsfeldes und zur Dokumentation
2. Gruppe : Untersuchungstechniken und Hilfsmittel zur Klärung von Konstruktionen und Baustoffen, zur Probennahme und einfachen Beurteilung
3. Gruppe : Einfache Verfahren/Geräte zur qualitativen und quantitativen Erfassung von Schäden und Schwachstellen an verschiedenen Bauelementen
4. Gruppe : Aufwendigere Verfahren zur Klärung von Schadensursachen und im Gebäude und im Labor

Abb. 26: Untersuchungsverfahren und -geräte nach Gruppen

5 Literaturhinweise

„Aufwandsstufen bei Untersuchungen an Bauwerken – Wirtschaftlichkeit bautechnischer Untersuchungen, Ziele, Struktur, Kosten, Fallbeispiele", Bearbeiter: C. Arendt, Band 2.18 der LB-Schriftenreihe, Aachen 1992

„Verfahren / Geräte zur Erfassung von Bauschäden – Anwendungsmöglichkeiten, Praxistauglichkeit, Kosten", Bearbeiter: H. Schmitz, J. Böhning, E. Krings, Band 2.3 der LB-Schriftenreihe, Aachen 1987

„Ausstattung der staatlichen Bauverwaltung NRW mit einfachen Untersuchungsgeräten zur Gebäudebeurteilung", Bearbeiter: D. Morschel, P. Engelen, unveröffentlichter Bericht des LB, Aachen 1995

„Typische Schadenspunkte an Wohngebäuden", Bearbeiter: U. Meisel, P. Braunmüller, MBW-Ratgeber Nr.1 in der LB-Schriftenreihe, 4. Nachdruck Aachen 1995

„Beurteilen von Schwachstellen im Hausbestand", Bearbeiter: U. Meisel, P. Braunmüller, MBW-Ratgeber Nr.2 in der LB-Schriftenreihe, 4.Nachdruck Aachen 1995

„Baufeuchtigkeit prüfen und beheben – Verfahrenstechniken", Bearbeiter: C. Arendt, MBW-Ratgeber Nr.6 in der LB-Schriftenreihe, Aachen 1995

Imprägnierungen und Beschichtungen auf Sichtmauerwerks- und Natursteinfassaden - Entwicklungen und Erkenntnisse

Prof. Dr.-Ing. Lutz Franke, TU Hamburg-Harburg

1 Zustandsbeurteilung und prinzipielle Schutzmöglichkeiten

Von der konstruktiven Konzeption her sind Beschichtungen oder Imprägnierungen bei Sichtmauerwerks- oder Natursteinfassaden nicht planmäßig vorgesehen. In den letzten ein bis zwei Jahrzehnten werden aber zunehmend Oberflächenschutzmaßnahmen im Zuge von Instandsetzungsarbeiten bzw. Restaurierungen vorgenommen, wobei häufig unterschiedliche Standpunkte über den Nutzen solcher Maßnahmen bezogen werden.
Aus welchen Anlässen bzw. in welchen Fällen sind nun Oberflächenschutzmaßnahmen bei den genannten Fassadentypen technisch begründet bzw. sollte deren Anwendbarkeit zumindest geprüft werden?
- Bei Mauerwerksdurchfeuchtungen infolge Schlagregens.
- Bei mangelnder Frostbeständigkeit der Fassaden.
- Zur Vorbeugung gegenüber Graffiti oder zum Schutz vor Verschmutzung.

Bei der Beurteilung der Anwendbarkeit von Oberflächenschutzmaßnahmen müssen eventuelle erschwerende bauliche Gegebenheiten bekannt sein!
Dies können sein:
- verwitterte Fassaden (Steinschäden, Fugenschäden, Risse ...),
- aufsteigende Feuchte oder sonstige konstruktive Durchfeuchtungsquellen,
- Kerndurchfeuchtungen bei dicken historischen Mauern,
- Salzgehalte des Fassadenmaterials.

Liegen solche erschwerenden Randbedingungen nicht vor, so können in der Regel Oberflächenschutzmaßnahmen an Sichtmauerwerksfassaden im Hinblick auf Mauerwerksdurchfeuchtungen, Frostempfindlichkeit oder Graffiti realisiert werden ohne die Gefahr von Nebenwirkungen oder Folgeschäden.
Folgende Maßnamen stehen dann zur Diskussion:

- Neuverfugung der Fassaden,
- Hydrophobierung der Fassaden, ggf. zusammen mit Neuverfugung,
- Schlämmverfugung und Hydrophobierung,
- Beschichtung (deckend, transparent?), ggf. mit Hydrophobierung,
- Anti-Graffiti-Beschichtungen.

Im folgenden sollen nun die wichtigsten Gesichtspunkte, die im Zusammenhang mit diesen Schutzmaßnahmen zu betrachten sind, angesprochen werden.

2 Beschichtungen

Beschichtungen können dann notwendig werden, wenn die Schlagregendichtigkeit einer Fassade wiederhergestellt werden soll oder sich Zeichen mangelnder Frostbeständigkeit ergeben. In Frage kommen dann farblose transparente Beschichtungen als filmbildende Beschichtungen und als Lasuren (Imprägnierlasuren), pigmentierte filmbildende Beschichtungen.
Entscheidende Vorteile von Beschichtungen sind: die Dichtigkeit gegenüber Schlagregen, so daß sie damit voll die Funktionsgrundanforderung bzw. die angestrebte Schutzfunktion erfüllen; eine fachgerechte Ausführung ist vergleichsweise einfach realisierbar und kontrollierbar.
Weiterhin zu erfüllende Anforderungen sind:
- Weitgehende Witterungsbeständigkeit, gleichmäßige Flächenabwitterung bei Langzeitexposition.
- Transparente Beschichtungen dürfen nur geringe optische Veränderungen der Fassaden bewirken, Farbveränderungen (zum Beispiel durch Salzeinwirkungen aus dem Wandinneren) in der Grenzfläche Beschichtung/ Steinoberfläche sind auszuschließen.

Daher soll die Dampfdiffusionsdichtigkeit der beschichteten Oberfläche in der Regel die individuell festzulegenden Grenzwerte nicht überschreiten.
Zunächst sei auf einige mögliche Mängel bei

49

transparenten Beschichtungen bei Mauerwerksfassaden näher eingegangen. Neben falscher Produktwahl können sich an älteren, transparent beschichteten Fassaden die in Abb. 1 und 2 gezeigten Zustände ergeben.
Abb. 1 zeigt eine Krakeleeriß-behaftete filmbildende Transparentbeschichtung nach einer Standzeit der Südfassade von ca. 10 Jahren; Abb. 2 zeigt eine ca. 15 Jahre alte transparente geschädigte Beschichtung auf einer stark saugenden Vormauerschale.
Aus Abb. 2 wird deutlich, daß die Art der Verwitterung von ausschlaggebender Bedeutung für das spätere Fassadenverhalten ist. Krakeleerisse, ggf. verbunden mit einem entsprechenden Ablösen der Beschichtung vom Untergrund, stellen ein nicht akzeptables Beschichtungsverhalten dar, weil sie zu einer Durchnässung der betroffenen Wände führen.
Ein wesentlich besseres Langzeitverhalten zeigen dagegen geeignete Lasuren, die etwas in das Porensystem eindringen (zum Beispiel 0,5 mm), verbunden mit einer geringeren Filmbildung unmittelbar an der Oberfläche, die ggf. gleichmäßiger abwittern und die Gefahr einer Störung des Wasserhaushaltes im fortgeschrittenen Verwitterungszustand minimieren.

Auch wenn die zu beschichtenden Fassaden sehr niedrige lösliche Salzgehalte aufweisen, sollte eine Kondensatbildung an der Grenze Beschichtung/Steinoberfläche durch Wasserdampfdiffusion vermieden werden, um Salztransporte zur Grenzfläche auf jeden Fall zu unterbinden. Diese Forderung läßt sich von den in Frage kommenden Beschichtungen bzw. Lasuren in der Regel problemlos erfüllen. Es ist allerdings eine WD-Diffusions-Kontrollrechnung auf der Basis des Sd-Wertes der Beschichtung durchzuführen.

Abb. 3 zeigt eine transparent beschichtete Sichtmauerwerksoberfläche mit Verfärbungen in der Oberfläche durch Salzeinwirkungen.
In Zweifelsfällen kann die Beschichtung kombiniert werden mit einer vorhergehenden Hydrophobierung der Fassadenoberfläche, wobei die Zahl der Arbeitsgänge niedriger gehalten werden kann als bei einem Schutz durch Hydrophobierung allein. Es versteht sich ferner von selbst, daß Stein- und Fugenschäden an der Fassade vor der Beschichtung repariert werden müssen. Verbleibende Haarrisse müssen vor der Beschichtung geschlossen bzw. überbrückt werden können.
Die Abb. 4 und 5 zeigen zwei fachgerecht ausgeführte Beschichtungsmaßnahmen. Die

Abb. 1: Krakelee-Rißbildung an einer 10 Jahre alten transparenten filmbildenden Beschichtung

Abb. 2: Zustand einer unbeständigen, ursprünglich farblos transparenten Beschichtung nach 15 Jahren Bewitterung

Abb. 3: Verfärbungen unterhalb einer transparenten Beschichtung durch Salzeinlagerungen

Fassade (Abb. 4) wurde nach einem Hydrophobierungsgang mit einer transparenten Lasur versehen. Abb. 5 zeigt eine ca. 5 Jahre alte filmbildende pigmentierte Beschichtung. Die Produktwahl bzw. die Auswahl der richtigen Bindemittelbasis ist für das Verwitterungsverhalten bzw. die Dauerhaftigkeit der Maßnahmen entscheidend.

Für Lasuren haben sich offensichtlich lösemittelhaltige Siliconharze und insbesondere lösemittelhaltige Methacrylatharze bewährt. Nach eigenen Erfahrungen mit entsprechend behandelten Natursteinoberflächen kann bei lösemittel-gelösten Methacrylatharzen eine Lebensdauer von mindestens 15 Jahren erwartet werden.

Transparente filmbildende Beschichtungen werden auf der Basis von Siliconharzemulsionen von verschiedenen Herstellern angeboten.

Filmbildende pigmentierte Beschichtungen erhöhter Witterungsbeständigkeit basieren auf Siliconharzemulsionen oder Acrylatdispersionen.

Die Möglichkeit, Natursteinfassaden insbesondere aus porösen Natursteinsorten gegenüber Schlagregen bzw. vor Witterungseinflüssen allgemein durch Beschichtungen zu schützen, wird offensichtlich zunehmend ernstgenommen.

Die Diskussion, ob Konservierungs- und Schutzmaßnahmen an Natursteinfassaden sinnvoll sind, wird allerdings in einschlägigen Kreisen weitergeführt. Veranlaßt wird sie durch Negativbeispiele oder befürchtete Mängel bzw. ungenügendes Wissen über das Langzeitverhalten.

Vergleicht man die verschiedenen Konservierungs- bzw. Schutzmöglichkeiten, so ist im Prinzip eine Beschichtung - filmbildend oder als Lasur - die sicherste Art des Schutzes, weil
- fachgerechte Applikation einfach nachprüfbar ist,
- die Schutzwirkung der Beschichtung einfach kontrollierbar ist,
- der Zustand auch nach längerer Lebensdauer optisch und meßtechnisch einfach überprüfbar ist und
- eventuell eintretende Mängel frühzeitig erkennbar sind.

Voraussetzungen für die Anwendung auf Natursteinfassaden sind:
- Keine Beschichtung von Fassadenbereichen, die im Hinblick auf diese Behandlung als Problembereiche erkannt wurden.
- Fachgerechte Vorbereitung der Fassade.
- Möglichst beständige Produkte; eine nicht zu vermeidende Verwitterung bei Langzeitbeanspruchung muß großflächig erfolgen durch den Mechanismus des „Kreidens"; eine Schädigung der Beschichtungen durch Haftungsverlust oder durch Krakeleerißbildung ist nicht akzeptabel, da dann negative Folgen für die Fassade zu erwarten sind. Bei Verwendung geeigneter Produkte kann eine

Abb. 4: Beschichtungstest mit einer lösemittelhaltigen Methacrylatharzlasur nach Vorbehandlung durch eine Hydrophobierung auf wenig saugfähigen Klinkern

Abb. 5: Beschichtung einer nicht besonders vorbereiteten Sichtmauerwerksfassade mit einer pigmentierten Acrylatdispersion

langjährige Wirksamkeit der Beschichtungen erwartet werden.

Abb. 6 zeigt als Beispiel die Ansicht einer Sandsteinoberfläche mit einer leicht pigmentierten schadensfreien Beschichtung, die vor 12 Jahren aufgebracht wurde. Es handelt sich dabei um ein Bauwerk in Osnabrück. Als Produkt wurde hier eine Siliconharzemulsion eingesetzt, deren Pigmentierungsgrad von Teilfläche zu Teilfläche unterschiedlich intensiv eingestellt werden kann und im Farbton beliebig anpaßbar ist.

Als Beispiel kann ferner die Sandsteinfassade des Hamburger Rathauses genannt werden, die vor ca. 12 Jahren mit einer transparenten Lasur behandelt worden war, nachdem die Oberflächen vor Aufbringen der Lasur lediglich gereinigt worden waren. Die Wirksamkeit der Lasur ist auch heute noch so intensiv, daß die zugehörige Fassadenoberfläche wasserabweisend ist und auch bei Verwendung eines sauren Reinigers kaum angreifbar ist.

Bei dem hier verwendeten Produkt handelt es sich um ein farbloses, lösemittelhaltiges Methacrylatharz.

In Abb. 7 zeichnen sich an einzelnen Stellen des zuletzt erwähnten Objektes nach intensiver Hochdruckreinigung leicht milchige Fugenränder ab, die auf eine dort höhere Auftragsmenge der Lasur hindeuten. In der rechten Bildhälfte wurden Reinigungstests mit einem sauren Reiniger durchgeführt.

Bei Fassadenkonservierungen stellen die Fugen grundsätzlich ein Problem dar. Fehlstellen in den Fugen, wie zum Beispiel Haarrisse, müssen von der gewählten Konservierungsmethode dauerhaft geschlossen werden können. Wird darauf nicht geachtet, kann es zu negativen Folgen kommen, wie aus dem Abb. 8 ersichtlich. Dort wurde in der Nachbarschaft der Fugen die Lasur abgedrückt, weil nach der Beschichtung weiterhin Schlagregen über die Fugen in die Fassade eindringen konnte.

Es verbleiben typische Problembereiche, wo auch bei Natursteinfassaden keine oder nur mit Bedenken Beschichtungen aufgebracht werden sollten.

Es handelt sich dabei um Bereiche, wo nach Beschichtung des Bauteils noch auf kapillarem Wege Wasser- bzw. Salzlösungen transportiert werden können. Hier hängt es von den örtlichen Bedingungen, insbesondere von der Art der Salze ab, ob es zu einer Oberflächenschädigung im beschichteten Bereich kommt. Es bleibt zu klären, in welchen Fällen davon ausgegangen

Abb. 6: Detail der Fassade des Osnabrücker Rathauses aus verschiedenen Sandsteinen, seit ca. 12 Jahren beschichtet mit einer leicht pigmentierten Siliconharzemulsion

Abb. 7: Teilansicht des Turmes des Hamburger Rathauses aus verschiedenen Sandsteinvarietäten, vor 12 Jahren behandelt mit einer noch voll wirksamen Methacrylatharzlasur, nach Reinigungstests mit saurem Steinreiniger

Abb. 8: Vorzeitige Abwitterung einer Lasur in der Nachbarschaft von defekten Fugen, die trotz Oberflächenschutzmaßnahme noch Schlagregen aufgenommen haben

werden muß, daß bei fehlender Beschichtung eine noch intensivere Oberflächenschädigung stattgefunden hätte.
Auch wenn Feuchtigkeit auf kapillarem Wege nicht mehr aufgenommen werden kann, können Beschichtungsschäden durch Salzeinwirkung entstehen, wenn sich im Untergrund hygroskopische Salze befinden, wie im vorliegenden Fall Natriumchloridgehalte aus Streusalzanwendungen.

3 Hydrophobierungen

Für die Hydrophobierung von Ziegelmauerwerks- oder Kalksandsteinfassaden werden vorzugsweise alkaliresistente Siloxane eingesetzt, die in verschiedenen Lösungsmitteln gelöst sein können. Zum Teil werden als weitere Komponente auch Acrylatharze zugemischt. Der Feststoff- bzw. Harzgehalt des Hydrophobierungsmittels sollte 7 % nicht unterschreiten. Welches Lösungsmittel vorzugsweise gewählt werden sollte, hängt von der jeweiligen Fassade ab, insbesondere von deren Feuchtigkeitsgehalt. Bei trockenen Fassaden erzielt man mit aliphatischen Kohlenwasserstoffen in der Regel die größeren Eindringtiefen.

Die Ziele einer Hydrophobierung sind Wiederherstellung der Schlagregendichtigkeit und Unterbindung von Frostschäden.

Wie im Fall von Beschichtungen können sie mit Erfolg nur außerhalb von Problembereichen verwendet werden. Hydrophobierungsmittel sind in der Regel einfach aufbringbar und führen kaum zu optischen Oberflächenveränderungen. Besonders wirksam sind sie zum Beispiel bei mangelnder Schlagregendichtigkeit infolge zu stark saugender Vormauersteine, wie Handformziegel usw. Örtliche Grundvoraussetzung für die Anwendung einer Hydrophobierung ist, daß die Fugen sich in einem geeigneten Zustand befinden.

Die in Abb. 9 wiedergegebenen Untersuchungsergebnisse zeigen, daß Haarrißbreiten nicht größer als 0,1 bis 0,2 mm sein dürfen.
Lediglich in dem selten vorkommenden Sonderfall, wo die Lager- und Stoßfugen hinter der Verfugung keine Fehlstellen aufweisen und daher Flüssigkeiten nur kapillar transportieren, spielt die Breite von Rissen in der äußeren Verfugung nur eine untergeordnete Rolle.
Ob dieser Sonderfall vorliegt und welche Hydrophobierungsmittelmenge notwendig ist, kann nur vor Ort an Testflächen durch Wasseraufnahmemessungen geklärt werden. Hier ist ebenfalls zu ermitteln, ob Hydrophobierungs-

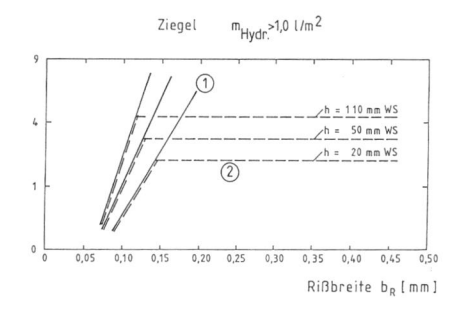

Abb. 9: Wasseraufnahme hydrophobierter Ziegelfassaden (Hydrophobierunsmittelmenge > 1 l/m²) in Abhängigkeit der Breite von Haarrissen in der Mörtelfuge und der Druckhöhe, Meßzeit 15 Minuten mit WA-Meßplatte nach Bild 10

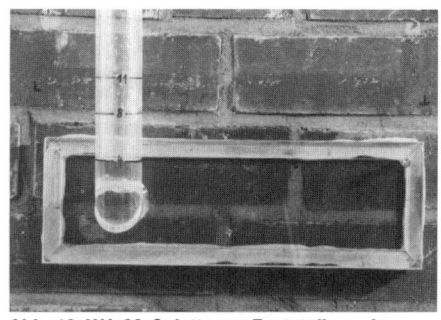

Abb. 10: WA-Maßplatte zur Feststellung der Wasseraufnahme von Fassaden

mittel in zwei oder drei Arbeitsgängen zu applizieren ist.
Die Wasseraufnahmemessungen können nicht mit Hilfe des Karsten'schen Prüfröhrchens durchgeführt werden, sondern müssen mit einer geeigneten WA-Meßplatte erfolgen, die eine ausreichende Stein bzw. Fugenfläche überdeckt. Abb. 10 zeigt die seit Jahren in unserem Hause eingesetzte Meßplatte, die über ein Kittband an der Wandoberfläche befestigt wird. Sie liefert bei einer Meßzeit von 15 min und einer mittleren Wasserdruckhöhe von 50 mm den benötigten Meßwert [1].
Im hydrophobierten Zustand sollte die Mauerwerksoberfläche bei diesem Wasseraufnahmeversuch möglichst kein Wasser mehr aufnehmen. Ist dies doch der Fall, so zeigt dies, daß die Fassadenoberfläche im vorliegenden Zustand für eine Hydrophobierung nicht geeignet ist oder mangelhaft hydrophobiert wurde.

In den meisten Fällen kann durch eine Reparatur der Fugen ein fachgerechter Ausgangszustand geschaffen werden. Für Hydrophobierungsmaßnahmen an Fassaden gelten die im Zusammenhang mit Beschichtungen genannten Problembereiche noch in verstärktem Maße.

Bei nicht fachgerecht ausgeführten Hydrophobierungsmaßnahmen oder ungeeigneten Fassaden kommt es in der Regel wegen der stark reduzierten Trocknungsmöglichkeiten der Wandoberflächen zu einer erhöhten Wassersättigung hinter der Hydrophobierung. Insbesondere im Falle von frostempfindlichem Mauerwerk werden hierdurch Frostschäden beschleunigt oder überhaupt erst hervorgerufen. Bei Hydrophobierungen im Bereich aufsteigender Feuchte und eventuell resultierenden inneren Salzablagerungen unter der hydrophobierten Oberflächenschicht kann es zu schichtenweisem Ablösen der Steinoberfläche kommen.

Hingewiesen werden soll an dieser Stelle darauf, daß bei einer trotz Fehlstellen durchgeführten Hydrophobierung bei in der Regel vorliegendem einschaligen Mauerwerk es zu einer örtlich nennenswert erhöhten Hydrophobierungsmittel- und damit Lösungsmittelaufnahme kommen kann, die in nachweisbaren Fällen zu lang andauernden Innenraumluftbelastungen durch Lösungsmitteldämpfe geführt haben [5].

Schlämmverfugung und Hydrophobierung
Bei stark verwitterten Fugen, insbesondere bei engen Fugen und Steinen mit dichter Brennhaut oder Klinkern, kann häufig sehr wirksam eine Schlagregen- bzw. Wasseraufnahme unterbunden werden durch Anwendung einer geeigneten Schlämmverfugung, gekoppelt mit zwei Hydrophobierungsgängen. Hierdurch kann das bei einer Fugenreparatur bzw. Neuverfugung notwendige Ausräumen der Fugen und das damit verbundene unregelmäßige Anschneiden der Steinkanten bei Verwendung von Trennschleifern vermieden werden, indem nach Hochdruckreinigung und einem ersten Hydrophobierungsgang die Schlämmverfugung mit Schabern eingearbeitet wird. Nach der anschließenden Steinreinigung und ausreichender Fugenerhärtung von mehreren Wochen wird dann eine weitere abschließende Hydrophobierung vorgenommen. Nachmessungen an 12 Jahre alten Fassaden ergaben noch eine volle Wirksamkeit der Schutzmaßnahme [6].

Postaer Sandstein nach Trocknung

hydrophobierte Bereich

Beregnung und Verdunstung

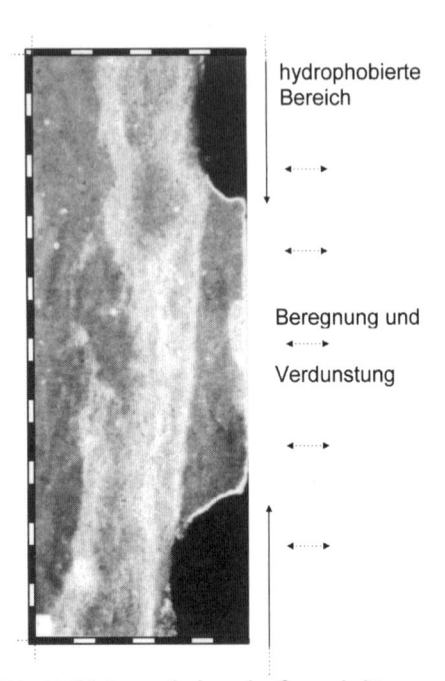

Abb. 11: Röntgenaufnahme des Querschnitts durch einen salzhaltigen, außenseitig hydrophobierten Postaer Sandstein nach Bewitterung über eine „Fehlstelle" in der Hydrophobierung und Trocknung durch Verdunstung (Weißfärbung = Salzverteilung)

Hydrophobierung von Natursteinmauerwerk
Natursteinmauerwerke lassen sich ebenfalls wirksam hydrophobieren. Bei solchen Fassaden ist aber ebenfalls eine Voruntersuchung zur Auswahl eines geeigneten Hydrophobierungsmittels und zur Ermittlung der Hydrophobierungsmittelmenge unabdingbar. Die für Ziegelmauerwerk genannten Voraussetzungen über den notwendigen Fugenzustand gelten für Natursteinmauerwerk ebenfalls.

Eine prinzipielle Frage ist, ob nach erfolgter Hydrophobierung die Natursteine noch Wasser – wenn auch in reduziertem Umfang – aufnehmen dürfen.

Diese Frage ist deswegen nicht trivial, weil nicht auszuschließen ist, daß der Trocknungsweg in umgekehrter Richtung durch die hydrophobierte Zone über den Mechanismus des kapillaren

Rücktransportes und Verdunstung nicht funktioniert, d.h. daß eine Trocknung nur über Wasserdampfdiffusion möglich wird, was unter Umständen zu einer unerwünschten Erhöhung des Wassergehaltes in der Fassade hinter der Hydrophobierung führen kann. Diese Zusammenhänge sind sicherlich auch von der Porengrößenverteilung des Natursteins abhängig und müssen noch näher untersucht werden. Wichtig ist auch das Verhalten von Fehlstellen in der hydrophobierten Oberfläche infolge mangelnder Ausführungsqualität oder teilweisen Nachlassens der Wirkung der Hydrophobierung. Hierzu laufen zur Zeit eigene Untersuchungen. Eine wesentliche Frage ist, ob durch die Wasseraufnahme über Fehlstellen bei Bewitterung es zu schädlichen Salzablagerungen hinter der hydrophobierten Zone in der Umgebung der Fehlstelle kommen kann.
Abb. 11 zeigt eine Röntgenaufnahme einer solchen Fehlstelle mit Salzablagerungen hinter der Hydrophobierung.
Die Aussagen zur Langzeitwirksamkeit von Hydrophobierungen auf verschiedenen Natursteinuntergründen variieren relativ stark und bewegen sich zwischen drei und 30 Jahren [3], [4]. Tatsächlich ist die Dauerwirksamkeit abhängig vom Naturstein selbst, vom Gehalt an löslichen Bestandteilen, vom gewählten Hydrophobierungsmittel und von der Intensität der Behandlung. Allgemeingültige Aussagen über die Dauerhaftigkeit sind daher nur in beschränktem Umfang möglich.

Literatur
[1] Franke, L., Bentrup, H., Bosold, D., Fugen in Sichtmauerwerk, Gütekontrolle durch einfache Versuche vor Ort, Bausubstanz 2 u. 3, 1994
[2] Franke, L., Pinsler, et al., X-Ray Diagnosis Applied to Study Salt Migration in Impregnated Structural Sandstone-Elements, Intern. Symp. on Surface Treatment ...., Delft Univers. of Techn., Nov. 9.+10., 1995
[3] Wendler, E., Treatment of Porous Building Materials with Water Repellent Agents - Risk or Protection? Intern. Symp. on Surface Treatment ...., Delft Univers. of Techn., Nov. 9.+10., 1995
[4] Sauder, M., Rauber, D., Long-Term Durability of Different Water Repellent Agents Applied of the Protestantic Memor. Church in Speyer During the Last 40 Years, Intern. Symp. on Surface Treatment ...., Delft Univers. of Techn., Nov. 9.+10., 1995
[5] Franke, L., Deckelmann, G., Wesselmann, M., Experimentelle und theoretische Untersuchungen zu möglichen Innenraumbelastungen durch Hydrophobierungsmaßnahmen an Fassaden, Bauphysik 3 u. 4, 1995, S. 69 u. S. 120
[6] Franke, L., Beschaffenheit des Fugennetzes und Schlagregendichtigkeit von zwei mittels eines Fassadenschlämmsystems sanierten Sichtmauerwerkfassaden, Werkstoffwissenschaften und Bausanierung, Teil 2, S. 1065, Band 420, Kontakt + Studium, Exp.-Verl., 1993

Beschichtungssysteme für Flachdächer – Beurteilungsgrundsätze und Leistungserwartungen

Dipl.-Ing. Günter Fuhrmann, Deutsches Institut für Bautechnik, Berlin

1 Einleitung

Unter einem Beschichtungssystem wird im folgenden grundsätzlich eine Dachabdichtung verstanden, und zwar eine solche aus Flüssigkunststoffen – im Gegensatz zu solchen aus Bahnenmaterialien. Anstriche oder Coatings werden hierbei nicht gesondert behandelt; sie können aber gegebenenfalls eine Systemkomponente bilden.

Beschichtungssysteme bzw. Dachabdichtungen mit Flüssigkunststoffen sind in Deutschland und auch im übrigen Europa bereits seit etwa 25 Jahren auf dem Markt. Auch in den USA und im Nahen Osten sind Anwendungen bekannt, nähere Kenntnisse liegen hierzu aber nicht vor. Sie haben gerade bei der Instandsetzung und der Sanierung schadhafter Dächer eine gewisse Verbreitung erfahren, obwohl sie bei fachgerechter Ausführung unter Beachtung aller Rahmenbedingungen in der Regel auch nicht mehr leisten können als vorgefertigte Bahnen. Vielleicht ist diese Fehleinschätzung eines vermeintlich höheren Leistungsvermögens von Beschichtungen die Ursache für viele Fehlschläge. Diese haben – gerade in der Anfangszeit – wesentlich dazu beigetragen, daß das Vertrauen in diese Form der Dachabdichtung gering geblieben ist. Dabei ist eine große Zahl der heute angebotenen Beschichtungssysteme durchaus in der Lage, den an sie gestellten Anforderungen gerecht zu werden, wenn gewissen Vorbedingungen und systembedingten Besonderheiten Rechnung getragen wird. Hierbei ist vor allem zu berücksichtigen, daß diese Beschichtungssysteme insbesondere bei Sanierungsfällen keine Wunder vollbringen können. Die Planung und Einhaltung konstruktiver Maßnahmen ist in derselben Weise erforderlich wie bei Dachabdichtungen mit vorgefertigten Bahnenmaterialien. Insofern sind gerade bei Dachsanierungen, die mit Flüssigkunststoffen erfolgen sollen, eine vorherige Analyse der Ursachen, die zu den Schäden geführt haben, und ihre Beseitigung unerläßlich. Bei Neubauten ist die konstruktiv richtige Ausbildung aller Dachdetails Voraussetzung. Hierzu sei auf die jeweils gültige Fassung der Flachdachrichtlinien des Zentralverbands des Deutschen Dachdeckerhandwerks verwiesen.

Besondere Beachtung ist bei der Aufbringung der Beschichtungen der Einhaltung besonderer klimatischer Randbedingungen zu schenken, die sich nach der jeweiligen Produktfamilie richten und unter Umständen zu einer erheblichen Einschränkung der Zahl der für eine Aufbringung geeigneten Ausführungstage führen können. Schließlich muß auch auf die Bedeutung sachkundiger Verarbeiter hingewiesen werden, da gerade diese Systeme, die im Prinzip erst auf der Baustelle hergestellt werden, gegenüber Ausführungsfehlern sehr sensibel sind.

Neben diesen allgemeinen Hinweisen und der Empfehlung, sie zu beachten, ist es leider nicht möglich, konkrete Patentrezepte anzugeben. Durch die im folgenden vorgetragene Betrachtung soll jedoch aufgezeigt werden, auf welche Weise versucht wird, derartige Systeme zu beurteilen und zu bewerten, um Versagensfälle zu vermeiden.

2 Produktübersicht

Ganz allgemein werden unter dem Begriff „Flüssigkunststoffe" Mischungen aus Kunststoffen und/oder Bitumen-Kunststoff-Kombinationen verstanden, die auf die Dächer (in der Regel Flachdächer) durch Spachteln, Rollen, Bürsten oder Spritzen (Airless-Spritzanlage) mit jeweils dafür geeigneten Geräten an Ort und Stelle aufgetragen werden und die durch Polymerisation oder abtrocknende/verdunstende Flüssigkeiten die Dachabdichtung bilden. In den meisten Fällen wird ein Trägermaterial (Verstärkung) in die Beschichtung eingearbeitet. Abschließend erfolgt häufig der Auftrag einer Schutzschicht aus mineralischen Granulaten oder eines Coating als Reflektionsschicht und UV-Schutz. Die Ausgangswerkstoffe werden je nach Produktfamilie einkomponentig oder mehrkomponentig verarbeitet.

Ohne Anspruch auf Vollständigkeit und ohne Aussage hinsichtlich ihrer Bewährung oder Eignung lassen sich heute auf dem Markt folgende Produktfamilien für derartige Systeme antreffen:
- Flexible Polyester,
- Polyurethane,
- Polymermodifizierte Bitumenemulsionen (Bitumen-Kunststoff),
- Glasfaserverstärkte elastische Polyesterharze,
- Heiß verarbeitete Elastomerbitumen,
- Kalt verarbeitete modifizierte Bitumenemulsionen,
- Lösungen und Emulsionen aus unmodifizierten Bitumen,
- Silikone auf Polyurethan-Ortschaum,
- Methacrylate,
- Styrol-Acryl-Copolymere,
- Styrol-Butadien-Copolymere.

3 Anforderungen an Beschichtungssysteme

Allgemeines

Bauprodukte, die im Sinne der Landesbauordnungen verwendet werden, müssen für den vorgesehenen Verwendungszweck brauchbar sein. Die Forderung ist unabhängig davon, ob es sich um eine Instandhaltungs- oder um eine Neubaumaßnahme handelt. Somit werden aus baurechtlicher Sicht keine Unterschiede gemacht, und es werden an fertige Dachabdichtungen mit Flüssigkunststoffen die gleichen Anforderungen gestellt wie an Abdichtungen aus Bitumen- oder Kunststoffbahnen, d.h., sie müssen hinsichtlich ihrer technischen Eigenschaften so beschaffen sein, daß sie die geforderten Leistungen tatsächlich erbringen können. Das setzt – wie bereits gesagt – die konstruktiv richtige Ausbildung aller Dachdetails sowie die genaue Kenntnis des Dachaufbaus, der Untergründe und ihrer Beschaffenheit voraus. Leider wird hierauf gerade bei Sanierungsmaßnahmen nicht immer in ausreichendem Maße geachtet.

Baurechtliche Anforderungen

Früher genügte der nach den Landesbauordnungen geforderte Nachweis des Brandverhaltens der Dachbeschichtung bzw. der Dachhaut. Dazu war der Nachweis der Widerstandsfähigkeit gegenüber Flugfeuer und strahlende Wärme nach DIN 4102 Teil 7 zu führen sowie der Nachweis der Zugehörigkeit mindestens zur Baustoffklasse B2 (normalentflammbar) nach DIN 4102 Teil 1 zu erbringen. Die Forderung nach der Lagesicherheit war in der Regel dadurch erfüllt, daß die Dachbeschichtung vollflächig am Untergrund haftet, wobei vorausgesetzt wird, daß dieser Untergrund selbst ausreichend lagesicher ist.

Ergänzend dazu gab es auf freiwilliger Basis die Möglichkeit, bei der Bundesanstalt für Materialforschung und -prüfung (BAM) einen Antrag auf Erteilung eines technischen Agréments zu stellen. Ein derartiges Agrément stellte auf der Grundlage umfangreicher Prüf- und Untersuchungsergebnisse eine Art Gebrauchstauglichkeitsnachweis für das betreffende Beschichtungssystem dar. Diese Möglichkeit besteht seit Ende 1992 nicht mehr.

Während die Forderungen nach dem Nachweis des Brandverhaltens zur Zeit noch unverändert bestehen, ist nach den geltenden Landesbauordnungen für alle Bauprodukte, die zur Erfüllung baurechtlicher Anforderungen nicht nur eine untergeordnete Bedeutung haben, der Nachweis der Verwendbarkeit zu führen. Hierzu müssen die zur Verwendung gelangenden Bauprodukte den von den obersten Bauaufsichtsbehörden bekanntgemachten technischen Regeln oder bei eventuellen Abweichungen anderen gleichwertigen Regelungen entsprechen.

Die Bekanntmachung erfolgt in der Bauregelliste A Teil 1. Die Bestätigung der Übereinstimmung mit den geltenden technischen Regeln erfolgt durch Übereinstimmungserklärung des Herstellers oder durch ein Übereinstimmungszertifikat. Sichtbarer Ausdruck dieser Maßnahme ist das Ü-Zeichen, das auf dem Bauprodukt selbst oder auf seiner Verpackung oder auf dem Lieferschein anzubringen ist.

Da es für Dachabdichtungen mit Flüssigkunststoffen keine technischen Regeln in diesem Sinne gibt, ihre Verwendung aber auch nicht der Erfüllung erheblicher Anforderungen an die Sicherheit baulicher Anlagen dient, bedürfen sie als Verwendbarkeitsnachweis zwar keiner allgemeinen bauaufsichtlichen Zulassung, aber eines allgemeinen bauaufsichtlichen Prüfzeugnisses (P); sie sind daher in der Bauregelliste A Teil 2 aufgeführt. Als Übereinstimmungsnachweis wird eine „Übereinstimmungserklärung des Herstellers nach vorheriger Prüfung des Bauprodukts durch eine anerkannte Prüfstelle" (ÜHP) gefordert.

Darüber hinaus ist zu beachten, daß die in der Bauregelliste A enthaltenen Bauprodukte noch zusätzlichen einschränkenden, allgemeinen Vor-

	national					europäisch	
Techn. Regeln Liste A	Allg. bauaufs. Zulassung, Zustimmung im Einzelfall	Allg. bauaufs. Prüfzeugnis	keine techn. Regeln	Allg. anerkannte Regeln		harm. CEN-Norm anerkannte nat. Norm europ.techn. Zulassung	
Bauregelliste A Teil 1	DIBt Oberste Baubeh.	Bauregelliste A Teil 1, Teil 2	Liste C	Andere Rechtsbereiche		Bauregelliste B	
geregelte Produkte	nicht geregelte Produkte			sonstige Produkte	nach BPR		nach BPR Art. 4 (5)
erhebliche Bedeutung f. Sicherheit		nicht erheblich	untergeordn. Bedeutung	gemäß anerkannten Regeln	wesentl. Bedeutung		untergeordn. Bedeutung
Verwendbarkeitsnachweis erforderlich			kein Verwendbarkeitsnachweis		Brauchbarkeitsnachw.		kein Brauchbarkeitsnachw.
Übereinstimmungsnachweis: Ü-Zeichen			kein Übereinstimmungsnachweis kein Ü-Zeichen		Konfomitätsnachweis: CE-Kennzeichen		kein CE-Kennzeichen

Abb. 1: Bauprodukte nach technischen Spezifikationen

schriften oder Grundsätzen anderer Rechtsbereiche unterliegen können (z.B. Chemikaliengesetz, Gefahrstoffverordnung, Wasserhaushaltsgesetz, Arbeitsschutzbestimmungen), die unter Umständen bis zu stofflichen Verboten reichen können. Diesen eventuellen zusätzlichen Regelungen ist im allgemeinen bauaufsichtlichen Prüfzeugnis gleichermaßen Rechnung zu tragen.

Die Notwendigkeit, einen Verwendbarkeitsnachweis zu führen, stellt gegenüber früheren Verfahrensweise bei Dachabdichtungen sicher eine teilweise Verschärfung der Anforderungen dar, sie schafft allerdings auch mehr Rechtssicherheit, und sie wurde auch im Hinblick auf die zu erwartenden künftigen europäischen Regelungen erforderlich. Nach Verabschiedung der EG-Richtlinie für Bauprodukte (89/106/EWG) im Dezember 1988 und nach Gründung der Europäischen Organisation für technische Zulassungen (European Organisation for Technical Approvals – EOTA) wurde mit Zustimmung des Ständigen Ausschusses für das Bauwesen, einem von der EG-Kommission eingerichteten Ausschuß, auch die Erstellung einer Leitlinie zur Erteilung europäischer technischer Zulassungen für Dachabdichtungen aus Flüssigkunststoffen in das Arbeitsprogramm der EOTA aufgenommen.

Eine derartige Leitlinie wird den von den Mitgliedstaaten der Europäischen Union nominierten Zulassungsstellen als Grundlage zur Erteilung europäischer technischer Zulassungen für derartige Dachbeschichtungssysteme dienen. (Für Deutschland wurde von der Bundesregierung das Deutsche Institut für Bautechnik (DIBt), Berlin nominiert.) Produkte, die eine derartige Zulassung besitzen, werden innerhalb der Gemeinschaft frei handelbar sein und als sichtbares Zeichen dafür das CE-Zeichen tragen. Das CE-Zeichen tritt an die Stelle des sonst auf nationaler Ebene geforderten Ü-Zeichens. Die erteilten europäischen technischen Zulassungen werden später in der Bauregelliste B zu finden sein.

Der Zugang von Bauprodukten mit dem CE-Zeichen auf dem deutschen Markt ist durch das Bauproduktengesetz vom August 1992 geregelt. Ihre Verwendung richtet sich nach den in den novellierten Landesbauordnungen für Bauprodukte niedergelegten Regelungen. Diese beiden Gesetze bilden die Umsetzung der Bauproduktenrichtlinie in deutsches Baurecht und gestatten somit auch das Inverkehrbringen und die Verwendung von Dachabdichtungssystemen, die aus dem Ausland auf den deutschen Markt kommen.

4 Beurteilungsgrundsätze

Verwendbarkeitsnachweis

Das allgemeine bauaufsichtliche Prüfzeugnis (Produkt mit dem Ü-Zeichen versehen) oder die europäische technische Zulassung (European Technical Approval – ETA) (Produkt mit dem CE-Zeichen versehen) stellen somit den Nachweis der Verwendbarkeit bzw. der Brauchbarkeit des

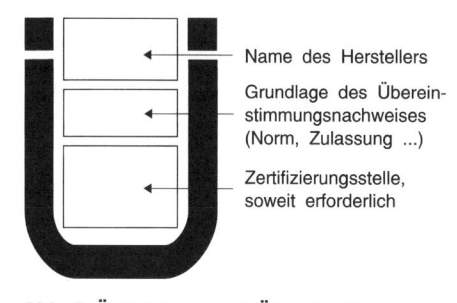

Abb. 2: Ü-Zeichen nach Übereinstimmungsverordnung

- Name des Herstellers
- Grundlage des Übereinstimmungsnachweises (Norm, Zulassung ...)
- Zertifizierungsstelle, soweit erforderlich

Bauprodukts dar. Es liegt daher nahe, die in beiden Fällen zu stellenden Anforderungen möglichst anzugleichen und aufeinander abzustimmen.

Da das auf nationaler Ebene geforderte allgemeine bauaufsichtliche Prüfzeugnis für Dachbeschichtungssysteme noch neu ist, wird sich der Umfang der hierfür zu erbringenden Gebrauchstauglichkeitsnachweise hauptsächlich an dem sich bereits in einem fortgeschrittenen Stadium befindlichen Entwurf der Zulassungsleitlinie der EOTA für Dachabdichtungen mit Flüssigkunststoffen ausrichten, so daß im folgenden nur auf die wesentlichen Gesichtspunkte eingegangen werden soll, die für die Erteilung einer europäischen technischen Zulassung vorgesehen sind.

Es kann erwartet werden, daß sich die deutschen Prüfstellen, die künftig als „anerkannte Stellen" für diesen Bereich mit der Erteilung allgemeiner bauaufsichtlicher Prüfzeugnisse befaßt sind, an den Festlegungen dieser EOTA-Zulassungsleitlinie orientieren werden. Es ist dabei vorauszuschicken, daß sich die derzeitigen Vorstellungen noch immer in der Diskussion befinden und Änderungen möglich und auch zu erwarten sind. Dennoch kann aus den bisher vorliegenden Entwürfen die Tendenz für das zu Erwartende ersehen werden.

Entwurf der ETA-Leitlinie für Dachabdichtungen mit Flüssigkunststoffen

Die Zulassungsleitlinie gliedert sich in einen allgemeinen Teil (Teil 1) und in mehrere spezifische Teile für die einzelnen Produktfamilien; zur Zeit sind sechs derartige Ergänzungsteile vorgesehen. Ihre Anzahl kann bei Bedarf entsprechend erweitert werden, was auch bereits vorgesehen ist.

Der allgemeine Teil umfaßt alle die Aspekte, die unabhängig von den Besonderheiten einer speziellen Produktfamilie sind. Er gilt stets im Zusammenhang mit einem produktspezifischen Teil. Der allgemeine Teil gliedert sich folgendermaßen auf:

Abschnitt 1:   Allgemeines
1. Grundlagen
2. Geltungsbereich
3. Normative Referenzen
4. Terminologie

Bauregelliste A Teil 2
Fassung 96/1

Inhalt

1. Bauprodukte, für die es Technische Baubestimmungen oder allgemein anerkannte Regeln der Technik nicht gibt und deren Ver-Verwendung nicht der Erfüllung erheblicher Anforderungen an die Sicherheit baulicher Anlagen dient.

2. Bauprodukte, für die es Technische Baubestimmungen oder allgemein anerkannte Regeln der Technik nicht oder nicht für alle Anforderungen gibt und die hinsichtlich dieser Anforderungen nach allgemein anerkannten Prüfverfahren beurteilt werden können (ausgenommen die in Liste C genannten Produkte).

1 Bauprodukte, deren Verwendung nicht der Erfüllung erheblicher Anforderungen an die Sicherheit baulicher Anlagen dient.

lfd. Nr.	Bauprodukt	Verwendbarkeitsnachweis	Übereinstimmungsnachweis
1	2	3	4
1.5	Dachabdichtungen mit Flüssigkunststoffen	P	ÜHP

Abb. 3: Verwendbarkeitsliste nach Bauregelliste A

Abschnitt 2: Beurteilung der Gebrauchstauglichkeit
5. Anforderungen
6. Prüfmethoden
7. Prüfung und Beurteilung der Eignung der Produkte für den vorgesehenen Verwendungszweck
8. Einbau

Abschnitt 3: Bescheinigung der Konformität

Abschnitt 4: Inhalt der ETA

Anhänge I, II und III

Während die Abschnitte 1, 3 und 4 inhaltlich einem von der EOTA ausgearbeiteten Schema für ETA-Leitlinien folgen, bildet der Abschnitt 2 nach Form und Inhalt den wesentlichen Teil der Leitlinie. Zwar folgt auch dieser Abschnitt dem erwähnten Schema, allerdings in der Weise, daß sich die Produkteigenschaften und die hierzu zu stellenden Anforderungen an den (sogenannten) wesentlichen Anforderungen orientieren, die im Sinne der Bauproduktenrichtlinie an Bauwerke gestellt werden.
Diese wesentlichen Anforderungen sind:
1. Mechanische Festigkeit und Standsicherheit,
2. Brandschutz,
3. Hygiene, Gesundheit und Umweltschutz,
4. Nutzungssicherheit,
5. Schallschutz,
6. Energieeinsparung und Wärmeschutz.

Diese Anforderungen werden in sechs zugeordneten Grundlagendokumenten präzisiert und näher erläutert. Die wesentlichen Anforderungen müssen bei normaler Instandhaltung über einen wirtschaftlich angemessenen Zeitraum erfüllt werden. Das bedeutet, daß alle Anforderungen den Aspekt der Dauerhaftigkeit bzw. der Lebensdauer des Produkts beinhalten sollen.

Der Beitrag, den dabei Dachabdichtungen zur Erfüllung der wesentlichen Anforderungen an Bauwerke leisten, erstreckt sich nur auf die der Punkte 2, 3 und 4. Somit sind auch die vorgesehenen Prüfmethoden lediglich diesen drei Gebieten zugeordnet.

Anforderungen gemäß ETA-Leitlinienentwurf
Zwischen den maßgebenden wesentlichen Anforderungen werden unter Berücksichtigung der zugehörigen Grundlagendokumente die im folgenden angedeuteten Beziehungen zu den Produktanforderungen hergestellt. Die Nachweise der Erfüllung der gestellten Anforderungen sollen durch geeignete und möglichst europäisch harmonisierte Prüfverfahren erfolgen.
Es sind somit folgende Anforderungen zu berücksichtigen:
– *Brandschutz:* Begrenzung der Brandausbreitung auf benachbarte Bauwerke. Der Erfüllung dieser Anforderung muß das Produkt durch seine spezifischen Eigenschaften entsprechen, und zwar sowohl aufgrund seines eigenen Brandverhaltens als auch bei einer von außen auf das Dach einwirkenden Brandbeanspruchung, einschließlich einer Flugfeuerbildung sowie der Gefahr des brennenden Abtropfens oder Abfallens von Bestandteilen.
– *Hygiene, Gesundheit, Umweltschutz:* Beeinflussung des Innenraumklimas durch eventuelle Schadstoffe oder durch Feuchtigkeit (flüssig oder dampfförmig) und Begrenzung bzw. Verhinderung von Auswirkungen auf die äußere Umwelt (Freisetzung von Schadstoffen in Luft, Boden, Wasser).
– *Nutzungssicherheit:* Vermeidung von Stürzen bei Begehung, Rutschhemmung durch die Art der verwendeten Materialien.

Die in allen wesentlichen Anforderungen enthaltenen Aspekte der Dauerhaftigkeit bzw. der Lebensdauer erfordern die weitgehende Beibehaltung der Eigenschaften unter allen denkbaren Einflüssen, wie :
• Beibehaltung des ursprünglichen Brandverhaltens unter äußeren Einflüssen,
• Beibehaltung oder nur unwesentliche Beeinträchtigung durch Witterungseinflüsse, durch Temperatureinflüsse und durch physikalische, chemische oder biologische Einwirkungen.

Natürlich kann die Gebrauchstauglichkeit noch durch unterschiedliche Bedingungen geogra-

CE
- Hersteller
- techn. Spezifikation
- Herstellungsjahr
- Überwachungsstelle
- Nr. des EG-Konformitätszertifikats

Abb. 4 CE-Kennzeichen nach EG-Richtlinie für Bauprodukte

phischer, klimatischer oder lebensgewohnheitlicher Art sowie unterschiedliche Schutzniveaus (gemäß einzelstaatlicher gesetzlicher Regelungen) beeinflußt werden. Hierfür können nach der Bauproduktenrichtlinie durch die Mitgliedstaaten der Europäischen Union unterschiedliche Klassen und Leistungsstufen gefordert und festgelegt werden.

Aus diesen Betrachtungen heraus sind für Beschichtungssysteme mit Flüssigkunststoffen folgende Klassifizierungen vorgeschlagen worden:
- *Klassifizierung nach dem Brandverhalten* (im wesentlichen Flugfeuer): Das Brandverhalten ist wesentlich vom Material selbst, aber auch vom gesamten Dachaufbau abhängig.

Hiernach wird in folgender Weise unterschieden:
- keine Auswirkungen,
- unbedeutende Auswirkungen,
- begrenzte Auswirkungen.

Keine bzw. unbedeutende Auswirkungen werden bei Vorhandensein eines Schutzes des Abdichtungssystems durch geeignete Oberflächenschutzschichten bzw. Kiesschüttungen/Plattenbeläge unterstellt.
- *Klassifizierung nach Klimazonen:* Je nach Exposition und geographischer Lage wird in eine Klasse M (gemäßigtes ['moderate'] Klima) und in eine Klasse S (strenges ['severe'] Klima) unterteilt. Einzelheiten hierzu sind noch festzulegen.
- *Klassifizierung nach gesundheitlichen Aspekten:* Hier wird zwischen mindestens zwei Klassen unterschieden:
- keine Einschränkungen,
- eingeschränkte Verwendung.

Ob die „eingeschränkte Verwendung" noch weiter zu untergliedern und abzustufen ist, steht noch nicht fest, dürfte aber aufgrund der Produktvielfalt zu erwarten sein.

Erwogen wird außerdem eine Einteilung (Kategorisierung) nach einer Reihe zusätzlicher Kriterien:
- Rutsch-/Gleitsicherheit (im Hinblick auf die Begehbarkeit): rutschsicher oder hinnehmbares Rutschrisiko.
- Lebensdauer (in Abhängigkeit von Verwendungszweck und Reparatur-/Erneuerungsmöglichkeit): 5 – 10 – 20 Jahre.
- Nutzung: gering (nicht begehbar), eingeschränkt (nur für Wartungszwecke), normal (begehbar), speziell (Dachgärten, Umkehrdächer, Gründächer).
- Dachneigung: bis zu 5, 5 bis 10, 10 bis 30, mehr als 30 Prozent (bis zu 3, 3 bis 5, 5 bis 15, mehr als 15 Grad).
- Oberflächentemperaturen: Unterscheidung nach den zu erwartenden tiefsten bzw. höchsten Oberflächentemperaturen.

Prüfmethoden gemäß ETA-Leitlinienentwurf
Den vorher aufgeführten Anforderungen werden entsprechende Prüfmethoden zugeordnet, wobei die im einzelnen anzuwendenden Prüfverfahren der Leitlinie als Anhang II beiliegen. Der Umfang der Prüfungen und der Grad der zu erfüllenden Anforderungen hängen von der jeweiligen Klassifizierung und Kategorisierung des Systems ab. Zu unterscheiden ist außerdem zwischen den Prüfungen nach dem allgemeinen Teil, die generell durchzuführen sind, und denen des jeweiligen produktspezifischen Teils.

Nach Möglichkeit ist auf Prüfungen nach vorhandenen europäischen Normen sowie auf harmonisierte Entscheidungen der Kommission der Europäischen Union Bezug zu nehmen. Für Dachabdichtungen mit Flüssigkunststoffen bedeutet das im einzelnen folgendes:
- *Prüfungen zum Brandverhalten:* Prüfung eines Dachaufbaus unter Berücksichtigung der vorgesehenen Dachneigung unter Brandeinwirkung von außen als Flugfeuerbeanspruchung (ohne und mit zusätzlicher Strahlungs- und Windbeanspruchung). (Die Arbeiten bei CEN/TC 127 hierzu laufen noch.) Je nach Oberflächenschutz kann aber unter Umständen auf diese Prüfung auch verzichtet werden. – Gegebenenfalls erfolgt die Zuordnung des Produkts zu einer europäischen Brandklasse nach einer Entscheidung der EG-Kommission vom 9. September 1994. Endgültige Festlegungen sind noch nicht erfolgt, sie dürften aber in ähnlicher Weise wie bei den derzeitigen deutschen Regelungen der DIN 4102 Teil 7 zu erwarten sein.
- *Prüfungen zu Hygiene, Gesundheit, Umweltschutz;* Ermittlung der Wasserdampfdurchlässigkeit; Prüfung der Wasserdichtigkeit; Ermittlung der Werte von eventuell freigesetzten chemischen oder gesundheits- oder umweltschädlichen Substanzen – auch durch Hydrolyseeffekte – unter Berücksichtigung etwa vorhandener (gesetzlicher) Regelungen in den Mitgliedstaaten. Prüfung der Widerstandsfähigkeit gegenüber Windsog am Systemaufbau, mechanische Widerstandsfähigkeit (Eindruckverhalten statisch und dynamisch) vor und nach einer UV-Alterung, Widerstandsfähigkeit gegenüber wiederholten Bewegungen des Untergrunds, Verhalten des Materials gegenüber tiefen und hohen

Temperaturen und deren Einfluß auf die Widerstandsfähigkeit gegenüber Windsog, Einfluß von Alterungseinflüssen (Wärme, UV, Feuchtigkeit, künstlicher Bewitterung), Widerstandsfähigkeit gegenüber chemischen und biologischen Einflüssen.

– *Prüfungen zur Nutzungssicherheit:* Bestimmung der Rauhigkeit unter trockenen und feuchten Bedingungen; Prüfung der Beständigkeit einer eventuellen Oberflächenschutzschicht.

Der bereits erwähnte Anhang II enthält eine Sammlung aller Prüfverfahren, insbesondere derjenigen, die in den Fällen angewendet werden sollen, in denen noch keine europäisch genormte Methode vorliegt.

Über die meisten der bisher vorgeschlagenen Verfahren besteht allerdings zur Zeit noch kein völliges Einvernehmen.

Prüfung und Beurteilung der Eignung für den vorgesehenen Verwendungszweck

Aus den Prüfergebnissen sowie den vom Material bzw. System ertragenen Beanspruchungen und der Gegenüberstellung mit konkreten Werten oder Anforderungen ergeben sich dann die Verwendungsbereiche des Produkts. Die Ergebnisse werden in einer Übersicht (siehe Tabelle 1) zusammengefaßt.

Einbau

Den Besonderheiten und den eventuellen Anforderungen, die sich je nach geltenden Regelungen in den Mitgliedstaaten aus dem Arbeitsschutz (in Deutschland: Unfallverhütungsvorschriften der Bauberufsgenossenschaft) ergeben, ist besonders Rechnung zu tragen.

Hierüber sollen für jedes System in einem beigegebenen „Technischen Handbuch" Angaben gemacht werden.

Dieses „Technische Handbuch" soll außerdem Angaben zur Verarbeitung, zu den Verarbeitungsbedingungen, zur Lagerung der Komponenten und zu allen sonstigen technischen Besonderheiten enthalten. Gegebenenfalls werden auch Anforderungen an das ausführende Personal formuliert. Hinweise zu Wartung und Reparatur des Abdichtungssystems werden verlangt und sind gleichermaßen anzugeben.

Anhänge

Der Vollständigkeit halber muß noch kurz auf die Anhänge eingegangen werden.

Anhang I enthält eine Liste der produktspezifischen Teile.

Zur Zeit sind das die folgenden Ergänzungsteile:

Teil 2: Systeme auf der Basis flüssig aufgetragener polymermodifizierter Bitumenemulsionen.

Teil 3: Systeme auf der Basis flüssig aufgetragener glasfaserverstärkter elastischer Polyester.

Teil 4: Systeme auf der Basis flüssig aufgetragener flexibler Polyester.

Teil 5: Systeme auf der Basis heiß aufgetragener Elastomerbitumen.

Teil 6: Systeme auf der Basis flüssig aufgetragener Polyurethane.

Teil 7: Systeme auf der Basis unmodifizierter Bitumenlösungen und -emulsionen.

Dieser Anhang ist noch nicht endgültig. Es sind sowohl Streichungen als auch Ergänzungen möglich.

Anhang II enthält im wesentlichen die noch nicht europäisch genormten Prüfverfahren und die jeweils vorzunehmende Auswertung der Prüfergebnisse.

Anhang III nennt Referenzdokumente und gegebenenfalls weitere zugrundeliegende Literatur.

Spezifische Teile für Produktfamilien

Von den sechs zur Zeit geplanten Teilen sei hier stellvertretend der Teil 2 (polymermodifizierte Bitumenemulsionen) vorgestellt.

Die Gliederung ist rein formal identisch mit der des allgemeinen Teils (Teil 1). Die einzelnen Kapitel ergänzen jeweils die bereits im allgemeinen Teil enthaltenen Angaben durch die erforderlichen produktspezifischen Hinweise und Informationen. Der Schwerpunkt liegt wieder beim Abschnitt 2 mit den Kapiteln „Anforderungen", „Prüfmethoden", „Prüfung und Beurteilung der Eignung" und „Einbau".

Soweit sich aus der behandelten Produktfamilie das Erfordernis nach zusätzlichen Anforderungen, Prüfungen oder anderen Maßnahmen ergibt (zusätzlich zu denen des Teils 1), sind diese hier aufgeführt.

Im Teil 2 wird in diesem Sinne zusätzlich eine Prüfung der Rißüberbrückungsfähigkeit bei niedrigen Temperaturen verlangt und eine daraus resultierende veränderte Delaminationsfestigkeit untersucht.

Eine wesentliche Ergänzung erfährt das Kapitel „Prüfmethoden" durch die Aufnahme von Prüfungen, die der Identifizierung der Komponenten des Systems dienen und damit auch wesentlich für die Eigenüberwachung des Herstellers sind. Diese Prüfungen beziehen sich auf das verwendete Bitumen, auf den modifi-

Klassifizierung/Kategorisierung nach Verwendungsgebiet	
Brandverhalten :	Klasse ....
Klimazone für das Einsatzgebiet :	Klasse ....
Gesundheitliche Aspekte :	Klasse ....
Nutzungssicherheit :	Kategorie ....
Erwartete Gebrauchstauglichkeit (Lebensdauer) :	Kategorie ....
Art der Nutzung :	Kategorie ....
Dachneigungen :	Kategorie ....
Minimale Oberflächentemperatur :	Kategorie ....
Maximale Oberflächentemperatur :	Kategorie ....

Tabelle 1: Verwendungsbereiche des Produkts

zierenden Zusatzstoff (das Polymer), auf die Emulsion sowie auf das Einlagematerial und auf die Oberflächenbeschichtung.
Detailliert wird auf Maßnahmen und Besonderheiten beim Einbau eingegangen, einschließlich der Kontrollmöglichkeiten während des Aufbringens und danach.

5 Leistungserwartungen

Die teilweise durchaus umfangreichen Prüfungen und die Bewertung der Ergebnisse werden somit die Grundlage für die Erstellung und Erteilung des erforderlichen allgemeinen bauaufsichtlichen Prüfzeugnisses bzw. später für die europäische technische Zulassung bilden. Der Hersteller ist verpflichtet, durch eine ständige eigene Produktionskontrolle im Herstellwerk sicherzustellen, daß sein erzeugtes Produkt mit der zugrundeliegenden „technischen Spezifikation" übereinstimmt. In welchem Rahmen das erfolgen soll, wird im Abschnitt 3 (Bescheinigung der Konformität) des allgemeinen Teils angegeben. Zur Zeit liegen Einzelheiten hierzu aber noch nicht fest.
Der Verbraucher, der das ganze über den Produktpreis bezahlen muß, erwartet natürlich, daß er für das vorgegebene Einsatzgebiet und den vorgesehenen Einsatzzweck über die angesetzte Nutzungsdauer hinweg ein gebrauchsfähiges Abdichtungssystem erhält, das die auftretenden Beanspruchungen erträgt und bei entsprechender Wartung auch die Lebensdauer aufweist, die von ihm aufgrund der Erstprüfung erwartet wird.
Ob der Weg, der hier beschritten wurde, zur Erfüllung der Erwartungen den gewünschten Beitrag leistet, muß die Erfahrung zeigen. Man weiß, daß es keine eindeutigen Korrelationen zwischen Prüfergebnissen und Langzeitverhalten bei Dachabdichtungen mit Flüssigkunststoffen gibt. Insbesondere die Aussagen zur vermutlichen Nutzungs- bzw. Lebensdauer der Systeme aufgrund bestimmter Bewitterungsprüfungen bedürfen noch der Bestätigung durch die Praxis. Vor allem darf nicht vergessen werden, daß jede Angabe über die Nutzungsdauer nicht im Sinne einer Herstellergarantie ausgelegt werden kann. Sie ist lediglich als Hilfsmittel zur Auswahl des richtigen Produkts angesichts der erwarteten wirtschaftlich angemessenen Nutzungsdauer des Bauwerks zu betrachten. (Hierauf wird in jedem Grundlagendokument gesondert hingewiesen.)

6 Ausblick

Momentan und sicher auch noch auf absehbare Zeit wird man Dachabdichtungen mit Flüssigkunststoffen im Gegensatz zu denen mit vorgefertigten Bahnenmaterialien als nicht normungsfähige Bauprodukte ansehen müssen. Das bedeutet, daß diese Produkte weder national noch auf europäischer Ebene über „Technische Regeln" im Sinne einer DIN-Norm oder CEN-Norm verfügen werden. Das ist schon durch die Vielfalt unterschiedlicher Produktfamilien bedingt.
Dennoch ist anzunehmen, daß zumindest für einige häufiger verwendete Systeme im Laufe der Zeit der Stand der Normungsfähigkeit erreicht wird und eine „Technische Regel" im Sinne einer Norm entwickelt werden kann. Allerdings wird es dann auch wohl keine nationale Normung mehr geben, sondern lediglich eine entsprechende europäische Norm, deren Einhaltung dann durch das CE-Zeichen als Verwendbarkeitsnachweis (Brauchbarkeitsnachweis) zum Ausdruck kommt. Die Notwendigkeit des Verwendbarkeitsnachweises durch eine ETA würde sich dann auf Systeme beschränken, die von derartigen (europäischen) Normen wesentlich abweichen.

Fundstellen
1. Bauproduktenrichtlinie:Richtlinie des Rates vom 21. Dezember 1988 zur Angleichung der Rechts- und Verwaltungsvorschriften der Mitgliedstaaten über Bauprodukte (89/106/EWG); Amtsblatt der EG, L 40/1989, S. 1.
2. Mitteilung der Kommission über die Grundlagendokumente der Richtlinie des Rates 89/106/EWG; Amtsblatt der EG, C 62/1994, S. 1.
3. Bauproduktengesetz:Gesetz über das Inverkehrbringen von und den freien Warenverkehr mit Bauprodukten zur Umsetzung der Richtlinie 89/106/EWG des Rates vom 21. Dezember 1988 zur Angleichung der Rechts- und Verwaltungsvorschriften der Mitgliedstaaten über Bauprodukte vom 10. August 1992; Bundesgesetzblatt, Teil I, Nr. 39 vom 14. August 1992, S. 1495.
4. Entscheidung der Kommission vom 9. September 1994 zur Durchführung von Artikel 20 der Richtlinie 89/106/EWG über Bauprodukte; Amtsblatt der EG,L 241/1994, S. 25.
5. Musterbauordnung (MBO) für die Länder der Bundesrepublik Deutschland, Fassung Dezember 1993, Werner Verlag.
6. Bauregelliste A und Liste C, Ausgabe 96/1, 'Mitteilungen' des Deutschen Instituts für Bautechnik, 27. Jahrgang 1996, Sonderheft Nr. 13.
7. Übereinstimmungszeichen-Verordnung, Fassung April 1994, 'Mitteilungen' des Deutschen Instituts für Bautechnik, 25. Jahrgang 1994, Nr. 5, S. 172.
8. Beschluß der Kommission vom 17. Januar 1994 über die gemeinsamen Verfahrensregeln für die europäischen technischen Zulassungen; Amtsblatt der EG,L 17/1994, S. 34.
9. EOTA-Leitlinie für die europäische technische Zulassung für Dachabdichtungen mit Flüssigkunststoffen; Entwurf.

Balkoninstandsetzung und Loggiaverglasung – Methoden und Probleme

Dipl.-Ing. Winfried Brenne, Architekt, Berlin

Der Balkon und der Wintergarten gibt dem Architekten die Möglichkeit, von dem Raster der genormten Fassadenarchitektur abzuweichen. Doch gerade dieser Gestaltungswille bringt es mit sich, daß die Anforderungen an das Bauelement, aber auch an die Ausführung so hoch sind, daß man als Planender am liebsten mit vorgegebenen Patentlösungen die Umsetzung der Idee erreichen möchte. Denn als Bindeglied zwischen innen und außen ist der Balkon durch seine Nutzungsanforderung extrem starken wechselnden Belastungen von Sonne, Regen und Frost ausgesetzt, da er überwiegend auf der Hauptwetterseite liegt.

Bei einer Neuplanung von Gebäuden ist es möglich, die Ausführung nach den Regeln und dem Stand der Technik umzusetzen, das heißt
- bauphysikalische Grundsätze,
- die DIN- und VOB-Ausführungsvorschriften
können berücksichtigt werden,
und es ist möglich, Baumaterialien und Bauelemente einzusetzen, die die vorgenannten Kriterien erfüllen.

Würde nach diesem so einfach beschriebenen Regelwerk verfahren, dürfte es keine Bauschäden bei Neubauten geben. Aber wie sieht die Realität beim Neubau aus und bei dem viel größeren Bauvolumen bei der Bauwerkserhaltung und Instandsetzung!
So gilt das Augenmerk hier besonders der Instandsetzung von Balkonen und Wintergärten bei vorhandener Bausubstanz, wobei die von mir vorgestellten Fallbeispiele alle von Gebäuden aus den 20er Jahren stammen und unter Denkmalschutz stehen.

Die gezeigten Beispiele sollen – und so verstehe ich insbesondere meinem Vortrag – nicht nur die Aspekte der Bautechnik beinhalten, sondern sie müssen auch die Gestaltungskriterien der Architektur mit berücksichtigen, aber auch die der Denkmalpflege. So verlangt es hier besonders klar nach einem präzisen Regelwerk zu verfahren, damit das Ziel einer fachgerechten Sanierung erreicht wird und eine Ausführung zum Zuge kommt, die bei gutachterlichen Stellungnahmen zu einer Instandsetzungsmaßnahme so gerne mit den Worten umschrieben wird: „Es muß nach den Regeln und dem Stand der Technik gebaut werden".

Um zu einer adäquaten, an der Schadensursache orientierten Lösung zu kommen, verlangt es umfassende Voruntersuchungen zur Klärung der Aufgabenstellung. Der Weg über eine genaue Bestandsaufnahme (Anamnese) zur Erarbeitung eines Erhaltungs- bzw. Sanierungskonzeptes wird aber gerne in der Form umgangen, daß oftmals unter dem Druck der Wünsche des Bauherrn eine schnelle und preiswerte Lösung herbeizuführen ist, die im Sinne eines Patentrezeptes zu sehen ist, so daß der Architekt oft zu einer Produktlösung kommt, die mehr auf den Werbeversprechungen der Hersteller beruht. Ich glaube, daß gerade bei dem Thema Lösung von Dichtungsproblemen der Balkone bzw. bei der Isolierverglasung von Wintergärten dieses zum Tragen kommt.

Mit einer solchen Einzelfallösung der Sanierung von Balkonen möchte ich Sie bekanntmachen, die wir für die Gemeinnützige Siedlungs- und Wohnungsbaugesellschaft Berlin (GSW) bei der Bebauung von Hugo Häring in der Großsiedlung Siemensstadt, die 1929 bis 1931 erbaut worden ist und die heute unter Denkmalschutz steht, umgesetzt haben.

Gerade an dieser Bebauung wird deutlich, wie der Balkon durch seine Form und Nutzung zu einem ausgewogenen und unverzichtbaren Gestaltungselement für die Fassade wird. Was waren die Gründe, daß die ca. 450 Balkone umfassend saniert werden mußten? (Abb. 1).

Bei der Vorbereitung und einer Konzepterarbeitung von dem Bauherrn wurden wir am Anfang unmißverständlich darauf hingewiesen, daß hier nur eine „moderne" Lösung, d. h. in Fertigbetonbauweise, zur Ausführung käme, da die Elemente in Serie hergestellt werden könnten, sich so eine Kostenersparnis ergeben würde und die Beeinträchtigung für die Mieter in

65

Grenzen gehalten werden kann.

Im Rahmen umfangreicher Abstimmungsgespräche konnten wir dem Bauherrn anhand einer umfassenden Bestandsaufnahme darlegen, daß eine handwerkliche, konventionelle Ausführung unter Berücksichtigung der Regeln der Baukunst eine sinnvolle und zugleich auch kostensparende Lösung darstellt, denn bei einer großtechnischen Lösung würden unter anderem die wertvollen Gartenanlagen erheblich zerstört, und zugleich wäre es notwendig, das gesamte statische System des Gebäudes aufgrund der höheren Lasten der Betonfertigteile zu überdenken.

Wenden wir uns aber erst einmal der Frage zu, wie diese Schäden entstanden sind: Die Balkonkonstruktion – ursprünglich in Stahlbeton von dem Architekten Hugo Häring geplant – wurde als Stahlkonstruktion ausgeführt. Der gebogene Stahlrandträger folgt der freien Form des Balkones, bindet sich an einem Ende in die Fassade ein und schließt an anderer Seite an die Stahlstütze an, die den Hauseingang begrenzt. Als Deckentragkonstruktion für den Balkon wurde eine Klein'sche Stahlsteindecke verwendet, die ihr Auflager im Randträger und der Außenwand des Gebäudes hat. Am Scheitelpunkt des Bogens steht ein Stahlrohr von 10 cm Durchmesser, das den Balkon trägt. Es sollte laut Statik mit Magerbeton ausgegossen sein. Der auf der Klein'schen Stahlsteindecke liegende Fußboden hat einen Unterbeton mit einer Dichtung aus einer Heißbitum-Vergußmasse und einen Terrazzobelag.

Das Brüstungsmauerwerk im Soldatenverband mit halbsteinigen Lausitzer Ziegeln – das heißt, die Ziegel sind auf dem Kopf stehend, also senkrecht vermauert worden – erhielt aus statischen Gründen in der waagerechten Fuge eine Rundeisen-Bewehrung. All dies ist in seiner konstruktiven Grundkonstellation völlig in Ordnung. Der Soldatenverband bildet eine kluge Lösung für die konstruktiven Probleme einer nur halbsteinig starken Brüstung und ist darüber hinaus auch optisch sehr reizvoll (Abb. 2). Es hatte sich jedoch beim Zusammenbau des Ganzen ein fataler Fehler eingeschlichen. Die im Balkoninnern angeordneten Stahlrohrstützen hatten zeichnerisch gesehen ca. 2 bis 3 cm Luft zum Brüstungsmauerwerk. Bei der Ausführung wurde sie jedoch durch Baungenauigkeit, sicher auch durch Unachtsamkeit an die Brüstung herangeschoben und oftmals auch in die Brüstung eingemauert (Abb. 3).

Dort, wo die Stahlstütze zu dicht oder sogar im Mauerwerk sitzt, entsteht eine Tag-Nacht-Zone, ein Bereich, der nicht mehr durchlüftet wird und trocknen bzw. auch nicht durch einen Pflegeanstrich geschützt werden kann. Hier konnte sich Feuchtigkeit festsetzen, die dann zu einer Korrosionsbildung an der Stütze führte (Abb. 4). Bei den vorbereitenden Untersuchungen wurde festgestellt, daß bis zu 70 % der Stütze weggerostet waren und dadurch eine umfassende Sanierung notwendig wurde, daß aber auch sofort Sicherungsmaßnahmen durch Absteifung der Balkone an dem Gebäude durchzuführen waren, nachdem dieses festgestellt wurde.

Daß dieser Schaden nicht frühzeitiger erkannt worden ist, lag wohl daran, daß er bei der routinemäßigen, oberflächlichen Begutachtung augenscheinlich nicht aufgefallen ist. Da die Stütze auf sichtbarer Seite keine gravierenden Mängel aufwies, hatte aber das Rosten der Stützen darüber hinaus eine Kettenreaktion ausgelöst, die zu weiteren schwerwiegenden Schäden führte. Die starke Korrosion erzeugte zwischen Stütze und Mauerwerk einen sehr hohen Druck, die Stütze konnte nicht ausweichen, also wurde das Mauerwerk, einen halben Stein nur stark, nach außen gedrückt (Abb. 5). Die waagerechten Fugen rissen auf, Feuchtigkeit konnte eindringen, das in den Fugen eingemauerte Rundeisen fing ebenfalls an zu korrodieren und der Zerstörungsprozeß wurde beschleunigt. Außerdem entstand – nachdem das Mauerwerk nach außen gedrückt wurde – ein Spalt zwischen Fußbodenbelag und aufgehendem Brüstungsmauerwerk. Jetzt konnte hier ebenfalls Wasser eindringen und bei den Balkonrandträgern die gleichen Vorgänge auslösen wie bei den Stützen und Rundeisen in dem Brüstungsmauerwerk.

Die genaue Analyse dessen, was in 5 Jahrzehnten passiert ist und das Konstruktionsprinzip des Architekten herauszufinden, waren notwendig, um ein Konzept für die Beseitigung der Schäden zu entwickeln.

Das bedeutete für unsere Planung einerseits aber auch das Beheben der erkannten Mängel und andererseits das Berücksichtigen der heutigen bauaufsichtlichen Auflagen sowie das Einhalten von bautechnischen Normen – soweit dieses möglich ist:
- das Abrücken der Stahlstütze von dem Brüstungsmauerwerk, um somit eine einwandfreie Wartung zu ermöglichen, (Abb. 6).
- die Stahlstütze so auszubilden, daß sie in Einzelelementen ohne große Hilfsmittel mon-

Abb. 1: Hauseingangsseite mit abgestützten Balkonen
Architekt: Häring, 1929
Archiv: Architekturwerkstatt Pitz - Brenne, 1983

Abb. 2: Ansicht Balkonbrüstung
Architekt: Häring, 1929
Archiv: Architekturwerkstatt Pitz - Brenne, 1983

Abb. 3: Aufgerissene Brüstungsfuge mit angerostetem Bewehrungsstahl
Architekt: Häring, 1929
Archiv: Architekturwerkstatt Pitz - Brenne

Abb. 4: Freigelegte durchgerostete Stahlrohrstütze des Balkons
Architekt: Häring, 1929
Archiv: Architekturwerkstatt Pitz - Brenne, 1983

tiert werden kann, d. h. der Verbindungsflansch mußte statisch nachgewiesen werden,
- das Anbringen eines Klebeflansches für einen einwandfreien Dichtungsanschluß an die Stütze,
- durch die Einhaltung der bauaufsichtlichen Auflagen (Nachweis einer Anprallast von 50 kp in 90 cm Höhe bei der Brüstung) wurde es notwendig, auf der Innenseite des Balkones einen Brüstungsgurt aus einem Stahlrohr anzubringen, der die Lastaufnahme ermöglichte, da ein rechnerischer Nachweis für den Soldatenmauerwerksverband nicht geführt werden konnte und das äußere Erscheinungsbild aber nicht verändert werden durfte.

Bei der handwerklichen Umsetzung wurde wie folgt verfahren:
Nach der Freilegung aller konstruktiven Bauteile (Stütze am Hauseingang und Randträger) wurden diese entrostet, mit Zementschlämme vorbehandelt, anschließend erhielten sie eine Rißbewehrung und der Randträger und die Stütze wurden ausbetoniert. Alle sichtbaren Betonflächen erhielten einen mineralischen Anstrich. (Abb. 7). Die Aufmauerung der Brüstung erfolgte entsprechend dem originalen Vorbild. Hier wurde nicht nur in den waagerechten Fugen eine Bewehrung eingelegt, sondern es gab auch in den Stoßfugen eine Bewehrung. Nach Aufbringung des Unterbetons auf die Klein'sche Stahlsteindecke wurde der Klebung ausgeführt mit einem umlaufenden Klemmprofil, da der Bauherr wünschte, daß auf dem Boden eine Mittelmosaik-Fliese im Dünnbettverfahren aufzubringen ist.

Die vorschriftsmäßige Höhe von 15 cm Aufkantung der Dichtung konnte aufgrund der niedrigen Türschwellen nicht eingehalten werden. Der ehemals homogene Terrazzobodenbelag, der der Form des Balkons problemlos folgen konnte, kam leider nicht zur Ausführung, so daß jetzt durch den harten Klein-Mosaik-Bodenbelag erhebliche Anforderungen an den Handwerker gestellt wurden (Abb. 8).

Nachdem die Instandsetzungsarbeiten abgeschlossen worden sind, zeigte sich, daß der Stein ein höhere Wasseraufnahmefähigkeit besaß als vorgesehen, und durch die fehlende Abdeckung konnte die Feuchtigkeit in den Stein eindringen, so daß nachträglich eine Hydrophobierung des Balkonmauerwerks durchgeführt werden mußte.

Dieses Beispiel sollte zeigen, daß bei der Instandhaltung nicht unbedingt und allein nach heutigen technischen Möglichkeiten verfahren werden sollte. Vielmehr schützt die sorgfältige Anwendung des gewonnenen Wissens über die originalen Konstruktionsprinzipien dieser Bauten viel besser vor Folgeschäden und bewahrt zugleich die ursprüngliche Gestaltung der Bebauung.

Ein anderes Problem stellte sich bei der Sanierung der Fassade der Gebäude von Hans Scharoun am Jungfernheideweg, die auch zu der Siedlung Siemensstadt in Berlin gehören wie die Bebauung von Hugo Häring, über die ich gerade berichtet habe. Die Fassade des Hauses stellt sich fast als eine Schiffswand aus Stahlblech dar, die aufgebogen zu einem räumlichen Tragwerk wird, in das dann die Balkone nur noch eingeschoben werden müssen. Dies steht aber im Widerspruch zu der eigentlichen konstruktiven Ausbildung. Die schalenförmige Rückwand des Balkons – formal als selbsttragendes Element ausgebildet bzw. von Scharoun in Stahlbeton vorgesehen – ist eine Rabitzkonstruktion, die von der Balkondecke getragen wird (Abb. 9).

Für das Instandsetzungskonzept der Balkone lehnten wir uns auch hier weitestgehend an das historische Verfahren an. Nach Abriß der Rabitzwandbrüstung wurde die Unterkonstruktion aus Stahlträgern saniert, beschädigte Deckenfelder der Klein'schen Stahlsteindecke ausgewechselt; und dann wurde entsprechend dem historischen Vorbild die Ausschnittsöffnung des Balkons durch einen gebogenen Flachstahl hergestellt, der jetzt nur im Brüstungsbereich auf beiden Seiten eine Abkantung erhielt, damit das Wasser abtropfen kann und nicht mehr in die Rabitzwand läuft. Auf die Unterkonstruktion aus Rundstahl wurde das Streckmetall aufgebracht, und anschließend wurde es mit Kalkzementmörtel ausgedrückt. Auf der Innenseite wurde ein durchgefärbter Putz aufgetragen, während die äußere Seite einen Glattputz erhielt, der mineralisch gestrichen wurde. Der Fußbodenaufbau orientierte sich an dem Original, d. h. es wurde eine Bitumendichtung aufgebracht, die durch einen Terrazzobelag geschützt wird. Auf eine Klemmleiste für die Dichtungsbahn wurde hier verzichtet. Der Anschluß Terrazzo zum Putz erhielt nur eine dauerelastische Versiegelung (Abb. 10, 11, 12).

Der zweite Themenkomplex der Fallbeispiele ist die Wintergartenverglasung.
Ich werde hier besonders auf die Gestaltung eingehen, da aus meiner Sicht die bisher angebotenen standardmäßigen Fensterelemente dahingehend ausgebildet sind, als müßten sie die Bedürfnisse bei einem normalen Wohnraum

Abb. 7: Sanierter Randträger mit Rißbewehrung und verzinkter Stahlrohrstütze mit Konstruktionsflanschausbildung
Architekt: Häring, 1929
Archiv: Architekturwerkstatt Pitz - Brenne, 1983

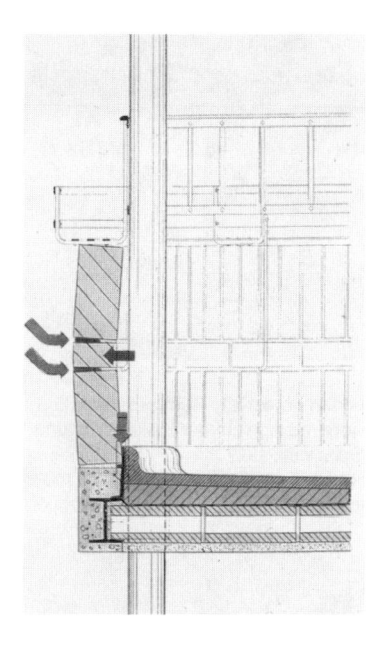

Abb. 5: Schnitt durch Balkonbrüstung, Randträger und Darstellung der Schadensursachen
Architekt: Häring, 1929
Archiv: Architekturwerkstatt Pitz - Brenne, 1983

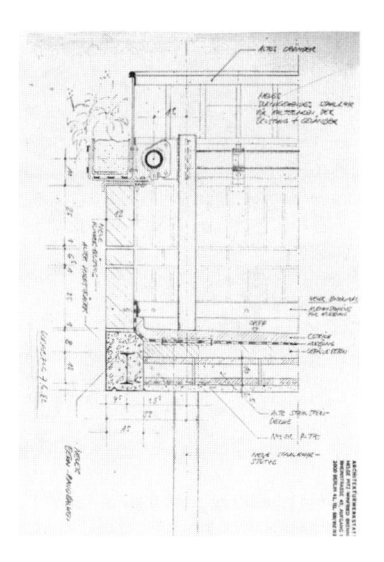

Abb. 6: Schnitt durch neue Brüstungsausbildung mit Stützrohren
Architekt: Häring, 1929
Archiv: Architekturwerkstatt Pitz - Brenne, 1983

Abb. 8: Wiederhergestellter Balkon mit Brüstung, Blumenkastenhalterung und innerem Stützrohr
Architekt: Häring, 1929
Archiv: Architekturwerkstatt Pitz - Brenne, 1983

Abb. 11: Wiederhergestellte Rabitzkonstruktion mit der ersten Putzlage auf der Balkonbrüstung
Architekt: Scharoun, 1929
Archiv: Architekturwerkstatt Pitz - Brenne, 1986

Abb. 9: Freigelegte Rabitzkonstruktion der Balkonbrüstung
Architekt: Scharoun, 1929
Archiv: Architekturwerkstatt Pitz - Brenne, 1985

Abb. 10: Neue Rabitzunterkonstruktion für die Balkonbrüstung
Architekt: Scharoun, 1929
Archiv: Architekturwerkstatt Pitz - Brenne, 1986

Abb. 12: Original wiederhergestellte Fassade, einschließlich aller Balkone
Architekt: Scharoun, 1929
Archiv: Architekturwerkstatt Pitz - Brenne, 1986

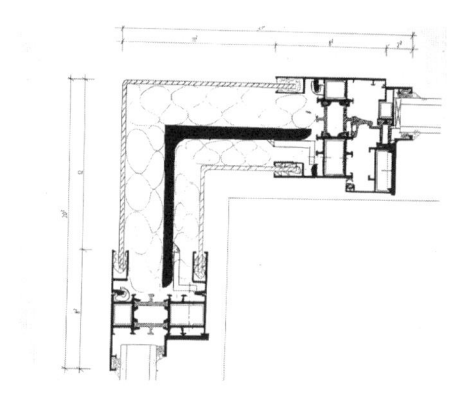

Abb. 13: Konzeptvorschlag für Eckausbildung der thermisch getrennten Aluminium-Wintergartenprofile (Firma Hans Timm, Fensterbau, Berlin)
Architekt: Ahrends, 1929 bis 1931
Archiv: Winfried Brenne, Architekten, 1995

Abb. 14: Ansicht der originalen Wintergarten-Fenster
Architekt: Ahrends, 1929 bis 1931
Archiv: Winfried Brenne, Architekten, 1995

erfüllen, so daß auch kein gestalterischer Unterschied zu erkennen ist.

Dementsprechend verhalten sich auch die Mieter, die meinen, der Wintergarten ist eine neu hinzugewonnene Wohnfläche.

Welche bauphysikalischen Probleme hieraus entstehen, das wissen Bausachverständige zum Teil besser als ich.

Bei der Bebauung in der Weißen Stadt in Berlin-Reinickendorf - auch eine Siedlung aus den 20er Jahren, erbaut 1929 bis 31 – mußte berücksichtigt werden, daß die 50 Jahre alte Wintergartenverglasung nicht nur einen immer höheren Unterhaltungsaufwand forderte und insbesondere die Mieter darauf drängten, daß „moderne Iso-Fenster" einzubauen sind.

Dies steht aber größtenteils im Widerspruch zur denkmalgeschützten Ausführung mit ihren schlanken Profilen und ihrer Einfachverglasung. Das vorgeschlagene Konzept der Fensterfirma mit Standardprofilen führte zu einer erheblichen gestalterischen Beeinträchtigung – die Profile müßten danach um fast 6 cm breiter werden, von 14 cm auf fast 22 cm bei der Iso-Verglasung. Daß die Denkmalpflege ihre Zustimmung hierzu verweigert, war klar (Abb. 13).

Der Bauherr wünschte, daß eine Isolierverglasung zur Ausführung kam, um die Probleme zumindest teilweise zu beheben, da bei den Fenstern ein erheblicher Tauwasseranfall auftrat, im Winter die Scheiben vereisten und somit die Bauschäden erheblich zunahmen und

Abb. 15: Ansicht der neu hergestellten Wintergartenverglasung durch die Firma Hans Timm, Fensterbau, Berlin
Architekt: Ahrends, 1929 bis 1931
Archiv: Winfried Brenne, Architekten, 1995

Abb. 16: Bebauung Buschallee in Berlin-Weißensee mit Loggiaverglasung
Architekt: Bruno Taut, 1929 bis 1930
Archiv: Winfried Brenne, Architekten, 1993

Abb. 17: Siedlung Am Schillerpark in Berlin-Wedding, Oxforder Straße, Erdgeschoß mit neuer Stahl-Einfachfenster-Verglasung aus Stahlprofilen, 1. Obergeschoß Ausführung mit marktüblichen Fensterkonstruktionen (Kunststoff)
Architekt: Bruno Taut, 1924 bis 1929
Archiv: Winfried Brenne, Architekten, 1994

die Reparatur an den Fenstern immer aufwendiger wurde (Abb. 14).

Das angestrebte Konzept sollte eine Minderung des Tauwasseranfalls erreichen, und durch eine minimale Zwangslüftung im oberen Bereich durch Weglassen der Lippendichtung sollte eine Verbesserung des Dampfdruckausgleiches zwischen innen und außen erreicht werden.

Die von uns erarbeitete Lösung beruhte auf der Verwendung von gängigen Profilen, die leicht abgewandelt wurden, bzw. es wurde auf Flügel verzichtet und hierfür eine feststehende Verglasung ausgeführt, wodurch eine beträchtliche Reduzierung der Profilbreiten erreicht werden konnte. Des weiteren legten wir besonderen Wert auf eine gute Handhabbarkeit, damit eine Lüftung immer gewährleistet werden kann. Hierbei ist festzustellen: Es müssen nicht immer Sonderausführungen gefunden werden, um ge-

stalterisch und denkmalgerechte Lösungen zu erarbeiten (Abb. 15).

Bei der Modernisierung von Wintergärten gibt es zudem eine zunehmende Anzahl von Maßnahmen, bei denen Balkone zu Wintergärten umgebaut werden sollen, denn oft ist es das Ziel, einen höheren Qualitätsstandard für die Wohnung zu erreichen durch Reduzieren des Straßenlärms. Dies trifft auch für die Bebauung in Berlin-Weißensee von Bruno Taut aus dem Jahre 1928/29 zu.

Voraussetzung für diese Maßnahme war bei der Veränderung der Loggiaausbildung der unter Denkmalschutz stehenden 1 km langen Bebauung von Bruno Taut in der Buschallee in Weißensee, daß hier nur eine denkmalverträgliche Lösung zur Ausführung kommen konnte. Zu DDR-Zeiten hatten sich die Bewohner bereits individuell durch den Einbau von Holz-, Stahl- und Aluminiumverglasung geholfen. Im Zuge einer Grundinstandsetzung sollte eine einheitliche Lösung erarbeitet werden.

Mit dem Bauherrn – der Gemeinnützigen Heimstätten-AG (GEHAG) in Berlin – konnten wir uns dahingehend verständigen, daß es sich hierbei nur um eine Einfachverglasung mit Stahlprofilen handeln konnte. Die Detailausbildung bei der Konstruktion wurde so gewählt, daß einerseits eine minimale Grundlüftung der Loggia gewährleistet wird, der obere Fensteranschlag eine Dichtung erhält und eine Oberlichtverglasung mit Kippelementen vorgesehen werden sollte.

Da die Fassade zur Hauptwetterseite hin liegt, war zu erwarten, daß trotz Dichtung Wasser eindringen konnte, aber es sollte nicht auf der Innenseite der Brüstung herunterfließen, wodurch dann Schäden entstehen könnten. Eine kleine Aufkantung im unteren Winkelprofil hält das Wasser zurück, eine große Bohrung in dem T-Profil führt das Wasser wieder nach außen. Hier ist bewußt auf eine sichtbare Lösung in Form von Fenstern mit Lippendichtung und Isolierverglasung verzichtet worden, um den Bewohnern zu zeigen, daß die Fläche kein erweiterter Wohnraum ist. Trotz eines strengen Winters gab es keine Tauwasserbildung am Fenster, so daß sie vereisten (Abb. 16).

An dem letzten Beispiel aus der Siedlung Schillerpark in Berlin-Wedding, die wieder von Bruno Taut erbaut worden ist, wird deutlich, wie standardisierte Vorgehensweisen, wie der Einbau von normalen Wohnungsfenstern in die Loggien einerseits zu einem Verlust der architektonischen Qualität führen können.

Hier verzichteten wir bei der durchgeführten Grundinstandsetzung der Fassade und Loggien darauf, daß die von den Mietern eingebauten standardisierten Fenster vor dem Auszug der Mieter ausgebaut werden, um somit eine konfliktfreie Sanierung zu erreichen. Aber gerade hierbei wird deutlich, welche gestalterische Qualität verlorengeht und durch diese Maßnahme noch Bauschäden entstehen können (Abb. 17).

Es wäre schon sinnvoll, wenn der Fensterbau differenzierte Lösungen mit entwickeln würde.

Die im Erdgeschoß ausgeführte handwerkliche Lösung zeigt, daß mit einfachen Mitteln auch in einem denkmalgeschützten Gebäude eine Wintergartenverglasung ausgeführt werden kann.

Das aktuelle Thema:
Die Fachwerksanierung im Widerstreit zwischen Nutzerwünschen, Wärmeschutzanforderungen und Denkmalpflege

1. Beitrag:
Fachwerkinstandsetzung und Fachwerkmodernisierung aus der Sicht der Denkmalpflege

Dipl.-Ing. Manfred Gerner, Leiter des Deutschen Zentrums für Handwerk und Denkmalpflege, Propstei Johannesberg, Fulda

Das Deutsche Zentrum für Handwerk und Denkmalpflege hat zum "Dritten Bericht über Schäden an Gebäuden" des Bundesministeriums für Raumordnung, Bauwesen und Städtebau in einer Studie die Fakten zum "Instandsetzungsbedarf von Fachwerkgebäuden in Deutschland" beigetragen.

Danach ergibt sich ein Sanierungsbedarf für die über 2 Mio. Fachwerkgebäude von 55 bis 60 Mrd. DM, der sich auf kurz-, mittel- und langfristige Maßnahmen verteilt.

Noch gravierender wie diese schon erschreckende Zahl wiegt die Tatsache, daß ein Großteil der zu sanierenden Schäden erst aus Maßnahmen nach dem Zweiten Weltkrieg entstanden ist, also Sanierungsschäden sind.

Ein großer Teil dieser Fachwerkgebäude sind Kulturdenkmäler, als herausragende Einzeldenkmäler oder in großen zusammenhängenden Ensembles geschützt.

Weit über 2 Mio. Fachwerkgebäude sind aber auch ein erheblicher Teil unserer gesamten Bausubstanz. Es hat den Anschein, daß durch unzureichende Kenntnisse aller Beteiligten bei Sanierungs- und Unterhaltungsmaßnahmen, durch gesetzliche Auflagen, durch Modernisierungsdruck und den Zwang zur Energieeinsparung die Gefahr für den Fachwerkbestand besteht, in kurzer Zeit erheblich dezimiert zu werden.

Die hier kurzgefaßten Ausführungen zeigen aber deutlich, daß ausreichend gesetzliche, pla-

Verteilung der Wärmeverluste Im Ausgangszustand (Variante 0)

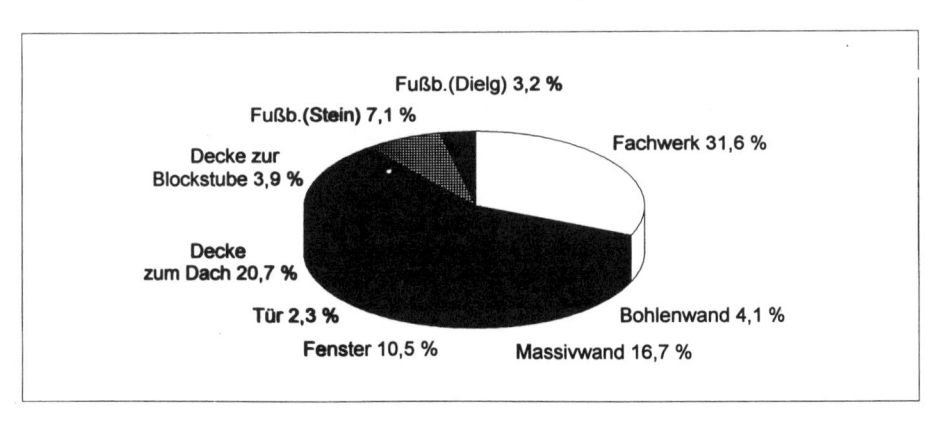

- Fußb.(Dielg) 3,2 %
- Fußb.(Stein) 7,1 %
- Decke zur Blockstube 3,9 %
- Decke zum Dach 20,7 %
- Tür 2,3 %
- Fenster 10,5 %
- Fachwerk 31,6 %
- Bohlenwand 4,1 %
- Massivwand 16,7 %

Abb. 1 Verteilung der Wärmeverluste des Umgebindehauses „Alte Mangel" in Ebersbach/Sachsen vor den Sanierungsmaßnahmen

Konfliktbeispiel 1

Bauteil: Südliche Traufseite der „Alten Mangel"

Anteil Wärmeverlust: 6 %

Denkmalpflege: Sichtfachwerk auf der Innenseite ist raumprägend
Außenseite ist kaum einsehbar

Lösung: belüftete Außendämmung in Verbindung mit der notwendigen Erneuerung der verschlissenen Brettschalung

Vergleich: k_{alt} = 1,6 W/(m²K) / k_{neu} = 0,64 W/(m2K)

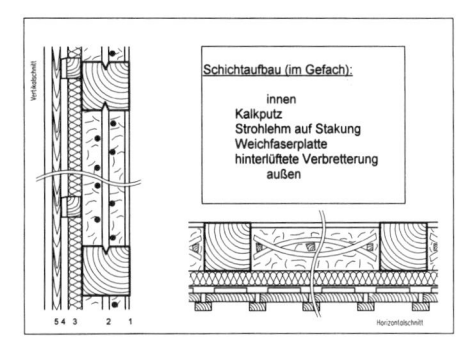

Schichtaufbau (im Gefach):
innen
Kalkputz
Strohlehm auf Stakung
Weichfaserplatte
hinterlüftete Verbretterung
außen

Konfliktbeispiel 2

Bauteil: Westliche Giebelseite der „Alten Mangel"

Anteil Wärmeverlust: 2,9 %

Denkmalpflege: handwerklich und künstlerisch aufwendige Musterverschieferung
Schauseite zur Straße

Lösung: Verzicht auf Außendämmung um Originalschiefer zu bewahren
dicker Dämmaufbau würde zu Anschlußproblemen an Ecke, Ortgang führen
Fenster sitzen nicht mehr fassadenbündig

Vergleich: k_{alt} = 1,3 W/(m²K) / k_{neu} = 1,3 W/(m2K)

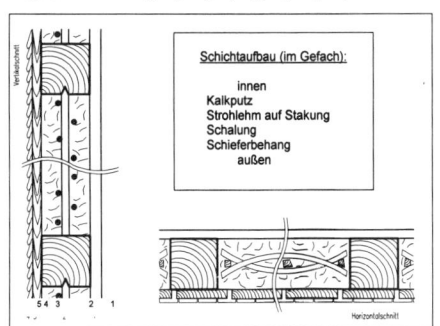

Schichtaufbau (im Gefach):
innen
Kalkputz
Strohlehm auf Stakung
Schalung
Schieferbehang
außen

Abb. 2 und 3 Beispiele zu konkreten Lösungen von Wärmeschutzmaßnahmen, die die Denkmaleigenschaften nicht oder nur unwesentlich beeinflussen.

nerische und technische Instrumente zur Verfügung stehen, um den Gefahren entgegenzutreten, das Instrumentarium muß nur genutzt werden.

Fachwerkinstandsetzung aus der Sicht der Denkmalpflege ist zunächst weitgehend unproblematisch – es müßten dazu lediglich die historischen Techniken ausreichend beherrscht werden. Fachwerkmodernisierung ist aus Denkmalpflegesicht immer ein "Verlustgeschäft", da das Wort "Modernisieren" bereits deutlich macht, daß zwangsläufig mehr oder weniger große Teile der Substanz und/oder der charakteristischen Denkmaleigenschaften verlorengehen müssen. Fachwerkinstandsetzung und -modernisierung bei der heute mehr denn je gebotenen Schonung von Umwelt und Ressourcen und die damit meist angestrebten Zielvorstellungen sind immer eine Gratwanderung. Diese Gratwanderung ist hier nicht im Sinne von Unsicherheit gemeint, sondern mehr im Sinne des Ausbalancierens.

Aus den umfangreichen Problemkreisen bei der Fachwerkinstandsetzung in bezug zu den Anforderungen der Denkmalpflege, wie geeigneter Materialien und Methoden, geeigneter Fachkräfte und übergeordnet der Relation von Substanzverlust zu Nutzungseffektivität und Dauerhaftigkeit von Maßnahmen, wird hier beispielhaft das Problem des Ausgleichs der Anliegen von Denkmalschutz und Energieeinsparung gewählt.

Diese einschränkende Auswahl geschieht auch unter dem Aspekt, daß die Bundesregierung mit dem Bauschadensbericht darauf abzielt, effektivere Bauunterhaltungsmaßnahmen zu erreichen und darüber hinaus die Verminderung der CO_2-Emissionen als ein Hauptziel betreibt.

Die konkurrierenden Schutzanliegen bergen naturgegeben Konfliktpotential.

Unter dem weitgespannten, wenn nicht allumfassenden Begriff des Umweltschutzes sind zahlreiche einzelne Schutzziele wie Naturschutz, Denkmalschutz und Schutz der natürlichen Ressourcen, weitergehend auch Wärmeschutz und Kälteschutz, Schallschutz und Holzschutz vereinigt.

Denkmalschutz, im weitesten Sinne Schutz unserer Kulturlandschaft, ist heute ein im Grundsatz unumstrittenes Schutzanliegen, aber nur bei oberflächlicher Betrachtung konkurrenzlos.

Untersucht man die Schutzanliegen detailliert, so wird schnell deutlich, daß sie oft konträr zueinander stehen, sich Konkurrenz machen,

Modellobjekt „Sanierung der Alten Mangel in Ebersbach/Sachsen"
Variantenübersicht

Beschreibung		Grundfläche beheizt (m²)	Heizenergiebedarf absolut (kWh/a)	Heizenergiebedarf spezifisch (kWh/m²a)	Emission CO₂ (kg/a)	Emission NO₂, SO₂, CO, C₂H, (kg/a)
Variante 0	Altzustand Gebäude nur teilweise genutzt/beheizt Heizung mit Einzelöfen, Braunkohlebrikett	182	66.945,3	367,8	33.472,7	1.768,7
Variante 1	alte Nutzung Zentralheizung Öl	182	56.790,5	312,0	17037,1	61,6
Variante 2	alte Nutzung Zentralheizung Gas	182	52.397,0	287,9	11.684,5	80,6
Variante 3	neue Nutzung Heizung mit Einzelöfen, Braunkohlebrikett	412	170.552,4	414,0	85.176,2	4500,7
Variante 4	neue Nutzung Zentralheizung Gas	412	133.898,8	325,0	29.859,4	205,9
Variante 5	neue Nutzung Volldämmung Zentralheizung Gas	412	66.062,6	160,3	14.732,0	101,6
Variante 6	neue Nutzung Ausgleich Dämmung (Denkmal) Zentralheizung Gas	412	76.236,0	185,0	17.000,6	117,3

Abb. 4 Variantenvergleich zum Energieverbrauch des Umgebindehauses "Alte Mangel" vom Altzustand bis zur neuen Nutzung.

sich gelegentlich sogar ausschließen. Die Wärmeschutzverordnung zum Beispiel, ein primäres Instrument zur Einsparung von Energie, von natürlichen Ressourcen wie auch zur Verminderung von Emissionen, würde – durchgehend und stringent angewendet – den Denkmalbestand weitgehend vernichten oder unter dicken Wärmeschutzschichten unsichtbar machen.

Ebenso konkurrieren in einigen Fällen Denkmalschutz und Naturschutz. Viele historische Gärten und Parkanlagen sind durch oft jahrzehntelang unterlassene Unterhaltung und Pflege zu Biotopen geworden. Ihre Wiederherstellung im Sinne der ursprünglichen Planung, im Sinne des „Denkmals", bedeutet die Zerstörung dieser Biotope. Bei anderen Schutzanliegen gibt es ähnliche Kontroversen. Ein besonders krasses Beispiel ist der Holzschutz.

Dem Umweltschutz insgesamt dient im Falle von kontroversen Einzelzielen nur die sensible Abwägung, die detaillierte Betrachtung der Einzelinteressen. Unter den Anforderungen des Umweltschutzes ist es deshalb eine wichtige Aufgabe, die unterschiedlichen Ziele transparent zu machen, genau zu definieren und zu analysieren, um ein Abwägen zuzulassen. Weiter

sind Methoden und Instrumente zu schaffen, die bei Abwägung von Zielen und Interessen im Sinne des Oberziels Umweltschutz auch bei Kompromissen zu optimalen Ergebnissen führen.

Unter diesen Aspekten ist auch die Fachwerkinstandsetzung und -modernisierung zu beleuchten. Es sind neue Denkansätze notwendig. Allgemein betrachtet heißt dies, daß Neubaustandards nicht ohne weiteres auf historische Fachwerkbauten zu übertragen sind, die ästhetischen und wohnlichen Vorteile von Fachwerkbauten auch oder gerade bei Sanierungen herausgearbeitet und genutzt werden und schließlich jedes Detail abzuwägen ist: Modernität kontra Substanzverlust.

Im Falle des Denkmalschutzes und des Schutzes der Ressourcen bzw. der Verminderung von Schadstoffen mittels Wärmeschutzverordnung reicht es nicht aus, gesetzlich vorgesehene Befreiungsmöglichkeiten auszuschöpfen. Es ist hier notwendig:

- die Quellen, die Ursachen der hauptsächlichen Wärmeverluste festzustellen und entsprechenden baulichen Wärmeschutz zu konzipieren
und/oder
- zusätzliche Wärmeschutzmaßnahmen grundsätzlich reversibel durchzuführen

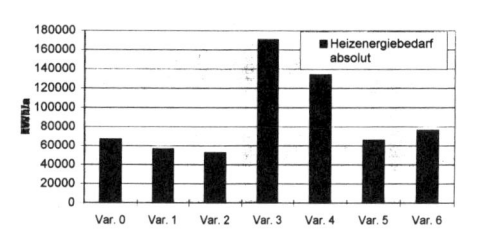

Abb. 5 Variantenvergleich zum absoluten wie auch zum spezifischen Heizenergiebedarf.

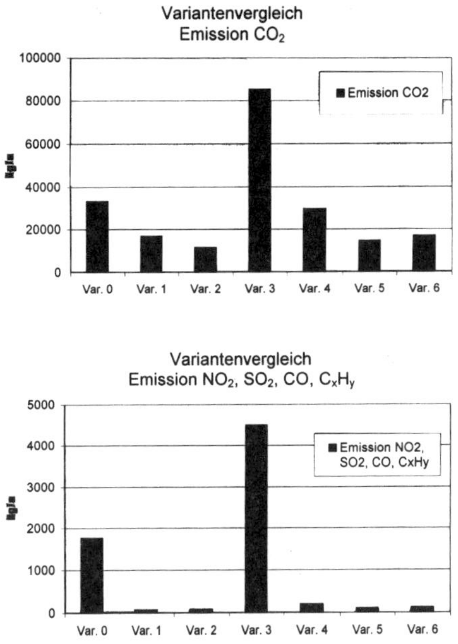

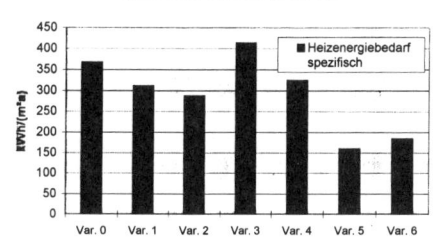

Abb. 6 Variantenvergleich der Emissionen von CO_2 wie auch NO_2, SO_2, CO, C_xH_y.

und/oder
- die Wärmeschutzmaßnahmen an Bauteilen durchzuführen, wo das Denkmal nur wenig oder nicht gestört wird

und/oder
- temporäre Wärmeschutzmaßnahmen vorzusehen,

bzw.
- ein optimales Ergebnis in der Kombination entsprechender Maßnahmen zu suchen.

Andererseits ist beim Abwägen auch kaum darüber hinwegzusehen, daß Baudenkmäler nur in den seltensten Fällen die hohen Anforderungen der Wärmeschutzverordnung voll erfüllen können. In etwas anderem Sinn als ursprünglich gedacht gilt auch hier: „Der Mensch lebt nicht vom Brot allein" – er hat nur Zukunftschancen in einer gesunden Umwelt, das heißt auch intakten Kulturlandschaften.

Die Anforderungen aus dem Denkmalschutz und dem Zwang zur Energieeinsparung lassen sich weit besser lösen als allgemein angenommen. Im Rahmen des Modellvorhabens "Sanierung des Umgebindehauses Alte Mangel in Ebersbach/Sachsen", welches mit Förderung der Deutschen Bundesstiftung Umwelt vom Deutschen Zentrum für Handwerk und Denkmalpflege durchgeführt wurde, konnte nachgewiesen und erprobt werden, daß bei sorgfältiger Planung und sorgfältigem Abwägen von Details und Einzelmaßnahmen bei äußerster Schonung des Baudenkmals rund 90 % eines herkömmlichen Vollwärmeschutzes erreicht werden konnten. Das bedeutet bei dieser konkret durchgerechneten, durchgeplanten und inzwischen auch weitgehend realisierten denkmalpflegerischen Sanierungsmaßnahme nicht nur eine Verminderung des Energieaufwandes um rund die Hälfte, sondern auch die Verminderung des CO_2-Ausstosses um rund 50 % und Verminderung der Schadstoffe NO_2 (Stickstoffdioxyd), SO_2 (Schwefeldioxyd), CO (Kohlenmonoxyd) und C_xH_y (Kohlenwasserstoffe) um rund 93 %.

2. Beitrag:
Instandsetzung und Modernisierung von Fachwerkhäusern für heutige Wohnanforderungen

Dr.-Ing. Helmut Künzel, Holzkirchen

1 Gesichtspunkte beim Bauen früher und heute

Früher war beim Bauen die Statik und Standsicherheit der Gebäude der vorrangige Gesichtspunkt. Auf die Wärmedämmung kam es weniger an. Eine Ziegelwand war nicht wegen der Wärmedämmung, sondern wegen der Standsicherheit beliebter als eine Bruchsteinmauer, wie aus einer „Enzyklopädie der bürgerlichen Baukunst" aus dem Jahr 1792 hervorgeht [1]. Dort heißt es: „Die irregulären und unförmigen Bruchsteine geben eine schlechte Mauer. Sie wird, wenn sie auch 1 1/2 Ellen stark ist, nie die Dauer haben als eine Ziegelmauer, die nur 1 Elle stark ist. Wegen der vielen Zwischenräume, welche die unebenen Steine verursachen und die mit kleinen Steinen ausgefüllt werden müssen, ist eine große Menge Kalk nötig. Und das macht sie kostbar." Die große Bedeutung der Standsicherheit von Gebäuden wird verständlich, wenn man weiß, daß früher Einstürze von Häusern während der Bauzeit keine Seltenheit waren (z.B. [2]). Aus diesem Gesichtspunkt ist ein Fachwerkbau eine unproblematische Konstruktion: Die Standsicherheit gewährleistet das Fachwerk, und an die Ausfachung werden keine statischen Anforderungen gestellt. Man verwendete hierzu früher Natursteine, Ziegel oder Strohlehm, wobei das letztgenannte Material sicher aus Kostengründen und wegen der leichten Verarbeitbarkeit ein beliebter Baustoff war. Daß dabei die Wärmedämmung nicht in Betracht gezogen wurde, geht daraus hervor, daß relativ dünne Fachwerkwände neben wesentlich dickeren Ziegelwänden akzeptiert worden sind. Letztere wurden nur aus statischen Erfordernissen variiert, nämlich abhängig von der Stockwerkshöhe (Abb.1).

Außer der leichten Verarbeitung und der geringen Kosten hat Lehm zur Ausfachung keine Vorteile, sondern nur Nachteile:
- Das starke Schwinden verlangt ein Nacharbeiten.
- Die Putzhaftung ist gering und nur durch eine mechanische Verkrallung einigermaßen zu erreichen.
- Lehm muß vor stärkerer Regeneinwirkung geschützt werden.

Die angeblich günstigen Auswirkungen von Lehm auf das Raumklima („Feuchtepufferung", Feuchteabsorption) sind bei anderen mineralischen Baustoffen in gleicher Weise gegeben. Es gibt daher außer der Tradition keine weiteren Gründe für die bevorzugte Verwendung von Lehm im Fachwerkbau.

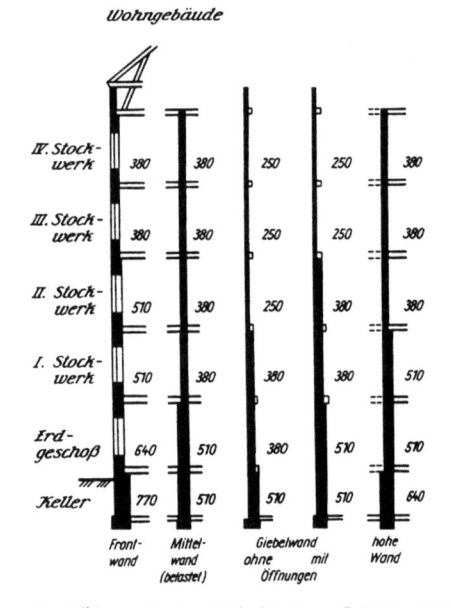

Abb.1 Mindestdicke von Außenwänden aus Ziegelmauerwerk nach [3]. Es wird unterschieden zwischen Frontwand mit Fenstern und Giebelwand ohne und mit Öffnungen. Daraus erkennt man den Gesichtspunkt der Tragfähigkeit bei der Dickenanforderung

Daß die Wärmedämmung der Außenwände früher keine Berücksichtigung fand, hängt mit der Art der Raumbeheizung durch Ofen mit relativ großem Strahlungsanteil zusammen. Die Erwärmung der Wandoberflächen hängt in diesem Fall von der Strahlungsemission des Heizkörpers ab und ist praktisch unabhängig von der Wärmedämmung der Wand. Daher waren früher auch bei schlecht gedämmten Wänden annehmbare Verhältnisse zu erzielen.

Bei den heute üblichen Heizsystemen mit vorwiegend konvektiver Wärmeabgabe kommt es hingegen entscheidend auf die Wärmedämmung der Außenbauteile an. Geringe Wärmedämmung hat niedrige Oberflächentemperaturen zur Folge und kann zu Feuchteschäden führen (Tauwasser- und Schimmelbildung). Dabei ist zu berücksichtigen, daß die Feuchteproduktion in Wohnungen heute wesentlich größer ist als dies früher der Fall war, als meist nur in einem Raum eine Wasserzapfstelle vorhanden war. Deshalb stehen heute der Wärme- und Feuchteschutz als Gesichtspunkte beim schadensfreien Bauen im Vordergrund, während die Standsicherheit bei den heutigen genormten und überwachten Baustoffen keine Probleme mehr schafft.

2 Altbauerhalt und Altbaunutzung

Wenn ein Altbau unter Beibehaltung der früheren Konstruktion und Substanz genutzt werden soll, ggf. nach den früheren Vorgaben instand gesetzt, dann ist es zur Schadensvermeidung erforderlich, daß auch die Nutzung entsprechend den früheren Verhältnissen erfolgt. Soll das Gebäude nach heutigem Wohnstandard genutzt werden, dann müssen auch die heutigen Anforderungen berücksichtigt werden. Dies gilt insbesondere hinsichtlich Wärmedämmung und Heizung. Diese Aussage ist eindeutig und unabdingbar und erlaubt keine Kompromisse.

Da die Nutzung eines Gebäudes die beste Voraussetzung für seinen Erhalt ist, müssen im Einzelfall die Ziele und Vorgaben der Nutzung geklärt werden. Hierbei ist zwischen zwei Möglichkeiten zu unterscheiden:

Fall 1: Erhaltung der Architektur *und* der Bausubstanz

Fall 2: Erhaltung der Architektur *bei baulichen Ergänzungen/Erneuerungen*

Im Fall 1 muß auch die Beheizung und Nutzung etwa wie früher bzw. mit reduzierter Beanspruchung erfolgen. Dies kann dann der Fall sein, wenn das Gebäude zur Demonstration früherer Bau- und Wohngepflogenheiten dient (z.B. in Freilichtmuseen) oder wenn das Gebäude als Museum ausgebaut wird.

Im Fall 2 ist eine Nutzung nach heutigem Wohnstandard möglich. Dabei ist durch Zusatzdämmung bzw. Erneuerung der Ausfachung die Wanddämmung den heutigen Erfordernissen anzupassen.

Viele Schäden sind in der Vergangenheit an Fachwerkhäusern dadurch entstanden, daß bei Renovierungen nach Vorgaben der Denkmalpflege die alte Bausubstanz belassen bzw. nach altem Vorbild ergänzt worden ist und die Beheizung mit modernen Heizanlagen betrieben worden ist.

3 Anforderungen an den Wärme- und Feuchteschutz

Bei verputztem Fachwerk kann eine erhöhte Wärmedämmung wie bei jedem anderen Altbau zweckmäßig durch eine zusätzliche Außendämmung in der Art eines Wärmedämmverbundsystems oder durch einen Wärmedämmputz erreicht werden. Bei Sichtfachwerk sind die spezifischen Verhältnisse beim Fachwerk zu berücksichtigen:

- Zwischen dem Fachwerk und der Ausfachung sind Schwindrisse unvermeidbar; sie können nicht dauerhaft abgedichtet werden und müssen deshalb beim Regenschutz einkalkuliert werden.
- Zur Erhaltung der Tragfähigkeit muß das Fachwerkholz vor nachhaltigen Feuchteeinwirkungen von außen (Schlagregen) und innen (Tauwasser) geschützt werden.

Über die unter diesen Aspekten vorzunehmenden Maßnahmen der Instandsetzung und Modernisierung von Fachwerkhäusern sind in den vergangenen Jahren eingehende Untersuchungen durchgeführt worden (z.B. [4, 5, 6], deren Ergebnisse im folgenden zusammengefaßt dargestellt werden.

Wärmeschutz und Feuchteschutz (Wohnfeuchte)
Als Wärmedämmwert der Ausfachung ist ein Wärmedurchlaßwiderstand $1/\Lambda = 1{,}0$ m^2 K/W anzustreben. Dieser Wert entspricht etwa dem Dämmwert des Holzfachwerks bei den üblichen Dicken und hat zur Folge, daß sich bei Beheizung im Winter eine gleichmäßige Temperatur an den Außenwandoberflächen einstellt (kein Abzeichnen des Fachwerks durch möglicherweise unterschiedliche Verschmutzung).

Durch eine zusätzliche Innendämmung wird bei Beheizung im Winter die Temperatur der Innenoberfläche des Holzes abgesenkt. Um eine dadurch mögliche Tauwasserbildung in Grenzen zu halten, soll der Wärmedurchlaßwiderstand der Zusatzdämmung den Wert $1/\Lambda = 1{,}0$ m² K/W nicht übersteigen und zwischen Holzoberfläche und Raumluft eine Dampfbremse mit $s_d = 0{,}5$ bis 0,8 m vorhanden sein. Eine Dampfsperre ist nicht zweckmäßig, um auch eine Trocknung zum Raum hin zu ermöglichen.

Regenschutz
Für einen angemessenen Regenschutz ist die richtige Einstufung der Regenbeanspruchung einer Fachwerkfassade Voraussetzung. Folgende Einteilung der Regenbeanspruchung ist zweckmäßig [6]:
- Geschützte Fassaden (z.B.in dichter Bebauung)
- Wetterabgewandte, freistehende Fassaden bei geringer Regenbelastung
- Ungeschützte Fassaden bei stärkerer Regenbelastung (Wetterseiten) .

Wetterseiten müssen bei stärkerer Regenbelastung generell – wie dies auch früher der Fall war – mit einer Regenschutzbekleidung oder einem das Fachwerk überdeckenden Putz versehen werden. In diesem Fall sind, wie auch bei „geschützten Fassaden", keine Anforderungen an die Bau- und Dämmstoffe für die Ausfachung zu stellen.

Bei wetterabgewandten freistehenden Fassaden sind folgende Anforderungen an Ausfachung und Anstriche zu berücksichtigen:
- Diffusionswiderstände von Ausfachungsmaterial und Dämmstoffen möglichst klein (Richtwert: $\mu < 10$).
- Außenputze gering wasserabweisend oder wasserhemmend s_d-Wert von Putzanstrichen $< 0{,}1$ m.
- s_d-Wert von Holzschutzanstrichen $< 0{,}5$ m.

Literaturhinweise
[1] Stieglitz, L.: Enzyklopädie der bürgerlichen Baukunst Leipzig 1796
[2] Bauwerks-Zeitung 30. Jahrgang Nr. 7, 22. Januar 1898, Berlin
[3] Ahnert, R.; Krausen K.H.: Typische Baukonstruktionen von 1860 – 1960. Verlag Bauwesen GmbH1 Berlin 1991
[4] Künzel, H.: Erhaltung von Fachwerkfassaden durch Ausfachung mit neuen Baustoffen, das bauzentrum (1992), H. 4, S. 35 – 39
[5] Künzel, H.: Regenschutz, Feuchteschutz und Wärmeschutz von Fachwerkwänden, wksb (1995), H. 35, S. 1 – 9
[9] Künzel1 H.: Regenschutz von Fachwerkfassaden. Schutz und Sanierung von Fachwerkbauten, Teil 2, Bausubstanz 11 (1995), H. 10, S. 50 – 52

Beurteilungsprobleme bei Holzbauteilen

Priv.-Doz. Dr. habil. Ingo Nuss, Mintraching-Sengkofen

Einleitung
Im folgenden möchte ich Ihnen von einigen Schwierigkeiten berichten, welche sich in der praktischen Arbeit bei der Begutachtung von Schadensfällen ergeben, und Wege zeigen, wie die entsprechenden Probleme zu lösen sind. Ich werde dabei nicht auf die verschiedenen Schadorganismen im Detail eingehen, sondern nur dort Beispiele bringen, wo es für das Verständnis meiner Ausführungen notwendig erscheint.
Manche Menschen glauben ja, daß der Spezialist, den sie ins Haus gerufen haben, ganz zielstrebig an bestimmte Stellen im Haus geht und dort mit modernen Meßgeräten den Hausschwamm ausfindig macht, ohne daß etwas zerstört wird. Das ist grundsätzlich nicht möglich. Es gibt erstens derzeit keine Methode, welche die Kenntnisse und Erfahrungen des Spezialisten ersetzen könnte, und es erfordert zweitens eine sorgfältige und damit zugleich zeitaufwendige Untersuchung des gesamten Gebäudes von außen nach innen und von oben nach unten, um aus einer Fülle von Beobachtungen, Prüfungen, Messungen und Probenentnahmen bei der späteren Auswertung im Büro zu einem Gesamtbild vom Befallszustand des Gebäudes zu kommen. Oft ergibt sich nach der Auswertung aller Daten der ersten Begehung die Notwendigkeit, an bestimmten Punkten Nachuntersuchungen durchzuführen. Drittens gibt es zwar nahezu zerstörungsfreie Untersuchungsmethoden, doch haben auch diese nur begrenzte Einsatzmöglichkeiten und begrenzte Aussagefähigkeiten.
Für die Begutachtung von Schadensfällen ergeben sich in der Praxis die folgenden Hauptprobleme:
1. Schadensherde und das Ausmaß der Schäden mit einem vertretbaren Aufwand an Eingriffen in die Bausubstanz zu ermitteln
2. Die vorgefundenen Pilze bzw. Schadinsekten eindeutig zu identifizieren
3. Die Ursachen für die Schäden festzustellen
4. Sanierungsmaßnahmen in einem angemessenen und finanziell vertretbaren Umfang vorzuschlagen

1 Schadensherde und das Ausmaß der Schäden mit einem vertretbaren Aufwand an Eingriffen in die Bausubstanz ermitteln
Eine sehr einfache, wirkungsvolle und zugleich schnelle Methode der Entdeckung von aktivem Hausschwammbefall wird seit mehreren Jahren in Schweden, Dänemark und Großbritannien angewandt. Hier werden abgerichtete Hunde eingesetzt, um anhand des Geruches frisch wachsender Hausschwammyzelien die Schadstellen sehr rasch aufzufinden, doch ersetzt auch das noch nicht den Spezialisten, denn es können an anderen Stellen alte Befallsherde verborgen sein, bei welchen der Hund nicht anschlägt, weil der Hausschwamm (Serpula lacrymans) hier nicht aktiv ist. Außerdem nutzt es dem Hauseigentümer nichts, wenn durch den Hund z.B. festgestellt worden ist, daß in dem Gebäude kein Hausschwammbefall vorhanden ist, andererseits aber die tragenden Balken unter den Dachdielen wegen eines heftigen Befalls durch den Hausbockkäfer (Hylotrupes bajulus) kurz vor dem Auseinanderbrechen sind. Die Hunde sind nur darauf trainiert, den lebenden Hausschwamm zu finden, reagieren folglich weder auf noch vorhandene Hausschwammherde, welche sich in der Trockenstarre befinden, noch auf Befallsschäden durch den Kellerschwamm (Coniophora puteana) oder Weißen Porenschwamm (Antrodia - Arten) oder andere Pilze.
Um alle Befallsherde in einem Gebäude zu finden, sind sehr sorgfältige Untersuchungen der gesamten Außenhaut des Gebäudes, wozu auch die Dachdeckung und das Regenabflußsystem zählen, sowie die gewissenhafte Untersuchung jedes einzelnen Raumes erforderlich. Schäden an der Außenhaut geben in der Regel sehr zuverlässige Hinweise auf Befallsschäden im Gebäude und sind am ehesten mit einem gut-

Abb. 1: Schäden durch permanente Durchnässungen (Drei Fotos)

en Fernrohr zu entdecken, besonders wenn sie sich im Dachbereich befinden. Eine einzige fehlende oder entzweigebrochene Schindel auf dem Dach kann zu permanenten Durchnässungen zunächst auf dem Dachboden, später auch in ein oder zwei Geschossen darunter führen, wobei das herabfließende Wasser nicht immer den direkten Weg zu nehmen braucht, sondern in einem unteren Stockwerk ebenso statt in dem direkt darunterliegenden Raum im Nebenraum zu Durchnässungen führen kann.

Auch die aus dem Erdreich im Mauerwerk aufsteigende Nässe kann zu den tragenden Balken des Unterdielenraumes vordringen und zu heftigem Befall durch den Keller- und/oder Hausschwamm führen. Sie zeichnet sich fast immer durch wellenförmig nach oben dringende Linienmuster auf dem Mauerwerk ab und gibt so Hinweise, wo im Inneren des Gebäudes mit einem Befall gerechnet werden muß (Abb. 1).

Deutliche Grünverfärbungen an den Außenmauern weisen ebenfalls auf permanente Durchnässungen hin, welche durch Spritzwasser am Sockel des Hauses oder oberhalb von Simsen oder durch defekte Regenabflußrohre verursacht sein können (Abb. 1).

Diese und weitere Anzeichen für Mauerdurchnässungen geben in der Regel verläßliche Hinweise auf mögliche Befallsherde nahe der betreffenden Innenseite der Mauer. Deshalb sollte dann dort gezielt untersucht werden.

Im in Abb. 2 gezeigten Beispiel kann man im Vergleich der drei Diagramme sehr gut erkennen, daß mehrere der Schäden im Dachbereich zu jeweils massivem Hausschwammbefall und/oder weiteren Schäden in der darunter gelegenen Mansarde und auch noch ein Stockwerk tiefer, im 2. Obergeschoß, geführt haben. Hat der Hausschwamm einmal Fuß gefaßt, dann kann er sich von einem Befallsherd natürlich in alle Richtungen ausbreiten. Hierzu vergleiche man den in der NO-Ecke der Mansarde unter dem Dachschaden beginnenden Hausschwammbefall, welcher sich von hier nach Westen in alle Räume ausgebreitet hat. Das Beispiel demonstriert sehr anschaulich, wie von Schäden am Dach auf Schadwirkungen im Inneren des Gebäudes gefolgert werden kann. Selbstverständlich gibt es weitere Schadensursachen, welche im Gebäude selbst entstehen können, sei es, daß es einen Wasserrohrbruch gegeben hatte, ein Brand vor langer Zeit gelöscht worden war oder – weniger spektakulär – daß einmal der Schlauch von einer Waschmaschine abgesprungen oder die Badewanne

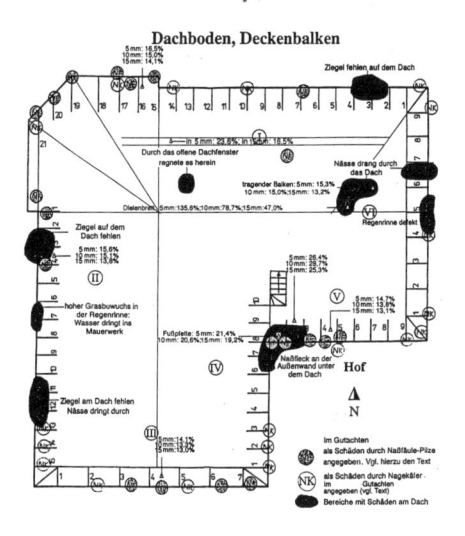

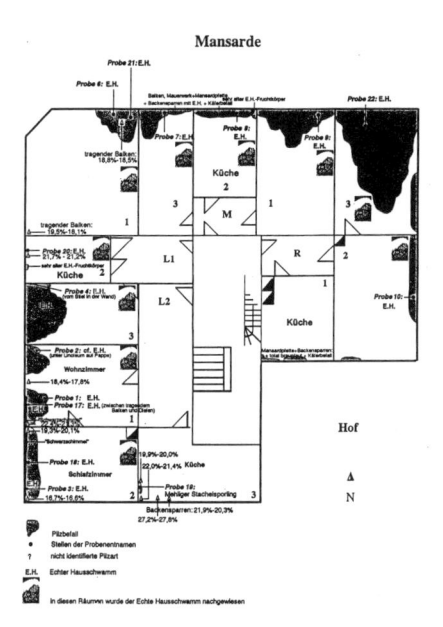

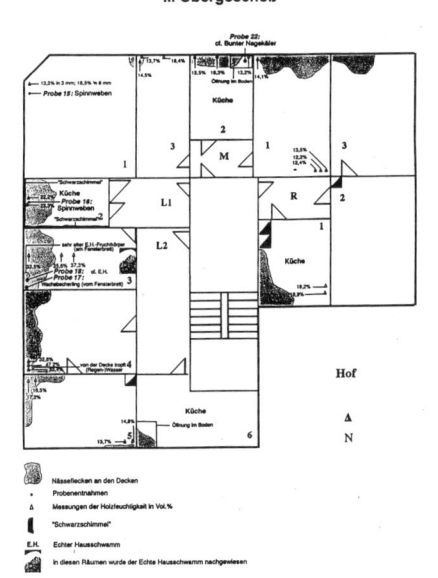

Abb. 2: Hausschwammbefall durch Schäden im Dachbereich auch in darunterliegenden Räumen (3 Bilder, Reihenfolge: Dach – Mansarde – 2. Obergeschoß)

übergelaufen war. Ursachen dieser Art gibt es sehr viele, und sie können in irgendeinem der Räume passiert sein. Die Vielzahl der Möglichkeiten macht darum eine gründliche Untersuchung aller Räume und die Anwendung mehrerer sich ergänzender Methoden erforderlich, sofern man nicht von vornherein durch die Bewohner, wenn man sie befragt, Hinweise auf derartige Vorfälle erhält.

Zur Lösung dieser Probleme werden – einander ergänzend – die folgenden Methoden angewandt:

Methoden
Als erstes erfolgt bei der Untersuchung aller Innenräume - wie schon beschrieben - die optische Untersuchung. Dabei wird nach allen möglichen Symptomen gesucht, sei es nach Feuchtigkeitsflecken in der näheren oder weiteren Umgebung von Konstruktionshölzern, sei es nach Befallsmerkmalen. Fruchtkörper zu finden, ist immer ein eindeutiges Zeichen, aber viel weniger offensichtlich sind Blasen oder Risse in Lackschichten, Aufwölbungen von Dielenbrettern, das Ablösen von Tapeten, brauner Staub von Hausschwammsporen in Spinnennetzen, an Wandunebenheiten, auf Möbeln usw. oder der Geruch nach Pilzen.
Als nächste Maßnahme wird man mit einem harten Gegenstand (normalerweise mit einem Hammer) die vorhandenen Türen, Türstöcke,

Schwellen, Fensterrahmen, sofern aus Holz, und Holzdielen abklopfen, um durch den Klang Rückschlüsse auf einen Befall ziehen zu können. Gesundes Holz hat einen hellen, durch Pilze abgebautes Holz einen dumpfen Klang.
Bei irgendwelchen Verdachtsmomenten wird mit einem spitzen Messer in das Holz gestochen, um herauszufinden, wie fest es an seiner Oberfläche ist, denn der Hausschwamm (Serpula lacrymans), aber auch der Kellerschwamm (Coniophora puteana) und die Weißen Porenschwämme (Antrodia-Arten) sind Pilze, die das Holz von der Oberfläche her angreifen. Für die Untersuchung von eingemauerten Balkenköpfen entnehme ich gerne winzige Späne vom Rande der Balken im Grenzbereich zur gemauerten Wand und vergleiche die Farbe mit der eines Holzspanes jeweils desselben Balkens, aber weiter entfernt von der Wand vom gesunden Bereich des Balkens entnommen. Weicht der erste Span durch z.b. dunkler braune Färbung von dem Span des gesunden Teiles ab, dann liegt der Verdacht auf Zerstörung durch Braunfäulepilze sehr nahe, und weitere Schritte zur Untersuchung müssen unternommen werden.
Schäden durch den Hausbockkäfer (Hylotrupes bajulus) lassen sich ebenfalls durch das Einstechen in das Holz mit einer Messerspitze entdecken, denn die Larven des Käfers hinterlassen eine nur hauchdünne unzerstörte periphere Holzschicht, während die Schichten darunter mehr oder weniger pulverisiert werden.
Gegebenenfalls wird zusätzlich mit einem Holzfeuchtigkeitsmeßgerät mit isolierten Meßelektroden in unterschiedlichen Tiefen des Holzes (5, 10, 15 mm usw.) die Holzfeuchtigkeit gemessen. Liegt sie deutlich über 20%, dann muß mit der Möglichkeit eines Befalls durch den Hausschwamm oder andere holzzerstörende Pilze gerechnet werden.
Wurden Holzfeuchtewerte über 20% gemessen, dann bieten sich mehrere Möglichkeiten des weiteren Vorgehens an: Am einfachsten und sichersten für die weiteren Feststellungen ist natürlich die Öffnung des Fußbodens. Wird das aus bestimmten Gründen abgelehnt, dann kann man mit dem Endoskop arbeiten, ein entsprechendes Loch durch Dielen oder Parkett bohren und die Untersuchung mit dem Endoskop beginnen, das eine sehr starke Lichtquelle haben sollte. Doch findet man oft in älteren Gebäuden, und nur diese werden in aller Regel vom Hausschwamm befallen, Schüttungen und Füllungen aus Sand, Kies, Lehm oder anderen Materialien, so daß eine Untersuchung mit dem Endoskop zwecklos ist. Soll in derartigen Fällen trotzdem von einer Bodenöffnung abgesehen werden, dann bietet sich die Möglichkeit an, mit einem Resistographen Bohrwiderstandsmessungen an mehreren Punkten durch die Dielen in die tragenden Balken durchzuführen. Bei dieser Methode werden lediglich 3 mm kleine Löcher gebohrt, und der Widerstand während des Bohrvorganges wird elektronisch als Diagramm auf einem Papierstreifen aufgezeichnet. Ist das Holz gesund, bleibt der Bohrwiderstand hoch, sind Teile des Holzes durch Pilze oder Käferlarven mehr oder weniger zerstört, fällt die Kurve mit dem Bohrwiderstand dramatisch ab. Man kann mit einem Gerätetyp (Resistograph 1410) Bohrtiefen von 41 cm erreichen und auf diese Weise selbst von stärksten Balken Meßprofile erstellen und Aussagen über den inneren Zustand des Holzes treffen. Es ist nach meiner Kenntnis auch die einzige derzeit verfügbare und in der Praxis anwendbare Methode, um im Holz Schäden durch Kernholzzerstörer (wie die Blättlinge [Gloeophyllum-Arten], den Schuppigen Sägeblättling [Lentinus lepideus], den Eichenwirrling [Daedalea quercina] und den Eichenporling [Donkiopora expansa]) zu ermitteln, denn diese Pilze zerstören das Holz von innen.
Zudem ist die Methode geeignet, um eingemauerte Balkenköpfe auf ihren Zustand zu untersuchen. Durch den etwas geöffneten Dielenboden wird dabei von innen her schräg nach außen gebohrt, ohne daß der Balkenkopf freigelegt zu werden braucht. Allerdings muß man dabei sehr vorsichtig vorgehen, weil die Auflagefläche der Balken auf dem Mauerwerk oft nicht mehr als 12 - 15 cm beträgt und man darum mit der Bohrnadel sehr schnell auf das Mauerwerk stoßen kann, was im Wiederholungsfall zum Zerbrechen der Nadel im Gehäuse des Gerätes führen kann, so daß das Gerät zur Reparatur an den Hersteller eingesandt werden muß. Außerdem können an dem Holz auch Metallanker angebracht sein mit derselben Wirkung.
Wie erfolgreich mit dem Resistographen Schäden an Konstruktionshölzern aufgespürt werden können, insbesondere verdeckte Kernholzfäuleschäden, welche mit den übrigen Methoden nicht festgestellt werden können, wurde von Rinn und Fischer, 1995 sehr überzeugend dokumentiert und dargestellt und konnte auch in einem eigenen Projekt bestätigt werden. Anhand von zwei Bohrdiagrammen (C 322.2 und H 647.1) soll demonstriert werden, wie exakt sich mit der Bohrwiderstands-Meßmethode Schäden am und im Holz ermitteln lassen. Ein

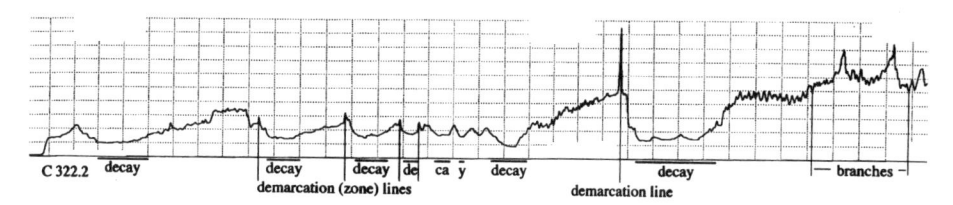

C 322.2　decay　　decay　decay　de　ca　y　decay　　　decay　　　— branches —
　　　　　　　　　demarcation (zone) lines　　　　　　demarcation line

Abb. 3: Die Kurve ist hier von links nach rechts zu lesen. Auf der y-Achse wird die relative Festigkeit des Holzes angegeben, d.h. je höher die Kurve ausschlägt, um so größer ist der Widerstand im Holz, wobei noch ein leichtes Ansteigen der Kurve zum Ende hin berücksichtigt werden muß (um etwa eine Maßeinheit), welches sich durch die immer größere Masse von im Bohrkanal verbleibendem Bohrmehl aufbaut. Die x-Achse zeigt die Eindringtiefe der Bohrnadel im Maßstab 1:1 an (in der Abb. verkleinert), so daß eine Maßeinheit genau einem cm entspricht. Im Holz abgehende Äste („branches") bieten einen deutlich höheren Widerstand, Abschottungslinien der Pilzarten im Holz („demarcation line") mit ihren Melanineinlagerungen führen zu Kurvenspitzen, während die durch Pilze zerstörten Bereiche („decay") keinen oder sehr geringen Bohrwiderstand bieten. – Im vorliegenden Fall wurde der Nadelholzbalken, welcher von außen her durch Teer geschützt war, von innen durch mehrere Pilzindividuen, welche sich gegeneinander durch Demarkationslinien abgegrenzt hatten, abgebaut, so daß der gesamte durch die fette horizontale Linie gekennzeichnete Bereich schon abgebaut war.

weiterer Vorteil ist, daß zugleich mit den Diagrammen eine genaue Dokumentation der Befunde vorgelegt werden kann. Das ist nicht nur für Gerichtsfälle von großem Vorteil, sondern ermöglicht auch, den aktuellen Zustand der Holzbauteile historischer Bauten mit einer genauen Angabe des jeweiligen Ausmaßes aller Einzelschäden und der Restquerschnitte zu dokumentieren und damit die Grundlage für eine genaue Kostenermittlung notwendiger Sanierungsmaßnahmen zu liefern.

Eine besondere Bedeutung kommt den Bohrwiderstandsmessungen in historischer Bausubstanz zu, denn Rinn und Fischer, 1995 machen anhand von 30.000 bereits vorliegenden Bohrwiderstandsmessungen und aus dem Vergleich von zuvor von erfahrenen Fachleuten herkömmlich untersuchten und anschließend mit dem Resistographen untersuchten Gebäuden mit Recht darauf aufmerksam, daß

1. „äußerlich völlig intakt erscheinende und auch nach Klopfprobe erfahrener Fachleute als intakt bezeichnete Hölzer (Nadelholz und Eiche) ... sich nach durchgeführter Bohrwiderstandsmessung als im Innern völlig ausgefault und im Querschnitt über 50% gemindert" erwiesen,

2. „äußerlich stark geschädigt wirkende Hölzer ... im Inneren völlig intakt sein" können. „Etliche, zur Auswechslung vorgesehene Hölzer konnten aufgrund der Bohrwiderstandsmessung im Bauwerk belassen werden",

3. daß „bei größeren Untersuchungsobjekten der vergangenen Jahre mit zum Teil über 1000 oder gar 2000 resistograph-Bohrungen pro

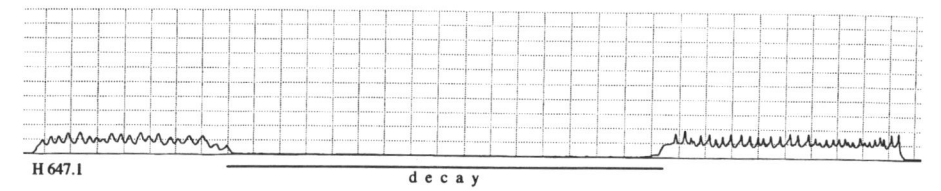

H 647.1　　　　　　　　　　　d e c a y

Abb. 4: In dieser Kurve wurde das Holz von innen her von einem einzelnen Pilzindividuum auf einem Umfang von 16 cm, also zu 50%, total abgebaut („decay"), so daß nur noch periphere Wände unzerstört übrig geblieben sind. Rechts und links vom zerstörten Zentrum zeigt die Kurve in rascher Folge Hochs und Tiefs, welche in der Regel die Jahresringe des Holzes wiedergeben mit den Spätholzzonen (= Hochs) und den Frühholzzonen (= Tiefs). Weder Klopftests noch die Messung der Holzfeuchtigkeitswerte gaben einen Hinweis auf den Befall.

Bauwerk ... häufig über 60 bis 80% der Schäden nur mittels Bohrwiderstandsmessungen entdeckt" wurden, „weil es sich um innere, verdeckte Schäden handelte. Obwohl die vorher durchgeführte, herkömmliche Untersuchung mit intensiver visueller Prüfung und fachlich qualifizierter Klopfprobe erfolgt war, konnten damit nur 20 bis 40% der Schäden aufgefunden werden."
Zu vergleichbaren Ergebnissen waren mein englischer Kollege und ich bei der Untersuchung einer historischen schottischen Holzeisenbahnbrücke gekommen, wo andere Experten im selben Untersuchungsjahr mit herkömmlichen Methoden, u.a. auch der Bohrkernuntersuchung, zu dem Ergebnis gekommen waren, daß keine verdeckten inneren Fäulen vorlägen, während nach den von uns durchgeführten 1.749 Bohrwiderstandsmessungen fast alle Fäuleherde innere Fäuleherde waren, nämlich etwa 19% von 2500 lfm. Folglich waren mit den herkömmlichen Methoden Fäulen im Inneren von 475 lfm Balkenholz nicht erkannt worden, wovon bei 143 lfm die Zerstörungen über 40% des Querschnitts umfaßten, bei einigen der obersten horizontalen Balken sogar zwischen 80 und >90%, so daß ein sofortiger Austausch erforderlich ist. Verständlich werden die Ergebnisse der vorangegangenen Untersuchung der anderen Experten dadurch, daß die Balken 35 × 35 cm stark waren, so daß bei einem Restquerschnitt von z.B. nur 50% immerhin noch 17,5 cm, also auf beiden Außenseiten jeweils etwa 9 cm Holzstärke, übrigblieben, welche bei einem Klopftest nicht unbedingt einen Hinweis auf einen inneren Hohlraum geben. Bei den zu über 80% zerstörten Balken war die Fäule auf einer Seite schon durchgekommen, so daß diese als von der Oberfläche ausgegangene Fäulen mißdeutet worden sind.
Hinzugefügt werden muß allerdings, daß die Geräte nicht billig sind und die Interpretation der Kurven Kenntnisse der Holzanatomie und der Biologie der Schadpilze und Schadkäfer voraussetzt, weil anderenfalls z.B. sehr leicht die weiche und damit wenig Widerstand bietende Markbereich des Holzes als Pilzschaden fehlgedeutet werden könnte.
Als sehr nützlich erweist sich die Anwendung der Widerstandsbohr-Meßmethode aber auch in Wohnhäusern, welche total saniert werden sollen. Nach der Freilegung der Konstruktionshölzer läßt sich für jeden einzelnen Balken genau ermitteln, ob in ihm verborgene Befallsherde - bei Nadelhölzern z.B. durch Blättlings- (Gloeophyllum-)Arten oder den Schuppigen Sägeblättling (Lentinus lepideus), bei Eichenholz durch den Eichenwirrling (Daedalea quercina) oder den Eichenporling (Donkiopora expansa) - vorhanden sind, welches Ausmaß sie und welche Restquerschnitte die Balken noch haben. Umgekehrt läßt sich bei oberflächlich zerstört aussehenden Balken gelegentlich feststellen, daß diese unterhalb der Oberfläche fest und gesund sind und nicht ersetzt zu werden brauchen, wodurch viel Geld gespart werden kann.
Die Feststellung des Umfanges des Befalls ist von entscheidender Bedeutung, stößt aber oft auf Probleme. Es ist ja unerheblich, ob in einem mehrgeschossigen Miethaus lediglich zwei Räume vom Hausschwamm befallen sind und eine Sanierung erfordern oder ob das gesamte Gebäude als vom Hausschwamm verseucht deklariert wird. Ganz offensichtlich ergeben sich bei der Beurteilung des Schadensausmaßes erhebliche Schwierigkeiten für einige Sachverständige. In dem Bestreben, in keinem Fall irgend einen kleinen Befallsherd zu übersehen, gehen sie kein Risiko ein und erklären darum lieber alles zum Hausschwamm, was wie die Stränge vom Hausschwamm ausschauen könnte. Einen solchen Fall hatte ich in einem der neuen Bundesländer zu begutachten, wo es wegen der Höhe der veranschlagten Sanierungskosten zu einem Rechtsstreit gekommen war.
In dem vorangegangenen Gutachten war ausgesagt worden, daß in allen Geschoßdecken und im Mauerwerk des dreistöckigen Mietshauses mit ausgebautem Mansardengeschoß Befall durch den Echten Hausschwamm (Serpula lacrymans) vorläge.
Die eigenen Untersuchungen, zu denen zwei Spezialisten von Sanierungsfirmen für die Kostenschätzungen hinzugezogen worden sind, ergaben, daß nirgendwo im Mauerwerk des eingerüsteten Gebäudes, weder innen, noch außen, Reste von Hausschwammsträngen oder -myzelien gefunden wurden. Wir haben dann annehmen müssen, daß mehrere alte, verschmutzte, strangartig aus Öffnungen im Mauerwerk heraushängende Spinnweben als Stränge des Hausschwammes mißdeutet worden sind, denn wenn das gesamte Mauerwerk mit Myzelien des Hausschwammes verseucht gewesen wäre, dann hätten wir irgendwo auch Reste von Myzelien oder Strangmyzelien finden müssen, weil die Mauerfugen vorher nicht ausgekratzt worden waren. Auch die gründliche Untersuchung der Holzbauteile verlief negativ. Exemplarische Messungen der Holzfeuchtigkeit

in den tragenden Holzbalken ergaben Werte zwischen 10 und 12 %, so daß eine Gefährdung durch den Hausschwamm nicht gegeben war. Wir kamen dann zu dem Ergebnis, daß lediglich 2 Räume vom Hausschwamm befallen waren. Wenn in einem Holzschutzgutachten sämtliche Holzbalkendecken und das gesamte Mauerwerk eines mehrgeschossigen Hauses als vom Hausschwamm befallen angegeben werden, tatsächlich aber nur zwei Räume befallen sind, dann ergibt sich die Frage, wie derartige Fehleinschätzungen möglich sind.

2 Probleme, die Schadpilze vor Ort richtig zu bestimmen

Liest man die verschiedenen Veröffentlichungen über den Hausschwamm und andere Schädlinge an Bauholz, gewinnt man den Eindruck, daß es ziemlich einfach sein muß, diese Schädlinge aufgrund der verursachten Schadbilder und anhand der Pilzfruchtkörper oder Pilzstränge bzw. anhand der Larven, Fraßgänge und Fluglöcher zu identifizieren. So wird sehr überzeugend dargestellt, daß nur die Stränge des Hausschwammes im trockenem Zustand mit einem deutlichen Knack brechen, so daß die Entscheidung für den Praktiker doch recht einfach sein müßte, ob es sich um einen Hausschwamm handelt oder nicht.

Nun, in der Praxis ist es nicht so einfach. Tatsache ist, daß der Hausschwamm als der schlimmste Holzzerstörer unter den Pilzen in Gebäuden ein Organismus ist, welcher sich als unendlich anpassungsfähig an die jeweils vorgefundenen Gegebenheiten erweist. Er tritt nicht nur in drei ganz verschiedenen Erscheinungsformen auf, nämlich als einfaches, nicht strangbildendes Myzel (Nuss et al., 1991:17), als strangbildendes Myzel und in Form von Fruchtkörpern, sondern jede dieser Erscheinungsformen kann von dem Pilz wiederum vielfach variiert und den jeweiligen Wachstumsbedingungen angepaßt werden. Das nicht strangbildende Myzel kann z.B. ein schneeweißer watteartiger dicker Teppich sein, kann aber auch gelb gefärbt oder gar burgunderfarben sein (Nuss et al., 1991:13) oder aus einem isabellfarbenen Schleier bestehen. Bei dem strangbildenden kann es sich um mehrere mm dicke graue, oberflächlich rauhe Stränge mit viel oder wenig Zwischenmyzel handeln oder um einen schmutzig-grauen spinnwebartigen Überzug. Wenn nun ein Holzsachverständiger mit einem Endoskop den Bereich unterhalb der Dielen untersucht und einen solchen grauen spinnwebartigen Überzug mit seinem Endoskop und dessen eingeschränktem und leicht verzerrten Blickwinkel sieht und er sich an ähnliche Bilder von anderen Untersuchungen erinnert, dann gibt er das Gesehene eben als Myzel des Hausschwammes an, obwohl es in Wirklichkeit das Netz einer Spinne ist.

Ebenso ist eine Verwechslung mit anderen an Bauholz vorkommenden Pilzen möglich, wenn diese ähnlich wattig-weiße Myzelien ausbilden wie der Hausschwamm. So lassen sich die Myzelien von Schizopora-Arten und anderen Pilzen durchaus mit einem Hausschwammyzel verwechseln. Die beiden Abbildungen zeigen die große Ähnlichkeit der beiden wattig-weißen Myzelien des Hausschwammes und von Schizopora spec.

Auch bei der Untersuchung von Mauerwerk, in welchem sich der Hausschwamm ja bekanntermaßen ausbreiten kann, muß man sehr sorgfältig vorgehen. Erneut können Spinnweben bei der rein optischen Begutachtung als Hausschwammyzelien mißdeutet werden, oder es können im Kellerbereich die Wurzeln von Pflanzen für die Stränge des Hausschwammes gehalten werden.

Ebenso können die Fruchtkörper des Hausschwammes, obwohl von allen Erscheinungsformen am einfachsten zu erkennen, Probleme bereiten, nämlich wenn sie vom Vorjahr oder gar noch älter sind und als dunkelbraune unansehnliche eingeschrumpfte Kruste an einem Leitungsrohr oder unterhalb eines Fensterbrettes kleben. In einem Keller fand ich z.B. mehrere mosaikartige kleine und dünne schwärzlichbraune Plättchen von jeweils nur etwa 1 cm^2. Wer diese Dinge in heruntergekommenen Räumen einmal gesehen hat, kann gut verstehen, wenn sie auch von Holzschutzsachverständigen nicht als Hausschwammfruchtkörper erkannt worden sind.

Verwechslungen kann es ebenso bei anderen holzzerstörenden Pilzen geben, so z.B. dem Kellerschwamm (Coniophora puteana), welcher ja sehr häufig in Gesellschaft mit dem Hausschwamm oder als sein Vorgänger vorkommt. Bei der Untersuchung eines für längere Zeit ungenutzten Einfamilienhauses fand ich dunkelbraune Strangstrukturen unter dem Linoleum, gemischt mit weißlichen Myzellappen. Ich hielt die dunklen Stränge zunächst einmal für die des Kellerschwammes (Coniophora puteana), weil mir andere radial ausstrahlende dunkelbraune Strangstrukturen aus Häusern bis zu diesem Zeitpunkt nicht bekannt waren, die weißlichen hingegen für den oft mit ihm auftretenden Hausschwamm. Wie erstaunt war ich dann, als sich diese dunklen vermeintlichen Stränge unter dem Mikroskop ohne Hyphen, den mikroskopischen Kennzeichen für Pilzstrukturen, zeigten. Später ließ sich das Rätsel durch Rücksprache mit Herrn Dr. Seehann vom Institut für Holzbiologie und Holzschutz in Hamburg klären. Er berichtete mir, daß er dergleichen auch schon gefunden hätte und nur dadurch, daß auf einer seiner Proben zugleich Fruchtkörper vorhanden waren, konnte er herausfinden, daß die vermeintlichen dunklen Stränge Melaninverfärbungen an den Holzzellen sind, hervorgerufen durch einen Schleimpilz. Die weißlichen Myzellappen konnte ich mit Hilfe des Mikroskops als Myzelien des Kleinen Hausschwammes (Leucogyrophana pulverolenta) mit Gefäßhyphen, aber ohne Faserhyphen, identifizieren.

Wäre in diesem Fall die mikroskopische Untersuchung unterblieben, wäre dieser Raum als vom Hausschwamm und vom Kellerschwamm befallen deklariert worden und hätte entsprechende Sanierungskosten verursacht.

Alle genannten Fehlermöglichkeiten können nur dadurch vermieden werden, daß grundsätzlich von allen Myzelien Proben entnommen und später mikroskopisch untersucht werden. Es reicht nicht aus, daß man die Beurteilung nur anhand des optischen Erscheinungsbildes eines Myzels oder anhand eines im Endoskop gesehenen Bildes vornimmt, sondern man muß zusätzlich von dem Gesehenen eine Probe entnehmen und diese später mikroskopisch untersuchen. Nur in solchen Fällen, in denen man frische Fruchtkörper vorfindet und daran alle für den Echten Hausschwamm (Serpula lacrymans) charakteristischen Merkmale einwandfrei erkennen kann, darf man auf eine Probenentnahme verzichten. Das gilt auch für endoskopische Untersuchungen. Aber selbst dann sollte man – allein schon, um sich vor späteren Regreßansprüchen zu schützen – die eigenen Befunde durch gute Fotografien absichern. Man muß sich nämlich dessen bewußt werden, daß die meisten der in der Natur an Holz wachsenden Pilze grundsätzlich auch an Bauholzteilen wachsen können. Folglich gibt es sehr viel mehr Verwechslungsmöglichkeiten bei hausbewohnenden Pilzen, als man annehmen würde.

Manchem Praktiker mögen diese Grundsätze kleinlich anmuten, doch sollte man bedenken, welche Konsequenzen sich in jedem Einzelfall aus dem Urteil, es handele sich um den Hausschwamm, für den Eigentümer ergeben. Ist es nicht der Hausschwamm, dann wurden möglicherweise Zehntausende von DM völlig unberechtigt für die Sanierung ausgegeben. Wurde der Hausschwamm nicht erkannt, können die Kosten später noch wesentlich höher liegen.

Die konsequente Probenentnahme mit anschließender mikroskopischer Bestimmung ist zugleich die einzige Möglichkeit, die eigenen Untersuchungsergebnisse beweiskräftig zu dokumentieren, wenn es später zu einem Rechtsstreit kommen würde, was ja nie ausgeschlossen werden kann.

Nun ergeben sich nicht nur bei der makroskopischen, sondern auch bei der mikroskopischen Identifizierung von Hausschwammyzelien oft mehr Schwierigkeiten, als man glaubt. Auch hierbei sollte man zunächst annehmen, daß zumindest die Bestimmung des Hausschwammes mit Hilfe des Mikroskopes keine Schwierigkeiten bereiten würde, gibt es doch ganz hervorragende Beschreibungen der mikroskopisch eindeutigen Merkmale. Leider trifft das nur für gut entwickelte Myzelien zu. Junge oder durch bestimmte äußere Faktoren in ihrem Wachstum gehemmte Formen bilden eben nicht alle typischen Merkmale aus, wie sie in der Literatur beschrieben werden. Neben der genannten Vielfältigkeit in den Erscheinungsformen tritt in der Praxis eine weitere Schwierigkeit auf, von der ich in den Fachbüchern und -artikeln bislang noch nichts gelesen hatte, welche in der Praxis aber immer wieder erhebliche Probleme bereitet: In jedem Gebäude lebt eine große Fülle von unterschiedlichen Organismen. Neben Ohrwürmern, Asseln, Silberschwänzen, Spinnen und Milben kommt noch eine Vielzahl kleinerer Käfer und Insekten auf dem Speicher, im Keller und an anderen Stellen vor, dazu kommen Schimmelpilze und andere Pilze, welche dauernd mit dem Hausschwamm konkurrieren. Sie alle leben in einem steten Kampf ums Überleben, und Veränderungen in der Temperatur oder der umgebenden Feuchtigkeit lassen die eine Art erlahmen, die andere erstarken, so daß eine Pilzart die andere überwächst oder sich gar von ihr ernährt. Verschiedene Käfer und andere Kleinsttiere fressen an den Fruchtkörpern und Myzelien der Pilze und infizieren diese dabei mit Sekundärpilzen. Hinzu kommt, daß überall Staub- und Schmutzpartikel in der Luft sind und zusammen mit allgegenwärtigen Sporen an den Myzelien der Pilze haften, so daß diese nicht mehr weiß und die Stränge weiß-grau wie in Laborkulturen sind, sondern alle möglichen Schmutzfarben von schmutzig-grau über schmutzig-isabellfarben bis hin zu schwärzlich haben können. Wenn dann noch Kleinsttiere an ihnen genagt und die Myzelien mit Sekundärpilzen infiziert sind, dann nehmen sie nicht nur andere, völlig untypische Farben an, sondern geben auch unter dem Mikroskop ein völlig untypisches Bild, in dem statt der charakteristischen Gefäßhyphen nur noch hier und da deren knotig verdickte Querbalken vorhanden sind und das Bild beherrscht wird von den Hyphen und Sporen der Sekundärpilze.

Eine weitere Schwierigkeit liegt dann vor, wenn die Myzelien noch jung und nicht ausgereift sind oder ihre Weiterentwicklung durch besondere Außenfaktoren gehemmt ist. Dann fehlen einige charakteristische Bestimmungsmerkmale. In diesen Fällen helfen nur gute mikroskopische Kenntnisse über verschiedene Pilzgruppen und eine umfangreiche Literatursammlung über die Pilze. Aber auch dann muß man die eine oder andere Probe als unbestimmbar zur Seite legen.

3 Feststellung der Schadensursachen

Durch die konsequente und gründliche Untersuchung der Außenhaut eines Gebäudes und den oft unmittelbaren Bezug zwischen Dachschäden und dem Auftreten des Hausschwammes oder eines anderen Schädlings an den durchnäßten Stellen oder zwischen Naßstellen als Folge von aufsteigendem Wasser und Pilzschäden findet man in vielen Fällen ziemlich rasch die Schadensursachen. Auch bei früher aufgetretenen, bekannten Wasserschäden in einem Haus sind die Schadensursachen für Schädlingsbefall offensichtlich.

Daneben gibt es andere Fälle, bei denen die Ursachenerforschung sehr viel schwieriger ist. In solchen Fällen muß man versuchen, radiär ausstrahlende Myzelteppiche unter dem Fußboden, hinter Tapeten usw. zu finden, um durch das Zurückverfolgen der Wachstumsrichtung den Infektionsherd zu finden, der auf Holz oder einer ähnlichen organischen Substanz sein muß. Die unterschiedlichen Intensitätsgrade des Holzabbaus am selben Balken oder Dielenbrett geben zuverlässige Hinweise auf den Ursprungsherd, denn das Holz ist am Ausgangspunkt des Befalls deutlich stärker abgebaut als am Endpunkt.

In manchen Gerichtsfällen ist die Frage von Bedeutung, wer für den Befall verantwortlich ist, der Verkäufer oder der Käufer des Gebäudes. Das läßt sich nur über die Altersbestimmung des Hausschwammbefalls feststellen. Zwar ist es schwierig, aber nicht unmöglich, wenn bestimmte Grundsätze beachtet werden. Für die Untersuchung kommen nur einheitliche, radiär ausstrahlende Myzelteppiche in Frage, welche sich unter verschiedenen abschließenden Oberflächen finden lassen, z.B. unter Linoleumbelägen, unterseits von Dielen, hinter Tapeten oder Holzwandverkleidungen usw. Man muß dabei beachten, daß häufig mehrere Myzelindividuen zu einem Individuum verschmelzen können und dann als ein Individuum erscheinen. In diesen Fällen gibt es aber morphologische Merkmale, wodurch sich die Frage klären läßt, ob es sich um ein einzelnes oder mehrere Individuen handelt (NUSS et al., 1991:11). Außerdem lassen sich zur Klärung des Problems im Labor populationsgenetische Untersuchungen durchführen. Die Frage ist insofern von Bedeutung, als natürlich mehrere Individuen sehr viel schneller eine bestimmte Fläche überwachsen können als ein einzelnes Individuum. Strangmyzelien sind für Altersbestimmungen grundsätzlich nicht geeignet, weil sich hier morphologisch weder Individualmyzelien unterscheiden lassen noch eine Wachstumsrichtung erkennen läßt. Stränge wachsen außerdem insgesamt richtungslos.

Weiterhin muß berücksichtigt werden, daß die in älteren Büchern angegebenen Wachstumsraten des Hausschwammes fast ausnahmslos Werte sind, welche unter Laborbedingungen und dann meist über einen sehr kurzen Zeitraum erzielt worden sind. In seiner natürlichen Umgebung, also in Gebäuden, kann der Pilz selbstverständlich nicht wie im Labor ohne Konkurrenz wachsen, sondern hat sich hier gegenüber anderen Organismen, z.B. auch dem Kellerschwamm (Coniophora puteana), durchzusetzen und unterliegt vielen das Wachstum begrenzenden Faktoren wie Temperaturschwankungen, Veränderungen der umgebenden Luftfeuchtigkeit, Nahrungsmangel und zeitweilig aussetzendem Wassernachschub im befallenen Holzstück. Dadurch sind die Wachstumsraten, welche im Durchschnitt in Gebäuden erreicht werden, erheblich geringer als die im Labor zu erzielenden. Folglich darf man für die Berechnungen des Alters nur Werte heranziehen, welche unter den natürlichen Wachstumsbedingungen des Pilzes ermittelt worden sind.

In Liverpool habe ich in vom Hausschwamm befallenen Häusern sieben Wochen lang bei 16 verschiedenen Myzelien die linearen Wachstumsraten in eine Richtung registriert und bin dabei zu einem Durchschnittswert von 1,7 mm pro Tag gekommen, was einem Jahreswachstum von 0,62 m entspricht. Coggins (1980, S. 37) gibt einen näherungsweisen Durchschnittswert für das Wachstum des Hausschwammes in befallenen Gebäuden von 1 m pro Jahr (= 2,74 mm pro Tag) an. Nach den bei Jennings (1991, S. 59) angegebenen Literaturwerten von an natürlichen Standorten gewachsenen Hausschwammyzelien (die anderen wurden nicht berücksichtigt) läßt sich ein Durchschnittswert von 2,1 mm pro Tag (= 0,77 m pro Jahr) errechnen, wobei jeder einzelne Wert mit der Anzahl der Tage – von 60 bis 1460 Tagen – in die Berechnung einging.

Nach diesen bisher vorliegenden Ergebnissen aus Untersuchungen in befallenen Gebäuden schwanken die Mittelwerte für das tägliche radiale Wachstum zwischen 1,7 – 2,1 – 2,7 mm bzw. zwischen jährlichen Wachstumsraten von 0,62 – 0,77 – 1,00 m. Kritiker werden nun einwenden, daß hierbei weder die Temperaturen noch die Werte der relativen Luftfeuchtigkeit als wichtige wachstumsbestimmende Faktoren berücksichtigt worden sind. Der Einwand scheint berechtigt, doch ist die nachträgliche Feststellung dieser Größen in der Praxis ohnehin nicht möglich, andererseits wurde bei meinen eigenen Messungen der zeitweilige Wachstumsstillstand, dem die Pilzmyzelien des Hausschwammes unterliegen, mit berücksichtigt. In jedem Fall sind die hier vorgelegten Wachstumsraten für Altersbestimmungen besser geeignet als die völlig unrealistischen Wachstumsraten, welche in Laborversuchen gewonnen worden sind, weil sie das Wachstum unter den tatsächlichen Lebensbedingungen des Hausschwammes widerspiegeln. Wenn man darüber hinaus zusätzliche Angaben der Parteien über frühere Vorkommnisse mit berücksichtigt, dann kann man auf diesen Grundlagen vertretbare Aussagen über das Alter machen und sollte auch als Hausschwammexperte aus seiner Verantwortung dem Gericht gegenüber die Altersbestimmung nicht grundsätzlich ablehnen.

4 Sanierungsmaßnahmen in einem angemessenen und vertretbaren Umfang

In dem schon erwähnten Rechtsstreit um Sanierungskosten war mit den Feststellungen des ersten Gutachters ein Sanierungsvorhaben begründet worden, bei dem sämtliche Holzfußböden mit insgesamt 960 m² Fläche hätten erneuert, 380 m² Fehlböden und Kiesschüttungen hätten entsorgt, 540 lfm Deckenbalken hätten ausgetauscht, 326 lfm Bohrlochinjektage hätten ins Mauerwerk eingebracht und 4.657,79 m² Mauerwerksfläche hätten mit 1.840 kg Salz durchflutet werden sollen. Der Gesamtpreis für die vorgesehenen Maßnahmen lag bei rund 440.000,00 DM.

Abgesehen davon, daß hier mehrere Rechenfehler vorlagen, z.B. bei der Berechnung der gesamten Mauerfläche des Hauses, welche in dem betreffenden Gebäude innen und außen zusammen maximal 2.400 m², also näherungsweise die Hälfte, ergab, wäre es unvertretbar gewesen, in das Mauerwerk so viel Flüssigkeit und so viel Salz einzubringen, weil allein dadurch wieder neue Gefahren für das Gebäude geschaffen worden wären. Zum einen wäre das Mauerwerk vernäßt worden, zum anderen würden die Salzmengen im Mauerwerk eine starke hygroskopische Wirkung ausüben.

Nach den von uns durchgeführten Untersuchungen errechneten wir für die Sanierung zweier Räume mit Hausschwammbefall Kosten in Höhe von rund 43.000,00 DM für eine Behandlung nach DIN-Norm und Kosten in Höhe von 30.000,00 DM nach einer alternativen Methode, bei der auf den Einsatz von Chemikalien verzichtet wird.

Das eben gegebene Beispiel ist gerichtlich dokumentiert, aber sehr wahrscheinlich ein Extremfall. Für Sanierungen bei Schädlingsbefall ist in der Regel die DIN-Norm 68 800 Blatt 4 anzuwenden. Diese Norm schreibt bei Befall durch den Hausschwamm vor, Pilzteile wie Pilzmyzel, Stränge und Fruchtkörper zu vernichten, durchwachsene Schüttungen zu entfernen, befallenes Mauerwerk chemisch zu behandeln und befallene Holzteile in beiden Richtungen mindestens 1 m über den offensichtlichen Befall hinaus zu entfernen. Liegen Zweifel vor, ob es sich um den Hausschwamm oder andere Pilze handelt, sei so zu verfahren, als sei es der Hausschwamm.

Die Norm ist sicherlich von der Idee her sehr gut, denn es soll mit ihr ausgeschlossen werden, daß es nach der Sanierung erneut zu einem Ausbruch einer Pilzinfektion kommen kann. Dabei ist berücksichtigt, daß die in der Praxis tätigen Sanierungsfirmen nicht immer die notwendigen Kenntnisse besitzen, um einwandfrei entscheiden zu können, ob es sich um eine Befall durch den Echten Hausschwamm oder etwa andere Pilze handelt, folglich soll in solchen Fällen so verfahren werden, als handele es sich um den Echten Hausschwamm. Damit auch sichergestellt ist, daß kein Oberflächenmyzel übersehen worden ist, wurde auch hier eine Sicherheit dadurch eingebaut und bestimmt, daß das Holz mindestens 1 m nach jeder

Seite (also insgesamt 2 m) über den offensichtlichen Befall hinaus zu entfernen sei.
Die Probleme ergeben sich folglich nicht mehr für die Sanierungsfirma, sondern ausschließlich für den Eigentümer, denn dieser muß alle Sanierungsmaßnahmen bezahlen, seien sie im Falle eines tatsächlichen Befalls durch den Echten Hausschwamm gerechtfertigt oder seien sie total überzogen, weil z.B. in mehreren Räumen des Gebäudes Pilzreste oder auch Spinnweben (s.o.) unbeabsichtigt als Hausschwammreste fehlgedeutet worden sind. Man stelle sich die dadurch entstehenden Kosten vor, wenn der Fußboden beseitigt, die tragenden Balken jeweils 2 m zusätzlich zu dem vermeintlichen Hausschwammbefall ersetzt, das Mauerwerk – wieder mit zusätzlichen Sicherheitsflächen nach links und rechts und nach oben und unten – chemisch behandelt wird. Da muß man sich fragen, ob das wirklich in jedem Falle notwendig ist.
Ist es notwendig, einen Befall als Hausschwammbefall auszugeben, wenn man sich nicht sicher ist, um welchen Pilz es sich handelt?
In Anbetracht der durch eine Fehlbeurteilung entstehenden Kosten muß man feststellen, daß ein solches von der DIN-Norm vorgeschriebenes Vorgehen nicht gerechtfertigt ist. Warum wird statt dessen nicht gefordert, daß zur einwandfreien Identifizierung ein ausgewiesener Hausschwammexperte hinzugezogen werden muß? Wenn durch seine Begutachtung der Ausbau und Ersatz einiger weniger tragender Balken verhindert werden kann, dann sind die Kosten für sein Gutachten nur ein geringer Teil der eingesparten Sanierungskosten.
Ein weiterer kritischer Punkt ist die Vorschrift, über den Befallsherd hinaus gesundes Holz von 2 × 1 m Länge zu beseitigen. Das ist von der Absicht her sicherlich gut gemeint, kann aber fatale finanzielle Folgen für den Eigentümer haben, und das offensichtlich nur, um die weniger kundigen Sanierungsfirmen vor späteren Regreßforderungen zu schützen.
Hier wird mit Kanonen auf Spatzen geschossen. Wer die Biologie des Hausschwammes kennt, weiß, daß dieser ein sog. Oberflächenpilz ist, und daß er im Holz selbst nicht weiter voran wächst als auf der Oberfläche des Holzes. Berücksichtigt man nun irgendwelche Sonderfälle, welche vielleicht einmal durch besondere Umstände auftreten könnten, dann müßte es genügen, statt 2 × 1 m über den offensichtlichen Befall hinaus, wenn überhaupt, dann lediglich 2 × 0,1 bis 0,2 m zusätzlich abzuschneiden.

Wenn man sich nun vorstellt, daß in einem historischen Gebäude, vielleicht einem Schloß, mehrere Hausschwammbefallsstellen an den dort vorhandenen mächtigen alten Laub- oder Nadelholzbalken gefunden werden und nach der DIN-Norm behandelt würden, dann erkennt man sehr schnell, daß durch diese unsinnige Vorschrift schnell hunderttausend DM oder mehr für Sanierungskosten zum Fenster hinausgeworfen würden und in einigen Fällen wahrscheinlich auch worden sind.
Auch in solchem Fall würde sich die Hinzuziehung eines Pilzexperten mehr als bezahlt machen.
Schwierigkeiten bereitet mir auch die nächste DIN-Vorschrift, das Mauerwerk in alle Richtungen um den Befallsherd hinaus chemisch zu behandeln. Wir haben ja in der jüngeren Vergangenheit lernen müssen, daß der Einsatz von Chemikalien zum Schutz vor Holzschädlingen in bewohnten Gebäuden zu unbeabsichtigten Nebenwirkungen, nämlich der Erkrankung der Bewohner, geführt hat. Es sei in diesem Zusammenhang nur an die Affäre um die Forsthäuser erinnert, welche mit lindanhaltigen Holzschutzmitteln behandelt worden waren. Zur Zeit der Anwendung galten diese Mittel als für den Menschen unschädlich. Wer kann also vorhersehen, welche Nebenwirkungen als Spätfolgen die heute verwendeten Chemikalien zur Behandlung von Mauerwerk einmal haben werden?
Außerdem setzt sich in der Bevölkerung mehr und mehr eine Hinwendung zu Behandlungsmethoden durch, bei denen auf den Einsatz von Chemikalien weitgehend verzichtet wird.
Die Frage ist darum, ob man auf die Behandlung mit Chemikalien weitgehend verzichten kann, ohne Gefahr zu laufen, daß ein im Mauerwerk schlummerndes Myzel erneut auf das alte oder das frisch eingebaute Holz übergreift.
Aufgrund der Kenntnisse von den Wachstumsvoraussetzungen für den Hausschwamm kann man sich bei den Sanierungen von Hausschwamminfektionen darauf konzentrieren, die Ursachen für das Entstehen von Feuchtigkeitsquellen im Haus (z.B. ein defektes Dach, ein Rohrbruch, das aus dem Erdreich aufsteigende Wasser usw.) zu beseitigen, die durchfeuchteten Baumaterialien, insbesondere die Holzbauteile, zu trocknen, das Pilzmaterial zu beseitigen und konsequent durch konstruktive Maßnahmen für eine permanente Luftumspülung aller Holzbauteile zu sorgen und damit dem Hausschwamm jegliche Entwicklungsmöglichkeit zu nehmen.

Schon im Jahre 1937 hat Findlay durch Experimente mit dem Hausschwamm in einem sog. Experimentalhaus nachgewiesen, daß der Pilz keine Entwicklungschance hat, wenn das Holz gut luftumspült ist und sein Feuchtigkeitsgehalt dadurch nicht über 20% steigen kann. Selbst als er einen frisch wachsenden Hausschwamm auf die Dielen aufgebracht hatte, wurden diese gut luftumspülten Dielenbretter vom Pilz nicht angegriffen. Mehrere Untersuchungen haben zudem belegt, daß der Pilz nur dann über trockene Materialien wachsen kann, wenn er am Ausgangspunkt seines Wachstums genügend Feuchtigkeit aus dem Holz entnehmen kann und wenn zusätzlich um die zu überwachsenden Materialien eine sehr hohe relative Luftfeuchtigkeit von 80% oder mehr vorhanden ist.

Permanenter Luftzug ist somit der ärgste Feind für die Entwicklung und das Wachstum des Hausschwammes, und wenn man sich diese Kenntnis zunutze macht, kann man weitestgehend auf den Einsatz von Chemie verzichten. Man wird sie nur dort noch anwenden, wo Holzteile an unzugänglichen und nicht luftumspülten Stellen anders nicht zu schützen sind, beispielsweise an schon eingemauerten Balkenköpfen, welche aus bestimmten Gründen nicht freigelegt und mit Luftumspülung an drei Seiten neu eingemauert werden können.

Zusammenfassung

Für die Beurteilung von Schadensfällen ergibt sich eine Reihe von Schwierigkeiten, weil es bis heute keine Methode gibt, welche die umfangreichen Kenntnisse und Erfahrungen des Spezialisten ersetzen könnte.
Die Hauptprobleme sind,
- die Schadensherde und das Ausmaß der Schäden mit einem vertretbaren Aufwand an Eingriffen in die Bausubstanz zu ermitteln,
- die vorgefundenen Pilze und/oder Schadinsekten eindeutig zu identifizieren,
- die Ursachen für die Schäden festzustellen und
- Sanierungsmaßnahmen in einem angemessenen und finanziell vertretbaren Umfang vorzuschlagen.

Die systematische Suche nach Schäden an der Außenhaut eines Gebäudes gibt erste und oft zuverlässige Hinweise auf Schädlingsbefall im Inneren. Schäden an der Dachdeckung z.B., über mehrere Jahre nicht repariert, können zu Durchnässungen in mehreren Stockwerken führen und den Befall des Hauses mit Hausschwamm und/oder Kellerschwamm verursachen. Die sorgfältige Untersuchung aller Räume vom Dach bis in den Keller ist erforderlich, um alle Befallsherde zu ermitteln und um Aussagen über den Gesamtzustand des Gebäudes zu machen, denn in einem Haus kann es praktisch in jedem der Räume in der Vergangenheit einmal zu Wasserschäden gekommen sein.

Das sicherlich größte Beurteilungsproblem bei Schadensbefall an Holzbauteilen ist die eindeutige Identifizierung des Schädlings. Obwohl die für die Praxis entscheidende Frage, ob es sich um einen Befall durch den Echten Hausschwamm (Serpula lacrymans) oder einen anderen Pilz resp. um den durch den Hausbockkäfer (Hylotrupes bajulus) oder einen anderen Käfer handelt, relativ einfach erscheint, beweist die Erfahrung aus Gerichtsfällen, daß es hierbei zu folgenschweren Irrtümern kommen kann. Das läßt sich nur dadurch ausschließen, daß in Zweifelsfällen Hausschwammexperten hinzugezogen und von allen Schadstellen Proben entnommen und mikroskopisch untersucht werden. Wenn in Gerichtsfällen gefordert, sollten vom Hausschwammsachverständigen auch Schätzungen des Alters von Hausschwammbefall durchgeführt werden, sofern die beschriebenen Voraussetzungen dazu gegeben sind.

Ein weiteres schwerwiegendes Problem ist die Sanierung von befallenen Gebäuden in einem angemessenen und finanziell vertretbaren Umfang. Es besteht kein Zweifel darüber, daß bei den Sanierungsmaßnahmen den Auftraggebern hin und wieder weit über ein vertretbares Maß hinaus Kosten aufgebürdet werden. Die DIN-Norm leistet hierbei dadurch Unterstützung, daß sie erstens viel zu große Sicherheitsbereiche festlegt und zweitens dem Sanierer den Freibrief gibt, in allen Zweifelsfällen Pilzstrukturen, welche er nicht eindeutig identifizieren kann, so zu behandeln, als seien sie vom Hausschwamm. Statt dessen sollte er verpflichtet werden, durch einen öffentlich bestellten und vereidigten Sachverständigen feststellen zu lassen, um welche Pilze oder andere Schadorganismen es sich handelt und in welchem Umfang welche Sanierungen notwendig sind.

Mit dem Bohrwiderstandsmeßgerät ist es möglich, erstens nahezu zerstörungsfrei Schäden durch Kernholzfäulepilze aufzudecken, welche mit herkömmlichen Methoden nachweislich nicht entdeckt werden können (vgl. Rinn und Fischer, 1995), zweitens für jeden einzelnen Balken den Schadensumfang genau zu ermitteln und damit eine sehr genaue Kostenkalkulation für die Sanierung zu ermöglichen.

Ergänzende Literatur

Bavendamm, W., 1969: Der Hausschwamm und andere Bauholzpilze. Gustav Fischer Verlag, Stuttgart

Bavendamm, W., 1974: Die Holzschäden und ihre Verhütung. Wissenschaftliche Verlagsgesellschaft mbH. Stuttgart

Brandt, M. und Rinn, F., 1989: Eine Übersicht über Verfahren zur Stammfäulediagnose - Der Blick ins Innere von Bäumen. Holz-Zentralblatt 80: 1268 - 1270

Coggins, C. R., 1980: Decay of Timber in Buildings. Dry rot, wet rot and other fungi. The Rentokil Library. Rentokil Ltd. W. Sussex RH19 2JY

Falck, R., 1912: Die Merulius-Fäule des Bauholzes. In: Hausschwamm-Forschungen, Vol. 6 (Ed. A. Müller), pp. 1 - 405, G. Fischer, Jena

findlay, w.p.k., 1937: Dry rot investigation in an experimental house. For. Prod. Res. Rec. 14: 1 - 14 (16)

Göppert, H.R., 1885: Der Hausschwamm, seine Entwicklung und seine Bekämpfung. (Ed. Th. Poleck). Kern's Verlag, Breslau

Hartig, R., 1885: Der ächte Hausschwamm (Merulius lacrymans Fr.). Springer, Berlin

Nuss, I., Jennings, D.H. und Veltkamp, C.J., 1991: Morphology of Serpula lacrymans. In D.H. Jennings und A.F. Bravery (ed.): Serpula lacrymans - Fundamental Biology and Control Strategies. John Wiley & Sons Ltd., Chichester

Rinn, F. und Fischer, H.-B., 1995: Resistographie: Prüfung hölzerner Konstruktionen zur Routineinspektion, Zustands- und Wertermittlung sowie zur Sanierungsvorbereitung. - Eingriffsarme und quasi zerstörungsfreie Ermittlung von Schäden. Vortrag auf dem 6. Oldenburger Asltbauforum, Fachhochschule Oldenburg, 15.-18. Februar 1995

Seehann, G. und Hegarty, B. M., 1988: A bibliography of the dry rot fungus, Serpula lacrymans. The International Research Group on Wood Preservation. Document no. IRG/WP/1337

Sutter, H.P., 1986: Holzschädlinge an Kulturgütern erkennen und bekämpfen. 166 pp. Verlag Paul Haupt. Bern und Stuttgart

theden, g., 1972: Das Absterben holzzerstörender Pilze in trockenem Holz. Material u. Organismen 7 (1): 1 - 10

Wünsche, M., 1952: Schwamm im Haus. Verlag des Druckhauses Tempelhof, Berlin

Nachträgliche Querschnittsabdichtungen - ein Systemvergleich

Dipl.-Ing. Günter Dahmen, Architekt und Bausachverständiger, Aachen

1 Einleitung

Altbauten weisen, insbesondere wenn sie vor 1920 errichtet wurden, wenn überhaupt nur einen unzureichenden Feuchtigkeitsschutz der Kellerwände gegen das aus dem Boden angreifende Wasser auf mit der Folge mehr oder weniger starker Feuchtigkeitsschäden (Abb. 1). Das hängt damit zusammen, daß zum einen damals nur wenige Abdichtungsmaterialien zur Verfügung standen – für die Abdichtung gegen aufsteigende Feuchtigkeit waren dies im wesentlichen nur Asphaltmassen, Bleiblech und in Asphalt vermauerte Klinker, zur Abdichtung der äußeren Wandflächen Zementmörtel, Stampfbeton, Lehm und Tonpackungen –, zum anderen solche Abdichtungsmaßnahmen wegen der relativ hohen Materialpreise bei üblichen Wohngebäuden in der Regel nicht zur Anwendung kamen. Bei Wohngebäuden, die später insbesondere nach 1948 errichtet wurden, sind die Ursachen für Feuchtigkeitsschäden vor allem in funktionsuntüchtigen Abdichtungsmaßnahmen zu suchen.

Aufgrund dieser Schäden sind die Kellerräume von Altbauten sehr häufig nur eingeschränkt zur Lagerung wenig feuchtigkeitempfindlicher Güter zu nutzen, z.B. als Lagerraum für Brennstoffe, Kartoffeln, Obst, Gemüse und Wein. Mit der zunehmenden Nutzung von Kellerräumen zum Lagern von feuchtigkeitsempfindlichen Gütern, z.B. Möbeln, oder gar zu Wohn- oder wohnähnlichen Zwecken mit zeitweiser oder ständiger Beheizung sind an die Trockenheit der Wand- und Bodenflächen und des Raumklimas die gleichen Anforderungen zu stellen wie bei Räumen in normalen Wohngeschossen.

2 Voruntersuchungen

Durchfeuchtungen der inneren Wandoberflächen werden im Neubaufall durch die in DIN 18195 „Bauwerksabdichtungen" vorgeschriebenen Abdichtungen wirksam verhindert. Fehlen bei Altbauten solche Abdichtungen auf der Außenseite und im Querschnitt, dringt über die erdberührten Flächen Feuchtigkeit in die Außenwand ein und steigt kapillar auf (Abb. 2). Zur Trockenlegung ist daher die Ausführung von nachträglichen Querschnitts- und Flächenabdichtungen erforderlich.

Dabei wird die Lage der nachträglichen Querschnittsabdichtung von der Anordnung der Flächenabdichtung auf der Außenseite oder an der Innenseite der Kellerwand bestimmt. Wird die Kellerwand nachträglich auf der Außenseite abgedichtet, wird der Einbau einer Querschnittsabdichtung über dem Fußboden mit Anschluß an die Bodenabdichtung erforderlich (Abb. 3), um ein weiteres Aufsteigen von Feuchtigkeit über das Fundament zu unterbinden. Im Falle einer nachträglichen Innenabdichtung muß dagegen die Querschnittsabdichtung am oberen Rand der Flächenabdichtung bzw. unter der Kellerdecke eingebaut werden (Abb. 3), um zu verhindern, daß die nach wie vor über die äußere Wandfläche eindringende Feuchtigkeit aufgrund des Wegfalls der inneren Verdunstungsfläche höher steigt als vor Ausführung der Abdichtungsmaßnahme.

Abb. 4 zeigt starke Feuchtigkeitsschäden im mittleren Bereich einer Außenwand, nachdem im Sockelbereich eine Flächenabdichtung in Form eines dichten Zementputzes nachträglich aufgebracht worden war. Es war verabsäumt worden, durch eine nachträgliche Querschnittsabdichtung das Aufsteigen von Feuchtigkeit aus dem Erdboden über die Abdichtungsmaßnahme hinaus zu verhindern.

Vor jeder Sanierung von Feuchtigkeitsschäden sind umfangreiche Voruntersuchungen über Art und Umfang der Feuchtigkeit erforderlich, die zu den Schäden geführt hat (Abb. 5). Allein aus dem Schadensbild kann in der Regel nicht auf die Schadensursache geschlossen werden. Die in Abb. 6 zu erkennenden Feuchtigkeitsverfleckungen waren im wesentlichen auf einen hohen Salzgehalt in der Bauteiloberfläche und der damit verbundenen großen hygroskopischen Feuchtigkeitsaufnahme und nicht auf über die

Abb. 1: Starke Feuchtigkeitsschäden aufgrund fehlender Abdichtungen

Abb. 2: Aufsteigende Feuchtigkeit

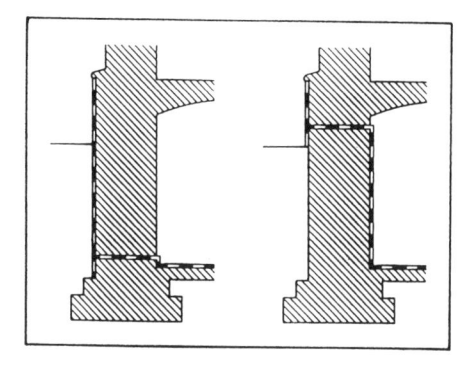

Abb. 3: Lage der nachträglichen Querschnittsabdichtung, aus [1]

Abb. 4: Schäden durch höhergestiegene Feuchtigkeit nach einer nachträglichen Flächenabdichtung

äußere Bauteiloberfläche oder von unten aufsteigende Feuchtigkeit zurückzuführen. Nur Schäden, die durch von außen eindringende Feuchtigkeit entstanden sind, lassen sich durch nachträgliche Querschnitts- und Flächenabdichtungen beseitigen. Im geschilderten Fall hätten solche Maßnahmen nicht zum Erfolg geführt. Abb. 7 faßt die entsprechend der verschiedenen Durchfeuchtungsmechanismen völlig unterschiedlichen Trockenlegungsmaßnahmen zusammen.

3 Nachträgliche Querschnittsabdichtungen

Um den kapillaren Wassertransport in der Wand zu unterbinden, werden in ihrem Wirkungsprinzip völlig unterschiedliche Verfahren angeboten:
- Mechanische Verfahren
- chemische Verfahren
- elektrophysikalische Verfahren
- sonstige Verfahren

Mechanische Verfahren

Allen mechanischen Verfahren – Maueraustauschverfahren, Mauersägeverfahren, Rammverfahren – gemeinsam ist, daß der Wandquerschnitt durch die nachträglich abschnittsweise aber durchgehend eingebaute dichte Schicht völlig getrennt wird. Hierdurch wird bei ordnungsgemäßer Ausführung die gleich gute dichtende Wirkung wie im Neubaufall durch den Einbau einer Dichtschicht beim Aufmauern der Kellerwände erreicht. Es besteht aber die Gefahr, daß es aufgrund unterschiedlicher Setzungen bzw. aufgrund von Erschütterungen zu Rißbildungen kommt. Hierauf ist vor Durchführung der Maßnahmen hinzuweisen.

Bei Gewölbemauerwerk oder langen Wänden ohne Aussteifung im Erdreich muß mit Horizontalkräften durch Gewölbeschub/Erddruck gerechnet werden. Bei dieser Beanspruchung kann die nachträglich eingebaute Dichtungsschicht eine gewisse Gleitlagerwirkung haben, die zu horizontalen Verformungen mit nachfolgenden Rißbildungen führen kann. Ggf. sind besondere Abfangungsmaßnahmen erforderlich.

Maueraustausch-/Mauersägeverfahren

Beim Maueraustauschverfahren werden ca. 20 bis 30 cm, z.B. 3 Ziegelschichten, hohe Schlitze abschnittsweise von Hand aufgestemmt. Bei der Festlegung der Schlitzbreite (ca. 50 bis 100 cm) und der Schlitzabstände ist die unterschiedliche Belastung zu beachten. Unter dem wenig belasteten Brüstungsmauerwerk von Fenstern dürfen die Schlitzbreite größer und die Schlitzabstände kleiner als unter stark belasteten Wandpfeilern sein (Abb. 8). Im Schlitzbereich ist eine glatte Unterlage herzustellen, auf die eine Sperrschicht aus bituminösen oder Kunststoffdichtungsbahnen lose ausgelegt wird (Abb. 9). An den Stößen ist eine Überlappungsbreite von mindestens 10 cm einzuhalten. Der Schlitzraum ist anschließend sorgfältig auszumauern ggf. unter Verwendung von keilförmigen Klinkern oder Kunststoffkeilen, um die Setzungsbeträge möglichst klein zu halten. Erdfeuchter Beton, mit dem sich der Schlitzraum zwar gut ausstampfen läßt, verhält sich in diesem Zusammenhang aber wegen der größeren Schwindmaße ungünstiger als Mauerwerk.

Nach ausreichender Erhärtung und Tragfähigkeit der geschlossenen Schlitzabschnitte können die anschließenden Wandabschnitte aufgestemmt und abgedichtet werden.

Auf diese Art und Weise kann nachträglich auch in Altbauten eine horizontale Querschnittsabdichtung mit gleich guter Dichtwirkung hergestellt werden, wie sie bei Neubauten regelmäßig ausgeführt wird. Trotz des starken Eingriffs in die Statik eines Gebäudes und der hohen Aufwendungen halte ich dieses Verfahren bei Beachtung der beschriebenen Voraussetzungen für besonders gut zur Herstellung einer nachträglichen Querschnittsabdichtung geeignet, weil während der Ausführung der geöffnete Wandquerschnitt jederzeit eingesehen und die Vollständigkeit der Abdichtung kontrolliert werden können. Diesen Vorteil weist kein anderes Verfahren auf.

Beim Mauersägeverfahren wird mit Hilfe von Kreis-, Ketten- oder Seilsägen ein 10 bis 15 mm breiter horizontaler Schlitz gesägt, in den nach Säubern durch Ausblasen die Dichtungsschicht eingeschoben wird. Dies kann problematisch werden, wenn das Mauerwerk im Querschnitt wenig fest ist und einzelne Stein- oder Mörtelstücke nachrutschen. Als Dichtungsschicht werden daher heute häufig steife Kunststoffplatten verwendet, die beim Einschieben in den schmalen Schlitz einen gewissen Druck zulassen (Abb. 10). Um einer möglichen Gleitlagerwirkung entgegenzuwirken, können die Kunststoffplatten zur Verbesserung der Reibungshaftung werkseitig besplittet werden. Anschließend wird der Schlitz mit Kunststoffkeilen verkeilt. Die verbleibende Fuge wird oberflächig mit Mörtel geschlossen, danach in der Tiefe verpreßt.

Diese Maßnahmen können fortlaufend durchgeführt werden, wenn unmittelbar nach Herstellung des Sägeschnittes die Dichtungsschicht eingeschoben und der verbleibende Zwischenraum kraftschlüssig verkeilt wird.

Erforderliche Voruntersuchungen zur Trockenlegung bei

von außen eindringendem Wasser	hygroskopischer Feuchte	Tauwasserbildung
• Bauteilaufbau / Abdichtung • Wasserbeanspruchung / Bodenart • Feuchtegehalt • Sättigungsfeuchte • Feuchteverteilung • Kapillarität • Salzanalyse	• Feuchtegehalt in salzbelasteten / salzfreien Proben • Sättigungsfeuchte • Feuchteverteilung • Salzart und Salzmenge	• Feuchtegehalt • Feuchteverteilung • Raumklima (Lufttemperatur, relative Luftfeuchte, Oberflächentemperaturen) • Wärmeschutz / Schichtenfolge

Abb. 5: Erforderliche Voruntersuchungen zur Trockenlegung

Abb. 6: Feuchtigkeitsverfleckungen auf salzbelasteten Oberflächen

Eine weitere Methode zur Herstellung einer nachträglichen Querschnittsabdichtung ist die Mauertrennung durch schräge Trennschnitte. Hierbei wird zunächst von einer Seite ein Trennschnitt unter einem Winkel von ca. 20° bis ca. 3 cm über die Mittelachse der Wand ausgeführt. Der dabei entstehende Schlitz ist etwa 2 cm breit und wird mit einem zementgebundenen, dichtenden und quellfähigen Mörtel verfüllt. Während dieser Maßnahmen werden die Lasten über den verbleibenden ungestörten Teil des Wandquerschnittes abgetragen. Nach Aushärtung des Mörtels wird von der anderen Wandseite ebenfalls ein schräger Trennschnitt – den ersten mit Mörtel verfüllten Schnitt kreuzend – ausgeführt und in der beschriebenen Weise verfüllt. Hierdurch wird eine durchgehende, dichte Mörtelschicht erreicht, die das kapillare Aufsteigen von Feuchtigkeit unterbindet (Abb. 11).

Rammverfahren
Querschnittsabdichtungen lassen sich nachträglich auch durch Einrammen von Chromstahlblechen herstellen. Durch Drucklufthämmer werden scharfkantige, zur Aussteifung gewellte Chromstahlbleche in eine Lagerfuge des Mauerwerks getrieben. Um eine ausreichende Dichtigkeit an den Stößen gegen kapillar aufsteigende Feuchtigkeit zu erreichen, müssen sich die Bleche um mindestens zwei Wellen überlappen (Abb. 12). Vorteilhaft ist, daß die Lastabtragung zu keiner Zeit unterbrochen wird und deshalb auch nicht mit Setzungserscheinungen gerechnet werden muß. Allerdings entstehen durch die Rammstöße Erschütterungen, die bei dünnen hohen Wänden und brüchigem Mauerwerk und insbesondere bei Stuck und historisch wertvollen Putzen problematisch sein können.

Die gewellten Bleche haben eine Profilhöhe von 6 bis 8 mm. An Gebäudeecken lassen sich diese wegen der Änderung der Profilrichtung in der Lagerfuge ggf. nicht unterbringen. Die Eckbereiche sind dann nach anderen Verfahren abzudichten.

Voraussetzung zur Durchführung des Verfahrens ist eine den gesamten Mauerwerksquerschnitt trennende, horizontal durchgehende

Trockenlegung bei

von außen eindringendem Wasser durch
- Querschnittsabdichtung
- vertik. / horizontale Flächenabdichtung
- Sanierputzsystme
- Dränung

hygroskopischer Feuchte durch
- Beseitigung bzw. Verminderung des Salzgehaltes
- Salzumwandlung
- Sanierputzsysteme

Tauwasserbildung durch
- Veränderung des Raumklimas
- Verbesserung des Wärmeschutzes

Abb. 7: Maßnahmen zur Trockenlegung

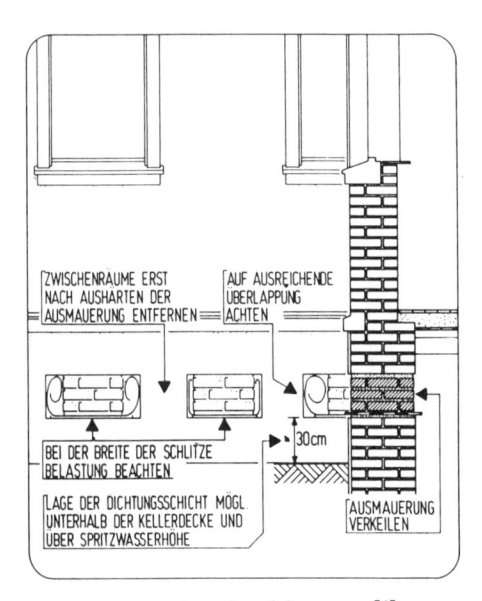

Abb. 8: Maueraustauschverfahren, aus [1]

Fuge. Ist innerhalb des Wandquerschnittes ein Versatz der Lagerfuge vorhanden, ist dieses Verfahren nur durchführbar, wenn der innere Teil des Mauerwerks bis zu diesem Versatz aufgestemmt und die Bleche nur in den verbleibenden, äußeren Teil des Mauerwerks eingetrieben werden (Abb. 13). Anschließend muß auf der Innenseite beigemauert werden.

Während der Rammarbeiten können sich die Bleche in der Wand verdrehen oder verwinden (Abb. 14). Wird dies nicht bemerkt oder werden die dadurch vorstehenden Bleche abgetrennt, bleiben in der Querschnittsabdichtung Fehl-

stellen zurück, die deren Funktionsfähigkeit einschränken. Offensichtlich hat dies dazu geführt, daß manche Hersteller des Rammverfahrens inzwischen dazu übergegangen sind, die Bleche nicht mehr einzutreiben, sondern nach dem Aufstemmen des Mauerwerks einzumauern bzw. in einen gesägten Schlitz einzuschieben, nachdem sie jahrelang damit geworben haben, daß bei dem Rammverfahren eben kein Mauersteinabbruch vorgenommen und keine Mauersäge angewendet werden. Man fragt sich allerdings, warum bei dieser veränderten Ausführungsart Bleche zur Anwendung kommen sollen.

Zur Herstellung einer nachträglichen Querschnittsabdichtung durch mechanische Verfahren sind die Außenwände bis in Höhe der horizontalen Sperrschicht freizulegen. Nach Einbau der Querschnittsabdichtung ist diese an die äußere Vertikalabdichtung und an die Abdichtung des Fußbodens anzuschließen. Nachfolgend aufgebrachte Oberflächenschichten (z.B. Innenputze) müssen durch sie getrennt werden. Der Wandquerschnitt unterhalb der Querschnittsabdichtung bleibt dauerhaft feucht. Die in diesem Bereich vorhandenen Wandbaustoffe müssen dieser Feuchtigkeitsbelastung auf Dauer standhalten können.

Chemische Verfahren

Durch die Anwendung chemischer Verfahren soll die kapillare Leitfähigkeit eines bestimmten Mauerwerksabschnittes aufgehoben und dadurch das Aufsteigen der in die Wand eingedrungenen Feuchtigkeit unterbunden werden. Zu diesem Zweck werden dem Mauerwerk über nebeneinander und schräg übereinander liegende Bohrlöcher (15 bis 30 mm) – daher auch der Name Bohrlochverfahren – flüssige Injektionsmittel zugeführt, die die Kapillaren des

Abb. 9: Nachträglich eingebaute Dichtungsbahnen

Abb. 10: Mauersägeverfahren

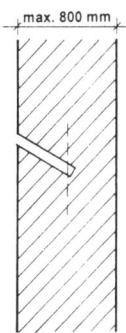

I. Arbeitsschritt	II. Arbeitsschritt	III. Arbeitsschritt	IV. Arbeitsschritt
1. Schrägschnitt	1. Verguss	2. Schrägschnitt nach Abbinden	2. Verguss

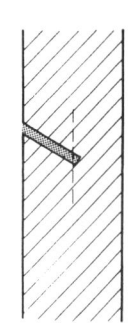

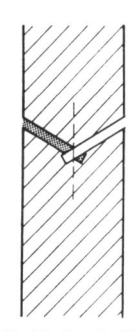

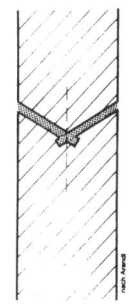

Abb. 11: Mauertrennung durch schräge Trennschnitte, nach [2]

Abb. 12: Rammverfahren

Abb. 13: Durchgehende Lagerfuge fehlte

Abb. 14: Umgebogene Chromstahlbleche

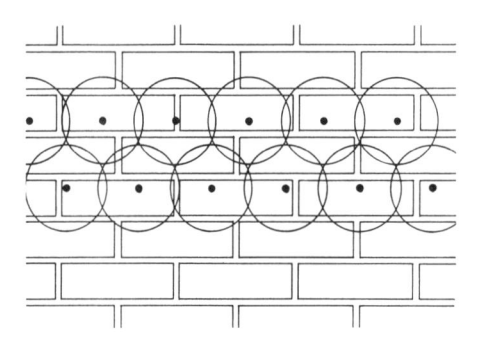

Abb. 17: Vorratsbehälter zur langsamen Tränkung des Mauerwerks

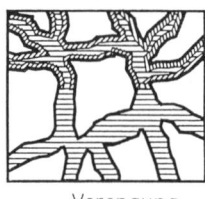

Abb. 15: Wirkungsprinzip des Bohrlochverfahrens

Verstopfung　　Verengung

Hydrophobierung　　Hydrophobierung und Verengung

Abb. 18: Wirkungsprinzipien der verschiedenen Injektionsmittel, aus [3]

Injektionsstoffe

- Alkalisilikatlösungen (porenverengend) mit Methylsilikonatlösungen (hydrophobierend)
- Silan- bzw. Siloxanlösungen (hydrophobierend)
- Kunstharzinjektionen (PUR- bzw. EP-Injektionen, porenverstopfend)
- Paraffin (porenverstopfend)

Abb. 16: Günstige Bohrlochanordnung

Abb. 19: Injektionsstoffe

Baustoffes in den Bereichen um die Bohrlöcher herum inaktivieren sollen (Abb. 15). Hieraus wird deutlich, daß es sich bei diesem Verfahren nicht um eine absolute Feuchtigkeitssperre wie bei den mechanischen Verfahren handelt, sondern daß dadurch im allgemeinen „nur" der kapillare Feuchtigkeitstransport auf ein unschädliches Maß reduziert wird.

Folgende Anwendungsvorausetzungen müssen gewährleistet und durch entsprechende Voruntersuchungen geklärt sein:
- Das Mauerwerk muß weitgehend hohlraum- und fehlstellenfrei sein, da anderenfalls trotz großen Injektionsmittelverbrauchs nur eine unzureichende Abdichtung zustandekommt. Mauerwerk aus grobporigem Gefüge oder aus gelochten Steinen sind für die Anwendung des Bohrlochverfahrens ungeeignet. Durch Auffüllen der Bohrlöcher mit Kalkmilch können große Hohlräume festgestellt werden. Diese können vor Durchführung der Abdichtungsmaßnahme ggf. verpreßt werden.
- Der Durchfeuchtungsgrad darf nicht größer als 50 bis 60 % sein, da die meisten Injektionsmittel nicht in wassergefüllte Kapillaren einzudringen vermögen. Hierbei ist die maximale Wasseraufnahmefähigkeit des Mauerwerks zu berücksichtigen. Je größer die maximale Wasseraufnahme ist, um so höher darf letztendlich auch der Durchfeuchtungsgrad sein. Ggf. können die zu behandelnden Wandabschnitte vorgetrocknet werden. Durchfeuchtungsgrad und maximale Wasseraufnahme können nur an aus der Wand entnommenen Proben festgestellt werden. Elektrische Feuchtigkeitsmeßgeräte sind hierfür ungeeignet.
- Der Bohrlochabstand sollte nicht größer als 12 cm sein. Mit größer werdendem Bohrlochabstand nimmt die Chance der vollständigen Tränkung des Mauerwerks deutlich ab.
- Zur Verminderung des Risikos von nicht oder nur unzureichend getränkten Mauerwerksbereichen sollten zwei zueinander versetzte Bohrlochreihen angeordnet werden (Abb. 16). Die Bohrlöcher sollten mindestens eine Lagerfuge durchdringen.
- Die Injektionsmittel müssen solange eingefüllt werden, bis das Mauerwerk keine Flüssigkeit mehr aufnimmt. Eine mehrtägige kontrollierbare Tränkung über Vorratsbehälter (Abb. 17) ist einem kurzzeitigen Verpressen vorzuziehen. Ein Auffüllen der Bohrlöcher mit der Gießkanne ist wegen völliger Unkontrollierbarkeit abzulehnen. Außerdem kann sich bei hydrophobierenden Systemen in der Oberfläche der Bohrlochwand schon bei relativ kurzer Unterbrechung des Einfüllvorgangs eine hydrophobierende Wirkung einstellen, die eine weitere Aufnahme des Injektionsmittels behindert.

Die zur Anwendung kommenden Injektionsmittel beruhen auf unterschiedlichen Wirkungsprinzipien, die von Verstopfung der Kapillaren bis zu einer Kombination aus Verengung und Hydrophobierung der Kapillaren reichen (Abb. 18). Dabei zeigen die einzelnen Injektionsmittel bei unterschiedlichen Anwendungen unterschiedliche Vorzüge und Risiken. Einige Produkte benötigen zur Reaktion Kohlendioxyd, andere benötigen Wasser, wieder andere entfalten nur in trockenem Mauerwerk ihre volle Wirksamkeit.

Injektionsmittel müssen eine gute Eindringfähigkeit in feuchtes salzbelastetes Mauerwerk besitzen. Daher sind niedermolekular aufgebaute Injektionsmittel besonders günstig, die zusätzlich echte Lösungen mit entsprechender Beständigkeit und Wasserverträglichkeit darstellen. Hochpolymere Stoffe sind wegen ihrer schlechten Eindringfähigkeit weniger geeignet. Bei Bitumenemulsionen, Zementsuspensionen und Zementschlämmen ist nicht sicher, ob sie überhaupt in der Lage sind, auch kleine Kapillarporen zu erreichen und zu verstopfen, da diese häufig einen kleineren Durchmesser als die Teilchengröße der verwendeten Emulsionen aufweisen.

Die am häufigsten angewandten auf dem Markt befindlichen Handelsprodukte lassen sich im wesentlichen auf die in Abb. 19 zusammengefaßten Rohstoffklassen zurückführen. Reine Alkalisilikatlösungen (Wasserglaspräparate) kommen als porenverengende Injektionsmittel heute, wenn überhaupt, nur noch selten zur Anwendung, weil das aus dem Wasserglas im Porensystem ausgeschiedene und zunächst abdichtende Kieselgel durch Wasserabgabe schwindet und es dadurch zu einer erneut wasserdurchlässigen Sekundärporenbildung kommt. Dem beggenet man durch die Kombination von Alkalisilikatlösungen mit Alkalimethylsilikonaten, die die entstehenden Sekundärporen hydrophobierend auskleiden. Diese Wirkstoffkombination, die allerdings den Nachteil hat, daß neben dem Kieselgel auch ein lösliches Salz im Mauerwerk mit einer erhöhten Hygroskopizität gebildet werden kann, ist heute das am häufigsten verwendete Injektionsmittel.

Ein relativ neues Verfahren wendet Paraffin als Injektionsmittel zur Verstopfung der Kapillaren

Abb. 20: Dunkle Verfärbung zeigt den mit Paraffin verpreßten Bereich

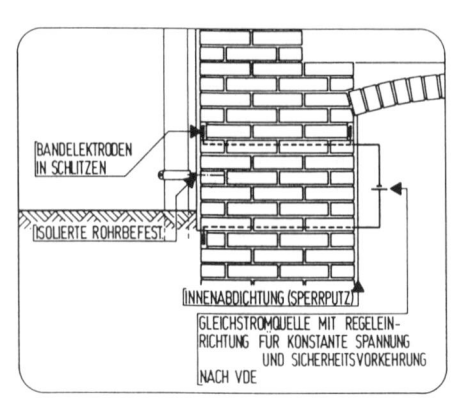

Abb. 22: Elektrophysikalisches Verfahren, aus [1]

Abb. 21: Impulsverfahren

Abb. 23: „Entfeuchtungsröhrchen"

an. Zunächst wird das Mauerwerk auf 60° C bis 80° C aufgeheizt und getrocknet. Es muß sichergestellt sein, daß das Mauerwerk durch solche Temperaturen nicht geschädigt wird. Anschließend wird über in die Bohrlöcher eingesetzte Packer geschmolzenes Paraffin eingepreßt und dadurch die Kapillaren und auch kleinere Hohlräume verstopft. Die dunkel verfärbte Zone im Bereich der verfüllten Bohrlöcher

auf Abb. 20 zeigt den mit Paraffin verpreßten Bereich. Erste Untersuchungen von Franke [4] bewerten dieses Verfahren positiv.
Wie bereits dargestellt, kann die Einbringung der Injektionsmittel drucklos über Vorratsbehälter – dies gilt insbesondere für wasserlösliche, niedrigviskose Injektionsmittel – oder mit kontinuierlichem Druck (< 10 bar) erfolgen. Beim Druckverfahren wird das Mauerwerk über Injektions-

packer quasi verpreßt. Dabei ist aber zu bedenken, daß nur in Fehl- und Hohlstellen unter Druck größere Injektionsmittelmengen eingebracht werden können, nicht jedoch in die Kapillaren eines ungestörten Baustoffs. Die kapillare Aufnahmefähigkeit von Baustoffen ist druckunabhängig. Daher ist ein längeres Tränken des Mauerwerks über Vorratsbehälter dem kurzzeitigen Einbringen unter Druck vorzuziehen.

Ein neueres Einbringungsverfahren ist das Impulsverfahren. Hierbei werden sog. Bohrlochlanzen in die Bohrlöcher eingesetzt (Abb. 21), über die das Injektionsmittel – über einen zentralen Impulsgeber gesteuert – eingesprüht wird und die Bohrlochwandung gleichmäßig benetzt. Die Impulsfrequenz kann auf die Saugfähigkeit des Mauerwerks abgestimmt werden. Das Gerät schaltet erst ab, wenn die vorausbestimmte Injektionsmittelmenge eingebracht ist.

Nach Abschluß der Injektionsarbeiten sind die Bohrlöcher mit einem auf das Injektionsmittel abgestimmten Mörtel zu schließen. Die Querschnittsabdichtung durch Bohrlochinjektion muß den gesamten Wandquerschnitt erfassen und ist an die lückenlose und funktionsfähige Vertikalabdichtung heranzuführen. Einbindende Innenwände sind in die Abdichtungsmaßnahmen einzubeziehen.

Qualitätssichernde Maßnahmen
Durch Voruntersuchungen ist festzustellen, ob das Mauerwerk für die Anwendung eines Injektionsverfahrens geeignet ist (ausreichend fehl- und hohlstellenfrei, nicht zu hoher Durchfeuchtungsgrad bei guter Saugfähigkeit). Nach Festlegung des Bohrlochabstandes ist durch eine Probeinjektion mit einem auf das zu tränkende Mauerwerk abgestimmten Injektionsmittel die erforderliche Verbrauchsmenge zu ermitteln.

Zur Kontrolle der Wirksamkeit sollte vor und nach einer entsprechenden Wartezeit (bis zu 2 Jahre) nach Durchführung des Injektionsverfahrens der Feuchtegehalt unter- und oberhalb der Bohrlochreihe durch Probenentnahmen gravimetrisch bestimmt werden. Hierbei ist auf die Vergleichbarkeit der Meßstellen, der klimatischen Verhältnisse zum Zeitpunkt der Probenentnahme und auf ähnliche Einflüsse auf den Feuchtegehalt zu achten.

*Elektrophysikalische Verfahren,
sog. Elektroosmose*
Es ist seit langem bekannt, daß sich Wasser in einem elektrischen Feld auch durch eine poröse Probe hindurch zur Kathode bewegt. Dieses Prinzip macht man sich im Bauwesen im Sinne einer Querschnittsabdichtung zunutze, indem man in einem bestimmten Mauerwerksabschnitt durch Anlegen einer Gleichspannung (Abb. 22) den durch das aufsteigende Wasser in den Kapillaren gerichteten Transport von freibeweglichen Wasserstoff (H+)-Ionen umkehrt. Mit der entgegengerichteten Bewegung dieser positiv geladenen Flüssigkeitsteilchen soll durch Mitführung von Wassermolekülen eine entgegengesetzte „Strömung" entstehen, die mindestens so groß, besser größer als der Kapillartransport des aufsteigenden Wassers sein soll.

Entscheidend für die Funktionsfähigkeit des Systems ist die Korrosionsbeständigkeit der Elektroden. In der Vergangenheit ist eine längere Wirkungsdauer häufig daran gescheitert, daß sich die eingebauten metallischen Elektroden schnell zersetzten und damit unwirksam wurden. In der ehemaligen DDR wurden im Zusammenhang mit dem dort entwickelten aet-Verfahren (siehe Aachener Bausachverständigentage 1990, Dr. Hübler – Bauwerkstrockenlegung) dicke metallische Stabelektroden eingebaut, die aufgrund ihres großen Querschnittes eine längere Wirkungsdauer erreichten. Es muß sich zeigen, ob man der Lösung dieses Problems mit den inzwischen entwickelten Bandelektroden aus hochleitendem Kunststoff entscheidend näher gekommen ist.

Das elektrische Potential im Mauerwerk kann durch Salz- und Säuregehalt des Wassers, durch leitende Installationselemente (z.B. Wasserrohre) und durch unzureichend isolierte elektrische Anlagen stark beeinflußt werden. Ggf. müssen solche leitenden Teile isoliert werden.

Ein weiteres Problem ist, daß die angelegten Spannungen sehr hoch sein müssen (bis zu 60 V), um überhaupt eine merkliche Bewegung der Feuchtigkeit im Mauerwerk zu den Elektroden zu bewirken.

Aus den genannten Gründen werden weitere umfangreiche Versuche und Untersuchungen notwendig sein, ehe das elektrophysikalische Verfahren in größerem Umfang für die Anwendung im Sinne einer Querschnittsabdichtung in Frage kommen.

Sonstige Verfahren
Auf andere Verfahren zur Wandentfeuchtung, wie z.B. Entfeuchtungsröhrchen, Mauerlunge, Entstrahlungsgeräte etc. wird hier nicht eingegangen, da sie sich in der Praxis als ungeeignet erwiesen haben bzw. ihre Wirksamkeit wissenschaftlich nicht belegt ist.

4 Schlußbemerkung

Die Trockenlegung feuchter Wände ist eine der schwierigsten und kostenaufwendigsten Sanierungsmaßnahmen. Nur auf der Basis sorgfältiger Voruntersuchungen ausgewählte Verfahren, die sich in der Praxis in breiter Anwendung bewährt haben, führen zu technisch und wirtschaftlich sinnvollen Lösungen. Nicht abgesicherte Experimente sind in diesem Bereich völlig unangebracht.

Literatur

[1]
Schild, E.; Oswald, R.; Rogier, D.; Schweikert, H.: Schnapauff, V.: Konstruktionsempfehlungen zur Altbaumodernisierung, Bauteile im Erdreich, 1980, Bauverlag GmbH, Wiesbaden und Berlin

[2]
Arendt, C.: Trockenlegung, 1983, Deutsche Verlags-Anstalt GmbH, Stuttgart

[3]
Wissenschaftlich-Technische Arbeitsgemeinschaft für Bauwerkserhaltung und Denkmalpflege e.V. Referat Mauerwerk: WTA-Merkblatt 4-4-94 (Entwurf) „Mauerwerksinjektion"

[4]
Franke, L.; Bentrup, H.: Paraffininjektionsverfahren zur Trockenlegung von Mauerwerk - Beurteilung der Wirksamkeit, Bautenschutz + Bausanierung 16, 1993

[5]
Abel, R.: Oswald, R.: Schnapauff, V.: Wilmes, K.: Bauschadensschwerpunkte bei Sanierungs- und Instandhaltungsmaßnahmen, Teil II, Forschungsbericht beauftragt vom Bundesministerium für Raumordnung, Bauwesen und Städtebau, Bonn, 1994

[6]
ÖNORM B 3355-2: Trockenlegung von feuchtem Mauerwerk - Maßnahmen gegen aufsteigende Feuchtigkeit im Mauerwerk, Entwurf 1. Mai 1995

[7]
Weber, H.: Instandsetzung von feuchte- und salzgeschädigtem Mauerwerk, 1993, expert-Verlag, Ehningen bei Böblingen

Sanierputz im Langzeiteinsatz – ein Erfahrungsbericht

Prof. Dr. rer. nat. Helmut Weber, Bayplan, München

In den letzten Jahrzehnten hat man immer wieder versucht, feuchtebedingte Mauerwerks- und Putzschäden durch nachträgliche Maßnahmen horizontaler und vertikaler Abdichtungen dauerhaft zu beseitigen. Immer wieder mußte man feststellen, daß dies nicht möglich ist, da, wie heute allgemein bekannt ist, die sichtbaren Schäden in erster Linie auf wasserlösliche Salze zurückgeführt werden müssen. Die Salze lösen sich im Wasser, wandern in das Mauerwerk, verteilen sich dort und werden von der aufsteigenden Feuchtigkeit in die Verdunstungszonen transportiert. Dort konzentrieren sie sich und ergeben erhebliche Schäden durch Kristallisations- und Hydratationsvorgänge auf der einen Seite und durch eine Erhöhung des Feuchtegehalts durch hygroskopische Effekte auf der anderen Seite. Durch diese hygroskopische Wasseraufnahme wird der Feuchtehaushalt der Wand nachhaltig in ungünstigem Sinne beeinflußt. Es ist deshalb seit langem das Bestreben aller in der Instandsetzung feuchte- und salzgeschädigter Mauerwerke Tätiger, den Schäden durch Salze wirksame Maßnahmen entgegensetzen zu können.

Da es bis heute keine praktikablen einfachen Methoden gibt, ein Mauerwerk zu entsalzen, verbleiben letztlich nur flankierende Maßnahmen, mit deren Hilfe man die Schäden, die die Salze verursachen, reduzieren und evtl. auch kaschieren kann. Zu diesen flankierenden Maßnahmen zählen Sanierputzsysteme, die in der Bundesrepublik Deutschland seit nunmehr ca. zwanzig Jahren hergestellt und angewendet werden. Definitionsgemäß handelt es sich bei den Sanierputzen um Werktrockenmörtel nach DIN 18 557 mit porenhydrophoben Eigenschaften. Das heißt, es liegen Putze mit erhöhter Porosität vor, die durch innere Hydrophobierung eine gesteuerte kapillare Wasseraufnahme besitzen und die außerdem aufgrund des großen Porenvolumens eine erhöhte Wasserdampfdurchlässigkeit und damit Trocknungstendenz aufweisen. Sanierputze sind durch WTA-Merkblätter geregelt (WTA = Wissenschaftlich Technische Arbeitsgemeinschaft für Bauwerkssanierung und Denkmalpflege e.V., München; Geschäftsstelle Ahornstr. 5, 82065 Baierbrunn). Die derzeit gültige Fassung des WTA-Merkblatts stammt von 1991 und trägt die Bezeichnung „Sanierputzsysteme 2-2-91".

Nachdem also nun zwanzig Jahre Erfahrungen im Einsatz von Sanierputzen zur Instandsetzung feuchte- und salzgeschädigter Mauerwerke vorliegen, ist es sicherlich an der Zeit, eine Bestandsaufnahme durchzuführen, die die Erfahrungen zusammenfaßt.

Wirkungsweise und Abgrenzung der Sanierputze

Die Wirkungsweise von Sanierputzen versteht man am besten, wenn man sie mit Kalkputzen der Mörtelgruppe P I und dichten Zementputzen der Mörtelgruppe P III vergleicht.

Bei einem Kalkputz der Mörtelgruppe P I ist ein ungehinderter kapillarer Wassereintritt und –durchtritt möglich. Enthält das kapillar wandernde Wasser lösliche Salze, werden diese zwangsläufig an die Verdunstungsfläche, also die Oberfläche des Kalkputzes, herangeführt und können dort in Abhängigkeit vom herrschenden Feuchtegehalt auskristallisieren, wobei in aller Regel der relativ weiche, wenig belastbare Kalkputz mechanisch zerstört wird. Sind die abgelagerten Salze hygroskopisch, kommt es sehr schnell zu einer vollständigen Zerstörung des Kalkputzes, der dann oft nur eine Haltbarkeit von einigen Monaten bis höchstens einigen Jahren besitzt. Ein weiterer Nachteil dieser Putze ergibt sich dadurch, daß bei der Ablagerung der bauschädigenden Salze im Kapillarsystem eine Verdichtung auftritt, die das an und für sich gute Trocknungsverhalten der Kalkputze entscheidend beeinflußt und reduziert. Versuche im Institut für Bauphysik in Holzkirchen haben gezeigt, daß entsprechend salzbefrachtete Kalkputze Diffusionswiderstandszahlen besitzen, die in der Größenordnung von zementge-

105

bundenen Baustoffen wie Beton liegen. Der µ-Wert wird dabei von ca. 10 bis 20 auf Werte um 100 erhöht. Die eingeschränkte Trocknungstendenz führt zu einer zusätzlichen Erhöhung der Mauerfeuchtigkeit, die dann in aller Regel zu einer schnellen Zerstörung des Kalkputzes führt, da es diesem ja auch an der notwendigen Frostbeständigkeit mangelt.

Verwenden wir statt eines kapillar aktiven Kalkputzes einen kapillar inaktiven Zementputz wie er z.B. als Sperrputz im erdberührenden Bereich zur Abdichtung gegen kapillar eindringendes Wasser verwendet wird, erreichen wir ebenfalls einen negativen Effekt. Da dieser Putz nicht mehr in der Lage ist, Wasser auf kapillarem Wege aufzunehmen, erhöht sich hinter der Putzschicht der Feuchtegehalt des Mauerwerks erheblich. Dies führt dazu, daß sich das Wasser neue Verdunstungsflächen sucht. Es kommt dabei zu einer Erhöhung der Mauerfeuchtigkeit insgesamt und zu einer Erhöhung des Durchfeuchtungspegels im Mauerwerk. Deshalb sind alle Versuche fehlgeschlagen, mit diesen kapillarwasserdichten Putzsystemen flankierende Salzbehandlungen erfolgreich durchzuführen.

Die Entwicklung der Sanierputze beruht nun darauf, daß man im Prinzip die Eigenschaftsbilder der beiden vorgenannten Putzsysteme, also des reinen Kalkputzes und des reinen Zementputzes, kombiniert. Durch Einbringen von Porensystemen, die entweder als Tensidluftporen vorliegen oder zusätzlich über Leichtzuschläge eingebracht werden, wird zunächst das spezifische Gewicht, die Druckfestigkeit und der E-Modul der Putze erheblich abgesenkt. Zusätzlich werden die Putze mit entsprechenden Additiven innerlich hydrophobiert, so daß die kapillare Wasseraufnahmefähigkeit, die ja durch die Luftporen ohnehin eingeschränkt ist, noch weiter reduziert wird. Bringt man ein derartiges porenhydrophobes Putzsystem auf eine feuchte Mauer auf, kann das Wasser auf kapillarem Wege zunächst in die Putzschicht eindringen. Aufgrund der gesteuerten Saugfähigkeit endet jedoch der kapillare Wassertransport innerhalb der ersten fünf Millimeter der Putzschicht. Von dort aus ist der Wassertransport nur noch auf dem Diffusionswege möglich, der jedoch in diesem Falle relativ leistungsfähig ist, da das Putzsystem ein hohes Porenvolumen von ca. 40 % besitzt. Die Diffusionswiderstandszahlen sind demzufolge relativ klein und liegen unter 12. Beim Übergang von flüssigem Wasser in Wasserdampf kristallisieren nun die transportierten Salze aus und können im Porenraum der Putze abgelagert werden. Dabei stehen zunächst die Kapillarporen und natürlich auch die Luftporen zur Verfügung. Die Putzoberfläche bleibt trocken und vermittelt einen optisch einwandfreien Zustand. Natürlich ist die Langzeitbeständigkeit des Putzes begrenzt. Sie hängt vom zur Verfügung stehenden Porenraum und von der Geschwindigkeit des Salzeintrags ab. Da die heute am Markt angebotenen Sanierputzsysteme unterschiedlich aufgebaut sind, und dies gilt insbesondere für die Porenstrukturen und für die Bindemittel, ergeben sich naturgemäß unterschiedliche Raten für den Salzeintrag und damit auch unterschiedliche Beständigkeiten. Zu diesem Punkt wurde im Rahmen der Denkmalforschung des BMFT (Bundesministerium für Forschung und Technologie) ein Forschungsprojekt aufgelegt. Die Ergebnisse dieser Untersuchungen sind in diesen Bericht eingebaut. In den Abbildungen 1 bis 3 ist der kapillare Wassertransport und das Wirkprinzip der verschiedenen Putze, wie es hier dargelegt worden ist, grafisch dargestellt.

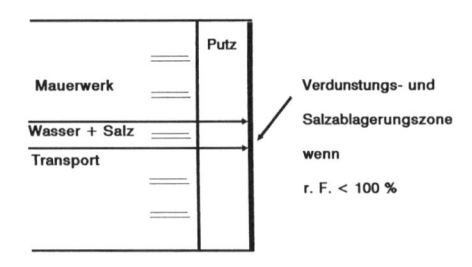

Abb. 1: Kapillare Wasserwanderung und Salzverteilung bei kapillaren Kalkputzen, z.B. Opferputz oder Kompressenputz

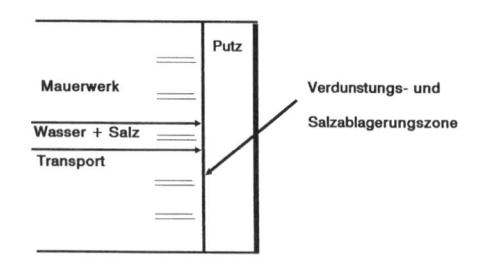

Abb. 2: Kapillare Wasserwanderung und Salzverteilung bei wasserundurchlässigem Sperrputz

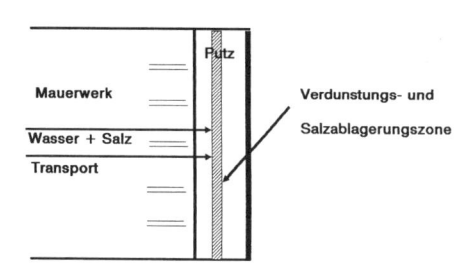

Abb. 3: Kapillare Wasserwanderung und Salzverteilung bei kapillarinaktivem (wasserabweisendem) Putz mit erhöhtem s_D-Wert, z.B. Sanierputz

Darstellung der verschiedenen Sanierputzsysteme

Zunächst sei grundsätzlich festgestellt, daß Sanierputze nur mit hydraulischen Bindemitteln hergestellt werden können, da bei der Verwendung von Kalkhydrat als Bindemittel ein stabiles Porensystem, wie es Sanierputze benötigen, nicht aufgebaut werden kann. Dies wird von vielen Denkmalpflegern bedauert, da sie nach wie vor Zement als Bindemittel ablehnen, da dieser angeblich Schäden am Mauerwerk durch zu hohe Festigkeiten hervorruft. Es sei jedoch an dieser Stelle bereits darauf hingewiesen, daß durch die geschickte Kombination von Bindemittel und Porenstrukturen in den Sanierputzen Festigkeiten eingestellt werden, die denen der Kalkhydratputze durchaus vergleichbar sind, so daß eine Gefährdung der Mauerwerke, wie sie oben dargelegt worden ist, ausgeschlossen werden kann.

Als Bindemittel werden heute für Sanierputze Portlandzement als Grauzement oder Weißzement verwendet, außerdem Traßzement in den sog. Traßsanierputzen oder echter hochhydraulischer Kalk (Mariensteiner Kalk) in den sog. Kalksanierputzen. Die am Markt gängigen Sanierputze lassen sich in zwei Gruppen einteilen, und zwar in die einschichtigen oder zweischichtigen Sanierputze. Die einschichtigen Systeme können ausschließlich auf relativ homogene, wenig zerstörte Mauerwerke aufgebracht werden. Sie bestehen aus einem Spritzbewurf, der netzförmig aufgebracht wird, und einer Sanierputzschicht mit einer Mindestdicke von 20 mm. Kleinere Unebenheiten im Mauerwerk können mit systemkonformen Egalisierungsmörteln ausgeglichen werden. Diese dürfen jedoch in keinem Fall durchgängig als Putzlage aufgezogen werden. Die zweischichtigen Sanierputze werden besonders bei inhomogenen, relativ stark zerstörten Mauerwerken aufgebracht und außerdem im Falle besonders hoher Salzbelastungen, insbesondere Nitratbelastungen. Sie bestehen aus einem Spritzbewurf, der wiederum netzförmig aufgezogen wird, und einer durchgängigen Putzlage, die mit einem besonders porösen Grundputz ausgeführt wird. Dieser Grundputz hat eine Mindestschichtdicke von 10 mm. Auf ihn wird nach entsprechender Aufrauhung eine Putzlage Sanierputz in einer Mindestschichtdicke von 15 mm aufgebracht. In jedem Falle müssen natürlich auf Sanierputze auch systemkonforme Beschichtungen aufgebracht werden. Diese sind ebenfalls im WTA-Merkblatt erfaßt und beschrieben. Es müssen Beschichtungen verwendet werden, die eine relativ hohe Wasserdampfdurchlässigkeit besitzen, um das Wirkprinzip des Putzes nicht zu stören, und die außerdem einen relativ kleinen Wasseraufnahmekoeffizienten aufweisen müssen, damit sie auf dem hydrophoben Sanierputzsystem funktionieren können. Ganz allgemein kann man von den Beschichtungen einen s_D-Wert in einer Größenordnung < 0,2 m fordern und einen w-Wert von ebenfalls < 0,2 kg/m² h^{0,5}. In Innenräumen ist die Wasserabweisung der Beschichtungen nicht erforderlich. Es wird auf das WTA-Sanierputzmerkblatt Ziffer 8 verwiesen. Neben den Sanierputzen werden heute noch eine Reihe anderer Putzsysteme für feuchte- und salzbelastete Mauerwerke angeboten. Diese tauchen am Markt unter den Bezeichnungen Opferputz, Kompressenputz oder Entfeuchtungsputz auf. Ihr Eigenschaftsbild entspricht nicht dem WTA-Merkblatt, und es muß im Einzelfall sehr sorgfältig geprüft werden, ob mit derartigen nicht durch das Regelwerk erfaßten Putzsystemen gearbeitet werden kann. Auf keinen Fall kann hier einer pauschalen Anwendung derartiger Putzsysteme das Wort geredet werden. Die Opfer- und Kompressenputze ähneln dabei in aller Regel dem Wirkprinzip der reinen kalkhydratgebundenen Putze, und die Entfeuchtungsputze sind zementgebundene Putze mit reduzierter Salzeintragung. Sie ähneln also eher den sog. Sperrputzen. Zum Begriff Entfeuchtungsputz sei noch festgestellt, daß dies natürlich ein Anachronismus ist, denn mit einem Putz, und sei er noch so raffiniert aufgebaut, läßt sich ein unter aufsteigender Mauerfeuchtigkeit leidendes Mauerwerk natürlich niemals abtrocknen. Im höchsten Fall kann, wie dies ja auch letztlich bei den Sanierputzen der Fall ist, eine kaschierende Wirkung aufgebaut werden.

Versuche mit verschiedenen Sanierputzsystemen

Im Rahmen des oben erwähnten BMFT-Forschungsprojekts haben wir verschiedene Sanierputze auf ihre Wirksamkeit in bezug auf den Salzeintrag untersucht. Neben den Sanierputzen wurden auch Kompressenputze, Kalkputze und ein sog. Entfeuchtungsputz mitgetestet. Als Versuchsobjekt wurde eine ehemalige Stallung im Bereich der Schloßanlage in Oberschleißheim ausgewählt. Es handelte sich um ein stark durchfeuchtetes und extrem versalzenes Ziegelmauerwerk. Es wurden insgesamt 18 verschiedene Putze bzw. Putzsysteme aufgebracht und in die Untersuchungen einbezogen. Das Mauerwerk wurde einer Voruntersuchung unterzogen, um die herrschende Durchfeuchtung und den Versalzungsgrad festzulegen. Anschließend wurden die Putzsysteme von den Herstellern aufgebracht. Es fand dann eine Nachuntersuchung im Dezember 1992 und im Mai 1994 statt. Die Ergebnisse sind grafisch dargestellt, wobei in der folgenden Auswahl die wichtigsten Putzsysteme erfaßt sind.

Sanierputz WTA mit Porengrundputz

Die Ergebnisse dieser Untersuchungen sind in Abb. 4 zusammengestellt und können folgendermaßen interpretiert werden.

Das Sanierputzsystem nimmt während des Beobachtungszeitraums erhebliche Mengen an Nitrat- und Chloridionen aus der oberflächennahen Zone des Mauerwerks auf. Dabei tritt im Putzgrund eine deutliche Nitrationenverarmung ein. Der Entsalzungseffekt sollte jedoch nicht überbewertet werden, da das voluminöse Mauerwerk als langfristig wirksamer Salzspeicher anzusehen ist.

Die Konzentration der Nitrat- und Chloridionen nimmt im Putzsystem zur Oberfläche hin parabelförmig ab. Eine Salzablagerung findet hauptsächlich im Porengrundputz statt. Erst bei der zweiten Nachuntersuchung ist eine geringfügige Verschiebung der Salzfront zum Sanierputz hin zu beobachten.

Sulfationen werden erst bei der Nachuntersuchung in gleichmäßiger Verteilung im Sanierputzsystem vorgefunden. Bei der zweiten Nachuntersuchung ist auch eine geringe Einwanderung in das Mauerwerk zu beobachten. Es liegt der Schluß nahe, daß die vorgefundenen Sulfationen hauptsächlich der Bindemittelkombination des Putzes entstammen.

Messungen des Durchfeuchtungsgrads zeigen, daß diese vom Sanierputzsystem nicht negativ beeinflußt wird. Es ist eher eine leichte Abnahme denn eine Zunahme festzustellen.

Sanierputz WTA ohne Porengrundputz

Die Ergebnisse sind in Abb. 5 dargestellt und können folgendermaßen zusammengefaßt werden.

Auch das einschichtige Sanierputzsystem ohne Porengrundputz ist in der Lage, Nitrat- und Chloridionen aus dem Putzgrund aufzunehmen und einzulagern. Allerdings ist die Aufnahmegeschwindigkeit deutlich geringer als bei dem zweischichtigen Sanierputzsystem. Der Salzgradient von Putzrückseite zur Oberfläche fällt weniger steil ab. Die Ionenkonzentration im Putz übersteigt nicht die des Putzgrundes. Bezüglich der Sulfationen werden qualitativ gleiche Verhältnisse beobachtet wie bei dem zweischichtigen Sanierputzsystem. Dies gilt auch für die Veränderung des Durchfeuchtungsgrades im Mauerwerk.

Sanierputzsystem mit dem Bindemittel hochhydraulischer Kalk

Die Ergebnisse sind in Abb. 6 zusammengestellt und können folgendermaßen zusammengefaßt werden.

Das Putzsystem nimmt relativ schnell große Mengen an Nitrationen und auch an Chloridionen auf. Dabei tritt im Putzgrund, also im Mauerwerk, eine leichte Abnahme der Ionenkonzentration auf. Der Sulfatgehalt des Putzes, der vermutlich wiederum nicht aus dem Mauerwerk stammt, ist verhältnismäßig hoch. Auffällig ist bei diesem Putzsystem die Salzverteilung, die nicht den für Sanierputze typischen Gradienten aufweist und auch in oberflächennahen Bereichen hohe Salzbefrachtungen zeigt. Dementsprechend weist dieses Putzsystem als einziges der als Sanierputze eingestuften innerhalb des Beobachtungszeitraums Fleckenbildungen und Salzablagerungen an der Oberfläche auf. Signifikante Veränderungen des Durchfeuchtungsgrades im Mauerwerk konnten nicht festgestellt werden.

Sanierputzsystem mit dem Bindemittel Traßzement

Die Ergebnisse sind in Abb. 7 zusammengestellt und können folgendermaßen zusammengefaßt werden.

Im Rahmen der ersten Nachuntersuchung zeigt dieses Putzsystem sanierputztypisches Verhalten. Es hat eine erhebliche Aufnahme von Nitrationen stattgefunden, die zu einem ausge-

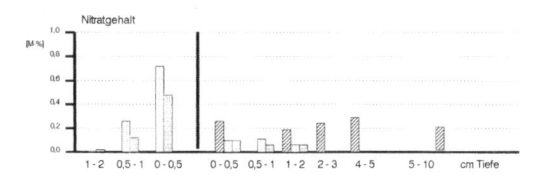

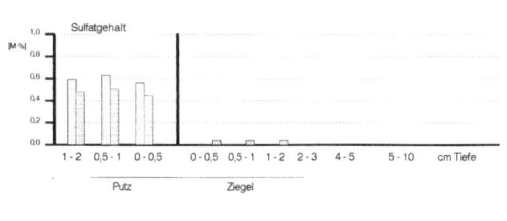

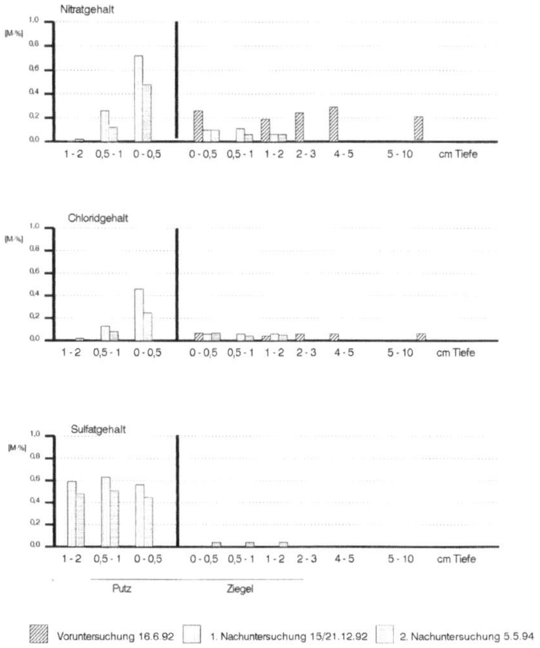

Abb. 4: Salzeintrag in ein zweischichtiges Sanierputzsystem mit Porengrundschutz

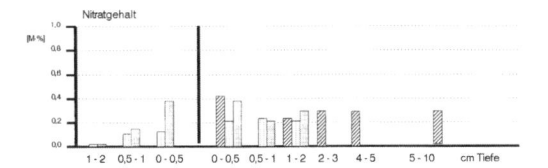

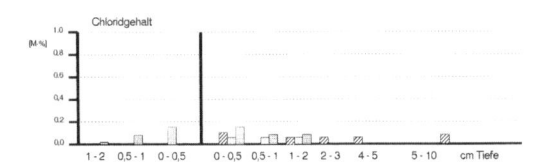

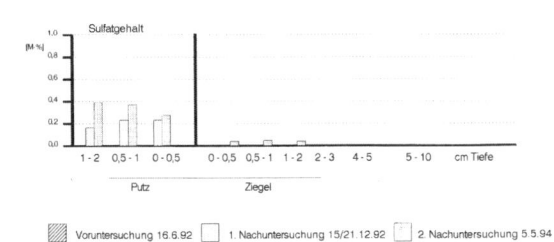

Abb. 5: Salzeintrag in ein Sanierputzsystem ohne Porengrundschutz

prägten Konzentrationsgefälle vom hinteren zum vorderen Bereich der Putzschicht führt. Dementsprechend deutlich ist auch die Abnahme der Nitrationenkonzentration im Putzgrund. Chloridionen sind vom Putz noch nicht aufgenommen worden.
Bei der zweiten Nachuntersuchung ergibt sich ein völlig anderes Bild. Der Nitratgehalt im Putz hat sich weiter stark erhöht, ohne allerdings noch den Konzentrationsabfall zur Oberfläche hin aufzuweisen. Interessanterweise hat sich auch der Nitratgehalt des Putzgrundes stark erhöht, verbunden mit einer offensichtlich hygroskopisch bedingten Zunahme des Durchfeuchtungsgrades. Äußere Einwirkungen als Ursache für diese Veränderungen lassen sich ausschließen. Der Putz hat inzwischen auch Chloridionen aufgenommen, die ebenfalls in gleichmäßiger Konzentration über die gesamte Putzdicke verteilt sind. Sulfatgehalt und Sulfatverteilung sowie ihre zeitabhängigen Veränderungen entsprechen wiederum denen anderer zementhaltiger Putze. Oberflächenschäden am Putz sind noch nicht aufgetreten.

Entfeuchtungsputz
Die Ergebnisse sind in Abb. 8 zusammengestellt und können folgendermaßen zusammengefaßt werden.
Der Putz zeigt sanierputzähnliche Eigenschaften, d.h. er nimmt in kurzer Zeit große Mengen löslicher Salze, also Nitrate und Chloride, auf. Er unterscheidet sich deutlich von den Angaben im Technischen Merkblatt des Herstellers. Interessant ist, daß sich kein ausgeprägtes Konzentrationsgefälle der Schadsalze zur Putzoberfläche hin ausbildet. Dies hat mit Sicherheit Auswirkungen auf die Schadenswahrscheinlichkeit und den Zeitpunkt des Schadenseintritts.
Der Sulfatgehalt des Putzes, der wiederum bindemittelspezifisch einzustufen ist, ist relativ hoch. Schäden sind im Rahmen des Beobachtungszeitraums nicht aufgetreten.

Kompressenputz
Die Ergebnisse sind in Abb. 9 zusammengestellt und können folgendermaßen zusammengefaßt werden.
Der Kompressenputz stellt nach Angaben des Herstellers ein sanierputzähnliches Produkt dar, bei dessen Entwicklung eine besonders hohe und schnelle Salzaufnahme angestrebt wurde. Bei gleichen Schichtdicken wird deshalb dieses Putzsystem niemals die Dauerhaftigkeit von WTA-Sanierputzen erreichen. Bei den Untersuchungen weist der Putz nun tatsächlich einen sehr schnellen Salzeintrag und ein beträchtliches Salzaufnahmevermögen auf. Dabei wandert erwartungsgemäß die Salzfront verhältnismäßig schnell in Richtung Putzoberfläche. Irritierend ist jedoch, daß ein beträchtlicher Anstieg der Nitrat- und Chloridionenkonzentration im Putzgrund stattfand. Dies kann jedoch dadurch erklärt werden, daß diese Ionen aus dem Mauerwerk rasch nachgeliefert werden. Dabei tritt natürlich auch ein offensichtlich hygroskopisch bedingter Anstieg des Durchfeuchtungsgrades ein. Es ergeben sich auffallende Parallelen zu den Sanierputzen mit dem Bindemittel Traßzement.

Kalkputz
Die Ergebnisse der beiden untersuchten Kalkputze sind in den Abbildungen 10 und 11 zusammengestellt und können folgendermaßen zusammengefaßt werden.
Der Unterschied zwischen den beiden Kalkputzen liegt in der Oberflächenbearbeitung. Der Kalkputz 1 wurde nach dem Abrichten nur leicht mit der Maurerbürste überarbeitet, der Kalkputz 2 mit dem Schwammbrett fein abgerieben. Die beiden Kalkputze nahmen in nahezu gleicher Weise Chloridionen auf, während die Nitrationenaufnahme unterschiedlich verlief. Beim Kalkputz 1 traten sehr schnell erhebliche Mengen Nitrate in den Putz. Beim Kalkputz 2 war der Nitrateintrag eher zögernd. Dabei konnte im Bereich des Mauerwerks keine meßbare Abnahme der Nitrat- bzw. Chloridkonzentrationen festgestellt werden. Beim Kalkputz 1 kam es genau wie bei dem traßhaltigen Sanierputz und beim Kompressenputz sogar zu einer Anreicherung der Nitratsalze in den oberflächennahen Zonen des Mauerwerks. Sulfatverbindungen konnten in den Kalkputzen im Gegensatz zu den zementgebundenen Systemen nicht in nennenswertem Umfang nachgewiesen werden. Da auch das Mauerwerk nur geringe Mengen Sulfat enthielt, erhärtet dieses Ergebnis die oben geäußerte Vermutung, daß bei den zementgebundenen Putzen das bestimmte Sulfat ein Anteil der Bindemittel ist. Bei beiden Kalkputzen zeigten sich bereits nach kurzer Standzeit erhebliche Feuchtflecken und an den Oberflächen starke Salzausblühungen, denen dann Abschalungen folgen. Im Rahmen des Beobachtungs- und Meßraums waren die beiden Kalkputze völlig zerstört.

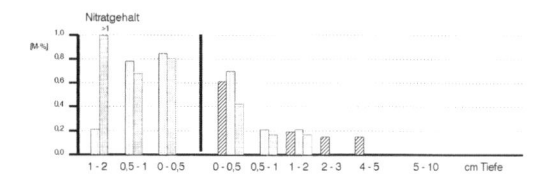

Abb. 6: Salzeintrag in ein Sanierputzsystem mit hochhydraulischem Kalk als Bindemittel

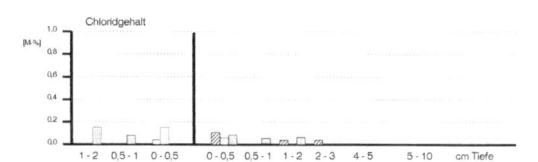

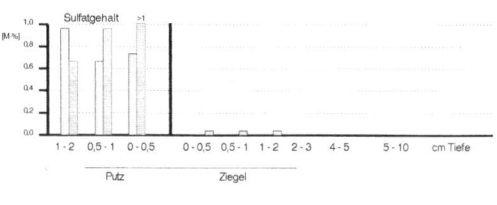

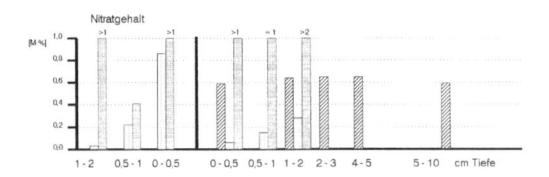

Abb. 7: Salzeintrag in ein Sanierputzsystem mit dem Bindemittel Traßzement

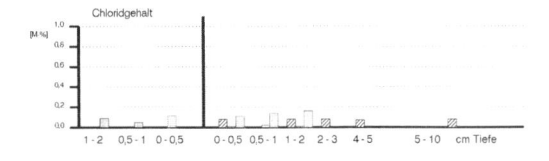

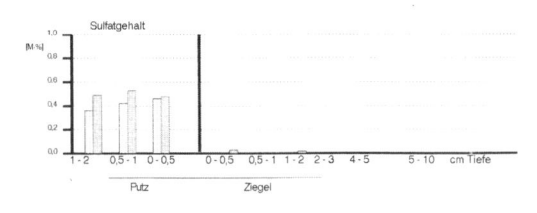

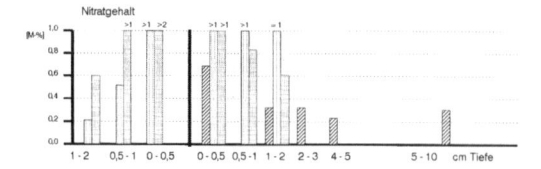

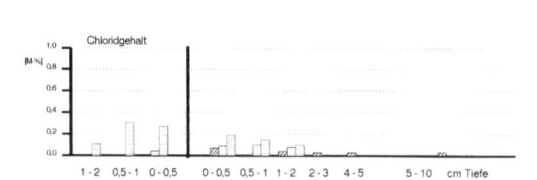

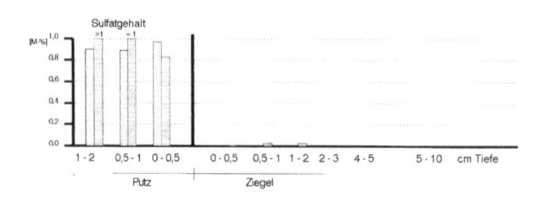

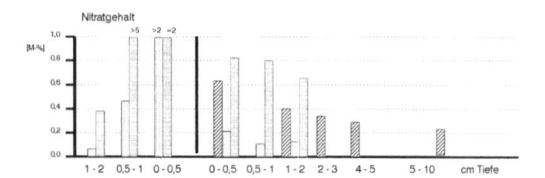

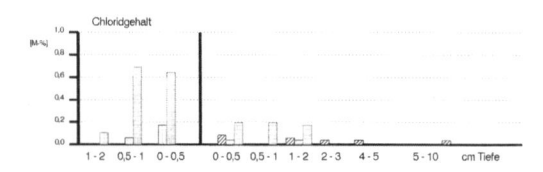

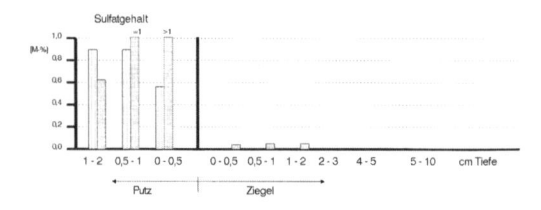

Abb. 8: Salzeintrag in einen Entfeuchtungsputz

Abb. 9: Salzeintrag in einen kapillaraktiven Kompressenputz

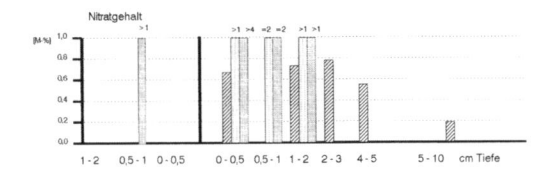

Abb. 10: Salzeintrag in Kalkputz 1

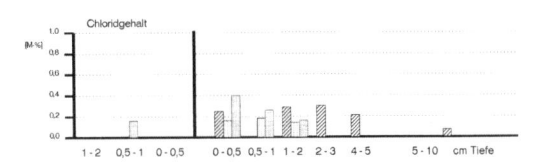

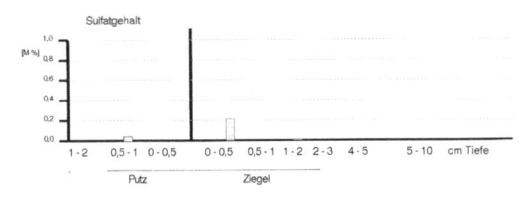

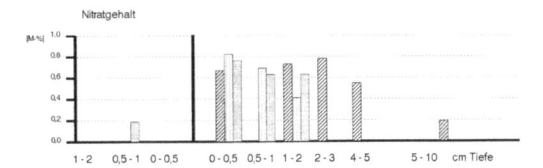

Abb. 11: Salzeintrag in Kalkputz 2

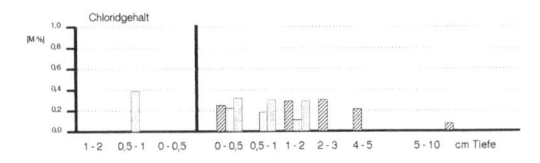

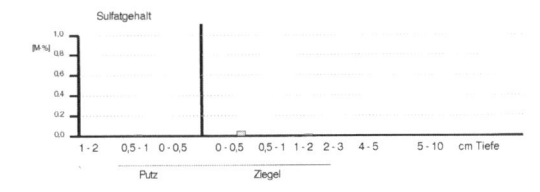

113

Zusammenfassung

Zusammenfassend kann also folgendes festgestellt werden.

Die mit Abstand besten Ergebnisse in bezug auf den Salzeintrag erreicht man mit dem zementgebundenen, einschichtigen oder zweischichtigen Sanierputzsystemen nach WTA-Merkblatt 2-2-91. Diese zeigen auch unter den extremen Verhältnissen des Versuchs nach mehreren Jahren keinen Salzdurchtritt, im Gegenteil, der Salzeintrag erfolgt langsam und im Sinne des Wirkungsprinzips der Sanierputze. Es kann auch unter den vorherrschenden erschwerten Bedingungen mit einer langjährigen Haltbarkeit gerechnet werden.

Die Sanierputze auf der Basis anderer hochhydraulischer Bindemittel zeigen eine höhere Salzbefrachtungsrate, so daß sich insgesamt mit Sicherheit eine geringere Lebensdauer ergibt, immer natürlich die im Versuch vorhandenen extremen Verhältnisse zugrunde gelegt.

Die ebenfalls untersuchten Kompressenputze und die Kalkputze der Mörtelgruppe P I zeigen in jedem Fall eine wesentlich schnellere Salzbefrachtung als alle Sanierputze. Sie besitzen damit jedoch auch eine wesentlich geringere Lebensdauer. Interessant war, daß sowohl bei Anwendung des Kalkputzes wie auch des Kompressenputzes kein merklicher Rückgang der Salzkonzentrationen im Mauerwerk nachweisbar waren. Eine Entsalzung konnte also nicht erreicht werden. Auch hier muß natürlich wiederum auf die extremen Bedingungen des Versuchs hingewiesen werden. Der untersuchte sogenannte Entfeuchtungsputz zeigt ebenfalls einen Salzeintrag und verhält sich damit völlig anders als dies der Hersteller in seinem Technischen Merkblatt beschreibt. Entfeuchtungen des Mauerwerks konnten mit den Putzen nicht erreicht werden, zumindest ergaben sich hier keine signifikanten einwandfreien zuordnungsfähigen Ergebnisse. Dies wäre auch sehr überraschend gewesen und würde allen physikalischen Prinzipien widersprechen.

Abschließend kann festgestellt werden, daß die ermittelten Versuchsergebnisse die Erfahrungen der Praxis durchaus bestätigen, die wiederum wie folgt zusammengefaßt werden können: Einschichtige und zweischichtige zementgebundene Sanierputze entsprechend WTA-Merkblatt 2-2-91 besitzen auf feuchten und salzbelasteten Mauerwerken eine Haltbarkeit die weit über den zunächst vorhandenen Erwartungen liegt und die durchaus einige Jahrzehnte betragen kann, wobei sie letztlich natürlich von den Rahmenbedingungen abhängt. Dabei spielt insbesondere der Salz- und Feuchtegehalt des Mauerwerks sowie der Salznachschub eine entscheidende Rolle. Natürlich müssen derartige Systeme sorgfältig verarbeitet werden, da nur die Einhaltung der im WTA-Merkblatt festgelegten Anforderungen diese hohe Lebenserwartung gewährleistet. Ohne den Einsatz von Sanierputzen wären die vorhandenen Erfolge bei der Instandsetzung feuchte- und salzbelasteter Mauerwerke nicht möglich. Dabei spielen Sanierputze sowohl als flankierende wie auch als alleinige Instandsetzungsmaßnahmen eine bedeutende Rolle.

Anhang 1: Entwicklung der Sanierputze

bis 1976	ausschließlichPutze (Baustellenmörtel), die durch Additive modifiziert wurden (Hydrophobierungsmittel, Luftporenbildner)
ab 1977	Sanierputze als Werktrockenmörtel Systemaufbau: - Salzbehandlung mit $PbSiF_6$ - Spritzbewurf (meist halbdeckend) - Ausgleichsputz - Sanierputz (meist $\beta_d \sim 5 - 6 \text{ N/mm}^2$) - Beschichtung
1985	erscheint nach vielen Entwürfen das erste WTA-Merkblatt (1-85)
ab 1985	Entwicklung weicherer Sanierputze (z.B. mit Leichtzuschlägen und zweischichtiger Systeme Systemaufbau: - Spritzbewurf (meist halbdeckend) - Porengrundputz (als Salzspeicher) - Sanierputz - Beschichtung Salzbehandlungen entfallen bei diesen Systemen. Auch bei einschichtigen Sanierputzsystemen werden heute nach dem Stand der Technik keine Salzbehandlungen mehr durchgeführt.
1991	erscheint das derzeit gültige WTA-Merkblatt 2-2-91 „Sanierputzsysteme"

Anhang 2: Die wichtigsten technischen Anforderungen an Sanierputzsysteme nach WTA-Merkblatt 2-2-91

Anforderungen an den Spritzbewurf

- halbdeckend   keine Anforderung

- volldeckend
  Wassereindringzahl h_{1h} > 5 mm

             h_{24h} Prüfkörperdicke

Anforderungen an den Grundputz (Festmörtel)

- Wasserdampfdiffusionswiderstandszahl µ   < 18

- Druckfestigkeit β_d ≥ Sanierputz

- kapillare Wasseraufnahme W_{24} > 1,0 kg / m²

- Wassereindringzahl h_{24} > 5mm

- Porosität   > 45 V%

Anforderungen an den Sanierputz (Festmörtel)

- Rohdichte ζ   < 1,4 kg l dm³

- Wasserdampfdiffusionswiderstandszahl µ   < 12

- Biegezugfestigkeit β_{dZ} keine Anforderung

- Druckfestigkeit β_d 1,5 - 5,0 N / mm²

- Festigkeitsverhältnis β_d / β_{dZ} < 3,0
- Kapillarewasseraufnahme W_{24} > 0,3 kg/m²

- Wassereindringzahl h_{24h} < 5mm

- Porosität   > 40 V-%

- Salzresistenz   WTA-Test bestanden

Anforderungen an Beschichtungen und Oberputze

- diffusionsgleichwertige Luftschichtdicke S_D< 0,2 m
  (für Innen- und Außenbereich)

- Wasseraufnahmekoeffizient (gilt nur für den Außenbereich, für Innen keine Anforderungen) $w < 0,2$ kg / m² h^{0,5}

- Oberputze müssen wasserabweisend nach DIN 18 550 sein

Anhang 3: Die häufigsten Fehler bei der Anwendung von Sanierputzen

- Das Mauerwerk wird nicht sorgfältig gereinigt und vorbereitet

- Das Mauerwerk ist zu weich und besitzt keine ausreichende Tragfähigkeit

- Der Spritzbewurf wird zu dick aufgetragen

- Statt eines weichen Porengrundputzes wird als durchgängige Putzlage ein Ausgleichsputz (zu hohe Festigkeit) aufgebracht (Rißbildung im Sanierputz)

- Der Sanierputz wird in unterschiedlichen Schichtdicken aufgebracht

- Die Schichtdicke des Sanierputzes ist zu gering

- Bei zweischichtigen Sanierputzsystemen wird die 1. Putzlage nicht ausreichend aufgerauht (z.B. mit einem Putzkamm)

- Das Sanierputzsystem wird nicht nach Vorschrift angemischt (zu wenig Luftporen)

- Das Sanierputzsystem wird bei zu hoher oder zu niedriger Luftfeuchtigkeit verarbeitet. (empfohlener Bereich: 40 - 70 %)

- Das Beschichtungssystem besitzt eine zu geringe Wasserdampfdurchlässigkeit und / oder eine zu geringe Wasserabweisung (siehe Punkt 8 des Sanierputzmerkblatts der WTA 2-2-91)

- Gips wird zur Fixierung der Elektroinstallation verwendet (Gipstreifen)

1. Podiumsdiskussion am 18.3.1996

Frage:
Es ist ein Riß innerhalb der Gewährleistungsfrist aufgetreten, obwohl Planung und Bauausführung nach den Regeln der Technik erfolgt sind. Was wird aus der Sicht des Juristen empfohlen, um einer Haftungspflicht entgegenzutreten?

Jagenburg:
Nach dem Gesetz genügt es nicht, daß die Regeln der Technik eingehalten worden sind. Wenn trotzdem ein Riß auftritt, ist das ein Fehler, und der Einwand des Bauunternehmers, mehr als nach den Regeln der Technik arbeiten könne er nicht, ist rechtlich unbeachtlich. Das ist der Unterschied zum Dienstvertrag: Der Arzt, der nach den Regeln der ärztlichen Kunst behandelt, haftet nicht, der Bauunternehmer, der nach den Regeln der Technik baut, oder auch der Planer, der nach den Regeln der Technik plant, haftet aufgrund der Erfolgshaftung des Werkvertrages. Man kann also nur versuchen, solche Dinge zu regeln. Ich kenne noch keine Entscheidung dazu, aber ich könnte mir vorstellen, wenn ich in den Vertrag hineinschreibe, ich hafte nicht für solche Schäden, die entstehen, obwohl ich nach den Regeln der Technik gearbeitet habe, dann hat man wenigstens etwas.

Oswald:
Ich möchte dazu bemerken, daß es im Bau sehr viele Risse gibt, die einfach gar keine Mängel sind, da sie die Tauglichkeit zum üblichen Gebrauch nicht mindern und unvermeidbar sind. Wir haben z. B. sowohl im Betonbau wie bei Putzen oder Bauholz auch ganz eindeutige Aussagen in Regelwerken dazu. Dieses Thema wird auch in unserem „Leitfaden über hinnehmbare Unregelmäßigkeiten" genauer diskutiert.

Jagenburg:
Die Diskussion, wann ist ein Riß ein Riß, ist sicherlich eine zunächst technische. Der Jurist neigt eher dazu zu sagen, ein Riß ist ein Mangel, aber die Grenze ist wohl: Wo die Gebrauchstauglichkeit der Werkleistung beeinträchtigt wird, da fängt auch juristisch der Fehler an.

Frage:
Wie bewertet ein Bauleiter bei Instandsetzungs- und Modernisierungsarbeiten seine Honorierung bezüglich der technischen Gewerke Heizung, Sanitär, Lüftung, Elektro, wenn der Fachplaner vom Bauherrn kein Bauleitungshonorar erhält und der Bauleiter vor Ort nicht nur seine Koordinierungsaufgabe, sondern auch die technisch klärenden und überwachenden Aufgaben über diese Gewerke übernimmt?

Arlt:
Hier haben wir einen Fall des § 24 Abs. 2, nach dem der Bauleiter bei erhöhten Anforderungen eine separate Vereinbarung zu einer Erhöhung des Honorars der Leistungsphase 8 über die Summe hinaus, die in § 15 Abs. 1 in der Bewertung gegeben ist, treffen kann. Er muß also nicht unbedingt an den Fachplaner anschließen, der sein Honorar nach §76 Abs. 1 mit § 10 Abs. 3a, mit der zusätzlichen mitverarbeiteten Bausubstanz, berechnet, sondern kann in diesem Fall einen höheren Schwierigkeitsgrad in der Leistungsphase 8 definieren. Sonst wäre § 76 Abs. 1 anzuwenden.

Frage:
Gibt es Formulartexte für sinnvolle Ingenieurverträge im Instandhaltungs-/Instandsetzungsbereich?

Arlt:
Ich kenne keine. Ich denke, man kann auch für das Planen und Bauen im Bestand, für Planungsleistungen für Gebäude den Einheitsarchitektenvertrag verwenden. Er läßt sich relativ leicht auch auf die Leistungen, auf die es beim Planen und Bauen im Bestand ankommt, ergänzen.

Jagenburg:
Ich möchte gerade im Zusammenhang mit diesen Vertragsfragen darauf hinweisen, daß der Techniker, der sich hier in die Vertragsberatung und Vertragsgestaltung begibt, sehr leicht in die Gefahr kommt, gegen das Rechtsberatungsgesetz zu verstoßen. Das sind neue Entwicklungen, die wir im Bereich der Projektsteuerung zunehmend in der Literatur finden, wo gesagt wird, das ist Rechtsberatung für Dritte, wenn Architekten, Ingenieure Vertragsberatung, Vertragsgestaltung betreiben. Ich habe gerade gelesen, daß der Kölner Anwaltverein

dabei ist, eine Sonderkommission zu bilden, um solche Verstöße schärfer zu verfolgen. In einer BGH-Entscheidung ist kürzlich ein Energieberater verurteilt worden wegen Verstoß gegen das Rechtsberatungsgesetz, weil er versucht hat, die Verträge seines Kunden im Verhandlungswege zu optimieren.

Oswald:
Es ist aber doch zunächst einmal ein technisches Problem zu erkennen, wo liegt der Arbeitsaufwand und wie kann ich sicherstellen, daß er vernünftig honoriert wird. Da können doch Juristen gar nichts zu sagen.

Jagenburg:
Das ist richtig, die technischen Vorgaben benötigen wir, nur wenn ein Architekt beispielsweise hingeht und anfängt, Bauverträge für seinen Kunden zu formulieren, dann wird es schon kritisch, und in der Projektsteuerung haben wir das ja ständig, das gesamte Nachtragsmanagement, das Behinderungsmanagement, das die Objektsteuerer betreiben, ist weitgehend Rechtsberatung. Diese Erkenntnis setzt sich zunehmend durch. Ich möchte deshalb darauf hinweisen, daß es auch einen Sonderfachmann für Baurecht gibt und daß man nicht als Techniker glaubt, man könnte selbst Vertragsgestaltung betreiben.

Frage:
Das würde doch heißen, daß jedes kleine Architekturbüro einen Juristen einstellen muß, der die Verträge abschließt.

Jagenburg:
Sie schließen sowieso die Werkverträge nicht selbst ab, sondern Sie können Ihrem Auftraggeber nur bei der Vorbereitung der Verträge helfen. Dabei sollte man sich aber auf die Verwendung von Formularverträgen beschränken und nicht selbst irgendetwas zusammenstricken. Wenn Sie einen Einheitsarchitektenvertrag verwenden und Bauverträge aus den Fachverlagen, kann Ihnen niemand einen Vorwurf machen.

Oswald:
Das ist ja auch nicht gemeint, es geht ja nicht um den Einzelvertrag, es geht ja mehr um die Frage, wie kann man generell so etwas vernünftig grundsätzlich gestalten.

Frage:
Die Untersuchungen des AIBau zum Instandsetzungsbedarf des Altbaubestandes in den neuen Bundesländern beziffern die Kosten „zur Erhaltung der Gebrauchtauglichkeit". Wie sind Sie in Fällen verfahren, wo z. B. in Mehrfamilienhäusern die lediglich soweit instandgesetzt werden, daß sie gebrauchstauglich sind? Ergibt das nicht völlig unrealistische Zahlen?

Oswald:
Ihre Frage betrifft ein wichtiges Problem derartiger Untersuchungen. Wir haben tatsächlich in mehreren Städten Mehrfamilienhäuser mit Trockenklos untersucht. Wir waren hier der Meinung, daß eine normale WC-Ausstattung zum absoluten Mindeststandard einer gebrauchstauglichen Wohnung gehört. Es gibt viele ähnliche Situationen, wo wir eine vernünftige Entscheidung darüber treffen mußten, was als „werterhöhende Modernisierung" und was als „Instandhaltungsmaßnahme" zu gelten hatte. Bedenken Sie bitte, daß es uns eigentlich darum ging, eine realistische Meßzahl für den „Schädigungsgrad" des Bestandes zu finden.

Frage:
Der Sachverständige ist häufig mit der Instandsetzung von Einzelbauteilen beschäftigt. Ist nach ihrer Meinung, z. B. bei einer Flachdachsanierung neben der Erneuerung einer Warmdachhaut, eines Warmdachaufbaus bei der Ermittlung der anrechenbaren Kosten auch das (alte) Dachtragwerk zu berücksichtigen?

Arlt:
Das Dachtragwerk ist zu berücksichtigen, soweit die Substanz mitverarbeitet wird bzw. wenn geplant und überwacht wird, sonst ist für die Konstruktion sicherlich kein Mehraufwand gegeben. Ich versuche, nach dem gesunden Menschenverstand zu beantworten, mehr kann ich hier nicht tun. Der Abriß dessen, was heruntergenommen wird und ersetzt wird, gehört mit in die anrechenbaren Kosten, d. h. soweit dieser Abriß geplant oder überwacht wird. Die eigentliche Dachtragkonstruktion wird ja in dem Sinne in der Planung gar nicht mitverarbeitet, wird also auch nicht mit einzurechnen sein. Die Antwort kann im Grunde nur im Einzelfall gegeben werden.

Oswald:
Es geht doch um die Frage, wie der erhöhte Planungsaufwand bei Bauleistungen im Bestand sinnvoll schon in den anrechenbaren Baukosten Berücksichtigung findet. Meist werden die angrenzenden Bauteile mit untersucht. Im

117

Hinblick auf das Dachbeispiel kann ich nur empfehlen, die Überprüfung des Stahlbetonbauteils mit in die Leistung aufzunehmen. Ich habe schon mehrfach bei Stahltrapezblechkonstruktionen erlebt, daß ein neuer Warmdachaufbau hergestellt wurde, ohne den Korrosionszustand des Blechs zu prüfen. Die Untersuchung ergab dann nur noch eine eingeschränkte Tragfähigkeit und damit erhebliche weitere Sanierungskosten. Es ist also vernünftig und notwendig, die Überprüfung der angrenzenden Bauteile mit in die Leistung ausdrücklich aufzunehmen. Damit wird klar, daß sie auch in den anrechenbaren Kosten berücksichtigt werden können.

Frage:
Wie sind Risse zu beurteilen, die auf anfängliche Prozesse zurückzuführen sind und sich vermeiden ließen, wenn die Bauteiloberflächen erst nach Ablauf des Prozesses fertig behandelt würden?

Jagenburg:
Dieser Fall ist auch bei uns schon vorgekommen, wo zu früh verputzt worden ist, obwohl im Untergrund, ich glaube, das war Leichtbeton oder so etwas, die Schwindvorgänge noch nicht ausreichend abgeklungen waren. Das ist sicherlich ein Problem der Koordinierung zunächst einmal aus der Sicht des planenden Architekten. Dieser darf die nachfolgenden Arbeiten erst dann abrufen, wenn der Untergrund dafür ausreichend geeignet ist. Das ist aber auch ein Problem der Hinweispflicht des Bauunternehmers, der wissen muß, ob er auf diesen Untergrund schon draufgehen kann, ohne daß das zu Rissen führt. Notfalls muß man die Leistung ablehnen, sich freizeichnen von der Haftung. Das kann man ja im Zusammenhang mit der Hinweispflicht, wenn der Bauherr trotzdem darauf besteht.

Frage:
Kann ich Haftungsbeschränkungen oder Haftungsausschlüsse auch auf der Rechnung vornehmen, z. B. Fugen sind alle zwei, drei oder alle vier Jahre zu erneuern?

Jagenburg:
Auf der Rechnung ist das sicherlich zu spät. Wenn, dann muß das bei der Auftragserteilung klargestellt werden.

Frage:
Zu der OLG Celle-Entscheidung mit den abgehängten Decken: Wo bleibt die Eigenhaftung der Handwerker, muß der Architekt jetzt wirklich dauernd danebenstehen?

Jagenburg:
Zur Eigenhaftung der Handwerker ist zu sagen, daß auch hier eine gesamtschuldnerische Haftung gegeben war. Nur war der Fall nach meiner Kenntnis der Dinge so, daß die Haftung gegen den Unternehmer bereits verjährt war oder dieser nicht mehr greifbar war, als die Decke nach 7, 8 Jahren heruntergekommen ist. Danebenstehen braucht der Architekt bei solchen Dingen natürlich nicht, aber er soll nach der Rechtsprechung stichprobenartig prüfen. Er muß zu Anfang darauf achten, daß der Handwerker Nägel nimmt, die ausreichend lang und gedreht sind.

Frage:
Sind geringfügige Fassadenausblühungen als Mangel zu betrachten?

Jagenburg:
Da weiß ich jetzt nicht, was geringfügig, was nicht geringfügig ist. Im Prinzip würde ich sagen, bei einer Fassade sind auch geringfügige Ausblühungen als Mangel zu betrachten. Die Frage ist nur, ob ich das mit einer Minderung wegbekomme oder ob ich hier einen Nachbesserungsanspruch durchsetzen kann, der die Fassade zum Schluß nur verschlimmbessert. Das hat man auch oft, deswegen sehe ich das mehr als ein Problem der Minderung an.

Dahmen:
Ob Fassadenausblühungen als geringfügig zu bezeichnen sind, hängt nicht nur von der Beeinträchtigung des Erscheinungsbildes einer Fassade ab, sondern auch vom dem Geltungswert dieser Fassade. Ausblühungen, die auf einer Hinterhausfassade, die nur begrenzt einsehbar ist, wenig auffällig sind, können auf einer zur Straße orientierten, repräsentativen Hausfassade durchaus als störend empfunden werden. Eine Bewertung kann nur im Einzelfall erfolgen.

Frage:
Wie ist es zu bewerten, wenn eine Einfugfirma in ihrem Briefkopf jede Haftung für Ausblühungen nach Ausführung solcher Sanierungsmaßnahmen ausschließt?

Jagenburg:
Das würde ich auf den ersten Blick in dieser allgemeinen Form nicht für zulässig halten. Sie kann meines Erachtens nicht generell die Haftung für die ordnungsgemäße Ausführung ihrer Arbeit ausschließen.

Dahmen:
Wenn es ein Verfahren gäbe, wonach Ausblühungen sicher ausgeschlossen werden könnten, würde ich dem zustimmen. Ausblühungen können aber auch bei ordnungsgemäßer Ausführung der Einfugarbeiten entstehen, insofern ist ihre Beurteilung nicht so eindeutig.

Jagenburg:
Da stößt sich die Technik wahrscheinlich wieder mit dem Recht. Der Jurist wird eine Ausblühung eher als Mangel ansehen als ein Techniker, weil der BGH nun mal gesagt hat, ob etwas regelgerecht ist oder nicht, ob es machbar ist oder nicht, interessiert nicht, wir haben eine Erfolgshaftung. Wenn man nicht diesen Erfolg gewährleisten kann, dann muß man die Leistung unterlassen. Das ist die Sicht des BGH.

Oswald:
Herr Jagenburg, ich muß aus technischer Sicht – wie bereits bei unserer Rißdiskussion – widersprechen. Ausblühungen sind bis zu einem bestimmten Grad kein Mangel, sie gehören zum normalen Erscheinungsbild eines neu hergestellten Ziegelmauerwerks. Es gibt da Grenzen, wo sie nicht mehr hinnehmbar sind, die Grenze kann aber nur der Techniker nennen, nicht der Jurist!

Jagenburg:
Ich habe damit persönlich kein Problem, denn ich habe ja seit dem Fall der Blasbachtalbrücke immer die Meinung vertreten, wenn ein Bauunternehmer oder ein Architekt nach den Regeln der Technik arbeitet, kann er mehr nicht tun. Ich muß nur sagen, der BGH hat das so bislang nicht mitgemacht, sondern gesagt, auch Risse in einer Spannbetonbrücke, die nach Meinung der Techniker nicht vermeidbar waren (so war damals das Gutachten), sind ein Mangel.

Oswald:
Wenn der Sachverständige sagt, daß ein Sachverhalt aus technischer Sicht kein Mangel ist, also zur üblichen Beschaffenheit eines nach den allgemein anerkannten Regeln der Bautechnik hergestellten Bauteils gehört, dann hat der BGH doch da gar nichts mehr zu sagen. Der BGH hat doch nicht das technische Problem, sondern das juristische Problem zu lösen.

Jagenburg:
Ja, aber der Mangelbegriff ist eben ein Begriff, der sowohl eine technische Basis hat als auch eine rechtliche Relevanz, und selbst wenn Sie als Techniker sagen, dieser Riß ist technisch kein Mangel, dann kann der Jurist trotzdem sagen, wenn die Gebrauchstauglichkeit dadurch beeinträchtigt wird, ist dies ein Mangel, und bei einer Fassade, wenn die Optik beeinträchtigt, wird gemindert.

Frage:
Wie wird ein Honorar für den Architekten ermittelt, wenn der Hochbauanteil bei 10 % liegt und die technische Gebäudeausrüstung bei 90 % und für die TGA ein Sonderfachmann eingeschaltet wird?

Arlt:
Da kann ich nur sagen, wenn die 10 % die gesamten 90 % mit integrieren müssen in den Hochbauanteil, dann gilt der § 10 Abs. 4, nämlich, daß 25 von 100 der sonstigen anrechenbaren Kosten voll gerechnet werden und die darüber hinaus zur Hälfte, das wäre angemessen, weil die Integration dieser technischen Ausrüstung doch einen erheblichen Aufwand verursacht. Sonst wäre zu überlegen, welche der Leistungen die andere dominiert, in welcher Form die Intergration erfolgt, um die Angemessenheit des Honorars beurteilen zu können.

Frage:
Besteht Aussicht, daß die HOAI hinsichtlich § 11 – Planungsanforderungen für Instandsetzungen – nachgebessert wird?

Arlt:
Ich glaube nicht, denn man ist bei der HOAI eher an einer Entfeinerung interessiert, als an einer nochmaligen Aufarbeitung der Probleme. Wir haben es gemerkt, als das Gutachten zum Planen und Bauen im Bestand von Professor Pfarr vorlag. Es wurde nicht integriert, weil man der Auffassung war, daß ein neues Leistungsbild, auch wenn es 50 % der Leistungen betrifft, nicht mehr in die HOAI hineingehört. Dafür hat man dann § 15 Abs. 4 formuliert und hat einige Besondere Leistungen angehängt. Ich kann mir eine entsprechende Nachbesserung nicht vorstellen, andererseits müssen wir vielleicht alle nur entsprechend lange insistieren, vielleicht kommt dann noch etwas nach, in diesem Jahrhundert aber wohl kaum noch.

2. Podiumsdiskussion am 18.3.1996

Lamers:
Herr Doppler, Industrieverband Hartschaum, gibt als Mitglied des Normenausschusses den Hinweis, daß die DIN 4108-7 Vornorm Luftdichtheit von Bauteilen und Anschlüssen nicht, wie ich in meinem Vortrag angekündigt habe, im April 1996, sondern verzögert erscheinen wird. Bei der kontrovers geführten Diskussion, wie die Luftdichtheit von Gipskartonverkleidungen einzustufen sei, sei in der Norm festgelegt worden, daß bei richtigem Verspachteln oder Verkleben der Stoßfugen und einem zusätzlichen Folienanschluß zur Giebelwand oder zu anderen einbindenden Bauteilen die Gipskartonschale selbst eine Luftdichtheitsschicht darstelle und entsprechend eine zusätzliche Luftdichtheitsschicht (in Form einer Folie oder einer Papierlage) nicht erforderlich sei.

Oswald:
Wir Sachverständige sollten gegen eine solche Lösung opponieren: Die Luftdichtheit der Konstruktion nur durch die Gipskartonplatte hinbekommen zu wollen, halte ich für falsch. Uns sind zu viele Fehlerquellen am Anschluß von solchen Platten bekannt. Man braucht eine eigene Luftdichtheitsschicht, die hinter dieser Oberfläche liegt, alles andere ist Leichtsinn.

Frage:
Welche Oberflächenschutzmaßnahme würden Sie bei Waschbetonfassaden (Sandwichelemente) vorziehen, wenn die Waschbetonschale relativ schnell Feuchtigkeit aufnimmt.

Franke:
Ja, Sie würden sich nicht wundern, wenn ich jetzt sage, daß ich sie beschichten würde. Allerdings müßten zuvor eventuelle Risse saniert und eine ausreichende Dichtigkeit der Fugen überprüft werden. Als Beschichtung könnte man hier transparente, filmbildende Beschichtungen wählen oder transparente Lasuren. Die letzteren haben den Vorteil, daß sie das Erscheinungsbild der Waschbetonoberflächen nicht wesentlich verändern.

Oswald:
Herr Franke, bei der allgemeinen Diskussion über eine angemessene Sanierung von Fassadenoberflächen wurde meist von Beschichtungen mit dem Argument abgeraten, daß diese z. B. schalenförmig abgedrückt werden. Können Sie Ihre völlig andere Position noch einmal erläutern?

Franke:
Zunächst sei einmal vorausgesetzt, daß die Schutzbedürftigkeit einer vorhandenen Fassade gegeben ist. Dann haben wir die Möglichkeit zu hydrophobieren oder zu beschichten. In der Praxis, insbesondere bei historischen Gebäuden, ist das Hydrophobieren der Oberflächen beliebt, weil diese Schutzmaßnahme am wenigsten sichtbar ist. Wenn Sie als Planender oder Ausführender in diesem Zusammenhang allerdings Fehler machen, kann das drastische Auswirkungen haben. Es kann bedeuten, daß nach einer Reihe von Jahren sich zum Beispiel 5 mm starke Teilflächen ablösen. Das ist zwar selten, aber es gibt Beispiele in der Praxis. Zu beachten ist ja auch, daß zum Beispiel nach 10 Jahren mit einer Abnahme der Hydrophobierungswirkung zu rechnen ist. Wenn sich dann noch Salze im Untergrund befinden, können Sie im Zusammenhang mit Hydrophobierungen großen Ärger bekommen. Bei Beschichtungen können Sie dagegen sehen, wenn solche negativen Prozesse ablaufen, und wenn dort Schäden auftreten, dann sind sie meistens für die Substanz weniger gravierend.

Oswald:
Sie würden das dann auch vertraglich vereinbaren; Sie zeigten da z. B. einen Sockelbereich, Sie sagen, das ist die Problemzone, hier muß also praktisch mit Abplatzungen bei Beschichtungen gerechnet werden.

Franke:
Nein, so habe ich das nicht gesagt. Ich habe einen beschichteten Sockel gezeigt, der teilweise noch lose Natursteinkrusten aufwies. Die dortigen Abplatzungen sind nicht auf die Beschichtung zurückzuführen, sondern auf eine mangelhafte oder nicht sorgfältige Arbeit des Steinmetzbetriebes oder auf die Auffassung der dortigen Verantwortlichen, die vielleicht gemeint haben, aus Gründen der Substanzschonung auch weitgehend lose Krusten auf der Natursteinoberfläche zu belassen. Ich will jetzt aber nicht in die Natursteinrestaurierung abgleiten.

Man muß aber auch sehen, daß bei großen restaurierten Gebäuden, wie zum Beispiel Rathäusern, immer Teilflächen mit Mängeln auftreten können. Dies läßt sich auch kaum vermeiden, weil Sie nicht die gesamte Substanz analysieren können. Hiermit kann man in der Regel aber auch leben. Was wir nicht gebrauchen können, sind großflächige Schäden.

Frage:
Welche Maßnahmen wurden zur Beseitigung der Feuchtigkeitsschäden in dem Fallbeispiel der Kirche vorgeschlagen, die durch die fehlerhafte Imprägnierung entstanden waren?

Dahmen:
Aus technischer Sicht hätten die Schlagregendurchfeuchtungen und die daraus resultierenden Feuchtigkeitsschäden mit absoluter Sicherheit nur durch eine hinterlüftete Verkleidung der schadensbetroffenen Außenwände beseitigt werden können. Das hätte das Erscheinungsbild der Kirche in nicht akzeptabler Weise verändert.
Ziel der Sanierungsmaßnahmen mußte es daher sein, durch möglichst weitgehende Beseitigung der vorhandenen Fehlstellen die Wasseraufnahme von außen zu verringern und gleichzeitig die Austrocknungsmöglichkeit nach außen und innen so zu verbessern, daß neue Feuchtigkeitsschäden im Inneren nicht entstehen.
Im einzelnen wurden für alle schlagregenbeanspruchten Außenwände folgende Maßnahmen vorgeschlagen:
Alle Fugen sind möglichst tief, mindestens 3 cm, gleichmäßig auszukappen und vollfugig fachgerecht neu zu verfugen. Die neue Verfugung ist nicht zu imprägnieren. Eine ausreichende Dichtigkeit muß allein durch einen hohlraumarmen Mörtel, gute Verdichtung und eine einwandfreie Ausführung erreicht werden.
Anschlüsse von Werksteinabdeckungen der Pfeilervorlagen oder von ähnlichen Bauteilen, über die ebenfalls Wasser in den Mauerwerksquerschnitt eindringen kann, sind fachgerecht zu erneuern.
Der Innenputz der schadensbetroffenen Flächen ist abzuschlagen, die Fugen des Mauerwerks sind möglichst tief, mindestens 2 cm, auszukratzen. Verbleibende auskristallisierte Salze sind mechanisch (z.B. durch Bürsten) ohne Verwendung von Wasser oder Lösungsmittel zu entfernen. Dem so bearbeiteten Meuerwerk ist eine möglichst lange Zeit zum Austrocknen zu geben. Danach ist auf die vorbereiteten Flächen ein mindestens 2 cm dicker Sanierputz mit möglichst großer Wasserdampfdurchlässigkeit und geringer Kapillarität auf einem nicht volldeckenden Spritzbewurf fachgerecht aufzubringen. Auf den Sanierputz dürfen nur gut dampfdurchlässige Farbsysteme aufgebracht werden.
Durch den Sanierputz soll die Austrocknungsmöglichkeit nach innen für Wasser, das auch nach den Sanierungsmaßnahmen auf der Außenseite in den Wandquerschnitt eindringen kann, vergrößert werden. Dabei können die aus dem Mauerwerk möglicherweise nach wie vor mitgeführten Salze in den Porenräumen des Sanierputzes ohne Oberflächenschäden auskristallisieren, allerdings nur so lange, bis alle Porenräume mit Salz aufgebraucht werden. Dann wird ein Sanierputz durch den Kristallisationssprengdruck genau so zerstört wie ein herkömlicher Putz. Ob und wann dieser Zustand eintritt, hängt vom zukünftigen Wassertransport durch die Wand und vom Salzangebot in der Wand ab und kann daher nicht sicher abgeschätzt werden. In vielen Sanierungsfällen hat sich der Zustand nach dem Auftragen von Sanierputzen so stabilisiert, daß keine neuen Schäden aufgetreten sind.

Frage:
Sollte man eine Fassade, durch die Schlagregen dringt und bei der das Fugennetz erkennbar geschädigt ist, nicht zunächst am Fugennetz sanieren?

Dahmen:
Selbstverständlich sollte zunächst das Fugennetz überarbeitet bzw. erneuert werden. Es ist allerdings darauf hinzuweisen, daß selbst bei sorgfältiger handwerklicher Ausführung der Fugen in der Regel sehr viel Wasser über diese in den Wandquerschnitt eindringt. Dies haben Untersuchungen gezeigt, die wir Anfang der 90er Jahre durchgeführt haben. Es kommt daher darauf an, daß der gesamte Wandquerschnitt vollfugig gemauert ist, damit eine ausreichende Wasserspeicherfähigkeit zustande kommt.

Frage:
Wie ist die Qualität von Geräten zum Aufspüren von Bewehrung und zum Messen der Betonüberdeckung zu bewerten?

Meisel:
Ich habe das bewußt nicht als Beispiel gebracht, weil ich der Meinung bin, daß das normalerweise ein Untersuchungsbereich ist,

der vom spezialisierten Fachberater betrieben wird. Natürlich sind die Geräte sehr erprobt, und wir arbeiten sehr intensiv damit, also von der Qualität her hervorragend zu bewerten. Mehr kann ich eigentlich nicht dazu sagen.

Frage:
Warum wurden die Rathäuser beschichtet?

Franke:
Einmal als zusätzlicher Witterungsschutz, zum anderen, um sie partiell zu pigmentieren bzw. um Teilbereiche, die unterschiedlich stark ausgeprägte Patina aufweisen, einander anzugleichen. Diese Lasuren erlauben ja eine individuelle Anpassung, wenn Sie wollen, von Stein zu Stein, und insofern ist das ein ganz vernünftiges Handwerkszeug.

Frage:
Wie lange hält eine solche Maßnahme?

Franke:
Genau das ist die Fragestellung, die wir uns im Rahmen eines Projektes zur Zeit stellen. Ich erwähnte ja die 20 Jahre alten Lasurbehandlungen auf Naturstein. Sie können der Oberfläche überhaupt nichts Negatives ansehen, und ich erwähnte auch, daß filmbildende Beschichtungen inzwischen ausgeführt wurden, die über 10 bzw. 15 Jahre alt sind und eigentlich noch völlig normal aussehen.

Frage:
Schafft man sich dadurch nicht ein Dauerproblem?

Franke:
Das hängt von der Beschichtung ab, die Sie wählen und wie Sie sie aufbringen und wie intensiv usw. Wenn Sie dicke Schichten aufbringen, dann wird das Dauerhaftigkeitsproblem vielleicht irgendwann da sein, obwohl ich postuliert hatte, Sie erinnern sich, daß nur solche Beschichtungen aufgebracht werden sollten, die flächig abwittern, d.h. nicht in Krakeleeform. Die von mir erwähnten Beschichtungen haben sich bisher so verhalten, so daß ich auch dort keinen Grund für Befürchtungen sehe. Bei den Lasuren ist das Verhalten sowieso günstiger zu beurteilen, weil diese oberflächlich etwas in die Poren eindringen und daher von vornherein in porösen Oberflächen schon anders verankert sind. Ganz glatte Oberflächen bleiben allerdings in diesem Zusammenhang ein Problem.

Frage:
Sind die als Anwendungsgrenze bei Hydrophobierungen benannten Rißbreiten kleiner 0,2 mm auch bei Lasuren und Beschichtungen anwendbar?

Franke:
Das hängt von der Beschichtung ab. Ich denke, daß bei Beschichtungen 0,2 mm Rißbreite durchaus ein akzeptables Maß ist, während im Grunde bei Hydrophobierungen 0,2 mm schon zuviel sind.

Frage:
Ist eine Beschichtung nicht eine Dampfsperre an der falschen Seite und sind Diffusionsschäden daher vorprogrammiert, während Hydrophobierungen atmungsfähiger sind? Warum ist eine Beschichtung bauphysikalisch besser als eine Hydrophobierung?

Franke:
Das Letztere habe ich natürlich nicht gesagt, ich habe nur andere Gründe genannt. Eine Beschichtung ist dann potentiell negativ, wenn Sie deren Wirkung nicht vorher überprüfen. Ich hatte im Vortrag deutlich gesagt, daß zumindest bei transparenten Beschichtungen keine Wasserdampfkondensation hinter den Beschichtungen zugelassen werden sollte. Wasserdampfkondensation in einem Querschnitt heißt ja nach DIN 4108 noch lange nicht, daß es nicht zulässig wäre. Aber gehen Sie bei solchen Beschichtungen strenger vor. In der Regel sind aber aus dieser Sicht keine Probleme zu erwarten.

Oswald:
In welcher Größenordnung liegen die s_d-Werte von solchen Beschichtungen?

Franke:
Sie liegen meistens unter 2 m.

Frage:
Muß ich Hydrophobierungen immer wieder erneuern? Wenn nicht, geht dann der Schadensprozeß schneller voran?

Franke:
Im Prinzip ja. Ich sage „im Prinzip". Man kann es aber wiederum nicht für jeden Fall verallgemeinern. Es hängt durchaus von den örtlichen Gegebenheiten ab. Hydrophobierungen sind dann sehr gut, wenn sie fachgerecht verwendet werden und nach einer Reihe von Jahren wieder erneuert werden, dann können Sie wunder-

bar damit leben. Uns bekannte Hydrophobierungen haben eine Haltbarkeit von ca. 5 bis 6 Jahren, teilweise 12 Jahren.

Oswald:
In meinem Einleitungsvortrag hatte ich dargestellt, daß eine häufige Ursache von Sanierungsschäden die mangelhafte Kontrollierbarkeit der ausgeführten Arbeiten ist. Die Kontrollierbarkeit der Leistung ist bei Beschichtungen wesentlich besser gegeben als bei Hydrophobierungen, das ist ein wichtiges, von Herrn Franke vorgetragenes Argument.

Frage:
Sie sagten eben, man müßte entsprechende Voruntersuchungen durchführen, um zu klären, ob man eine Hydrophobierung ausführen kann. Welche Untersuchungen sind das?

Franke:
Zunächst kommt es auf die Wahl des richtigen Mittels an, um eine möglichst große Eindringtiefe zu erreichen. Dies können Sie nur an Testflächen feststellen, indem Sie nach den Hydrophobierungstests zum Beispiel kleine Bohrkerne 20 mm Durchmesser an verschiedenen Stellen entnehmen, um das Eindringverhalten zu kontrollieren. Es sollte angestrebt werden, Eindringtiefen von mindestens 5 mm zu haben. Eindringtiefen von etwa 1 mm sind zum Beispiel bei Naturstein unakzeptabel. Bei Sichtmauerwerken aus Klinkern oder dichten Vormauerziegeln sind dagegen kaum Eindringtiefen zu erzielen, da die Brennhaut auch die Hydrophobierungsmittel nur schwer durchläßt. Die Lösemittelbasis des Hydrophobierungsmittels beeinflußt deutlich das Eindringverhalten. Hinterher müssen Sie an den Testflächen Wasseraufnahmetests durchführen, um zu bestätigen, daß möglichst kein Wasser mehr aufgenommen wird.

Oswald:
Ich kann verstehen, daß man diese Untersuchungen am Hamburger Rathaus macht. Wenn wir aber nur ein Einfamilienhaus haben – ist dann dieser Aufwand angemessen?.

Franke:
Sie kommen nicht darum herum, dieselben Voruntersuchungen zu machen, es sei denn, der Eigentümer verzichtet darauf, auch wenn Sie ihn darüber aufgeklärt haben, was passieren kann. Wenn Sie allerdings Neuverfugungen vorliegen haben bzw. ein neues Einfamilienhaus und extrem saugfähige, z.B. irgendwelche holländischen Vormauerziegel, dann können Sie schon ohne zusätzliche Untersuchungen hydrophobieren. Mit ein bißchen Erfahrung weiß man auch, welches Hydrophobierungsmittel wahrscheinlich dafür geeignet ist. Aber immer dann, wenn es ein altes Gebäude ist, ob eine kleine Hütte oder das Hamburger Rathaus, müssen Sie es genauer untersuchen, wenn Sie es richtig machen wollen bzw. spätere Schäden vermeiden wollen.

Oswald:
Herr Franke, Sie verwenden zur Ermittlung der Wasseraufnahme an der Fassade eine große Prüfplatte. Auch Knöfel verwirft in einer neueren Veröffentlichung die Karstenschen Prüfröhren, die wir und andere Sachverstände immer noch gerne anwenden. Was ist der Vorteil dieser großen Platte?

Franke:
Also ich denke, Prof. Knöfel hat das auch so nicht gesagt. Wir haben auch nie gesagt, daß das Karstensche Röhrchen vielleicht nicht geeignet ist. Es kommt immer darauf an, was Sie damit messen wollen. Auf geschlossenen Oberflächen benutzen wir es stets, weil es sehr einfach zu handhaben ist. Wenn Sie praktisch nur ein homogenes, poröses Substrat haben, dann können Sie sehr gut verwertbare Ergebnisse mit dem Karstenschen Röhrchen bekommen. Ist dann noch nicht unmittelbar A-Werte in der $\sqrt{\tau}$-Funktion, so ist es bekommen eine gute Näherung. Wenn Sie mit dem Karstenschen Röhrchen auf Fugen arbeiten wollen und quantitative Ergebnisse benötigen, dann liegen Sie in der Regel völlig falsch, weil Sie Zufallswerte bekommen. Außerdem ist die Druckhöhe von 11 cm unseres Erachtens viel zu hoch.

Oswald:
Sie sprechen von nicht intakten Fugen. Wenn ein gut verfugtes Mauerwerk vorliegt, erhält man mit der Karstenschen Röhre eine verwertbare Aussage.

Franke:
Das haben wir schon hundertmal probiert, auch im Labor. Wir glauben dem Karstenschen Röhrchen in diesem Fall eben nicht, wenn es um quantitative Werte geht, weil auch bei intakten Fugen die Wasseraufnahme über die Fugendicke ungleichmäßig ist und weil der Wert eben auch deutlich von der Meßfläche abhängt, die je nach gewählter Dicke der Kittschicht bei den Röhrchen ziemlich willkürlich ist. Sie bekommen dann

von Fall zu Fall völlig unterschiedliche Ergebnisse, mit denen Sie wenig anfangen können, es sei denn, Sie begnügen sich mit einer groben Abschätzung. Das sagt auch Prof. Knöfel, und dem schließen wir uns voll an.

Meisel:
Ich habe mich zu Anfang auch gefragt, als ich diese Platte noch nicht kannte, worin deren Vorteil liegt. Für mich liegt es wirklich in der definierten Fläche, es ist praktisch ein definiertes Element, was mir die gleichen Ergebnisse liefert. Wo ich allerdings Schwierigkeiten sehe, wäre die Handhabung. Wir haben schon Schwierigkeiten genug, die relativ kleine Fläche des Karstenschen Röhrchens, die runde Fläche vernünftig so zu fixieren, daß das auch wirklich hält. Wie machen Sie das mit diesem riesengroßen Plattengerät, wenn man etwas unebene Untergründe hat?

Franke:
Bei warmem Wetter haben Sie überhaupt keine Probleme, weil dann die Kittstreifen gut haften. Wenn Sie allerdings bei sehr kalten Temperaturen messen wollen, was ja im übrigen in der Regel wenig sinnvoll ist, kann man zur Verbesserung der Haftung die Kitte modifizieren. In besonders schwierigen Fällen kann man bei Mauerwerk zusätzlich einen Maueranker verwenden, mit dem dann die Wasseraufnahmemeßplatte gegengespannt werden kann. Wegen der vielen Nachfragen nach dieser Platte wird sie demnächst auf dem Markt erhältlich sein. Wir finden diese Platte sehr geeignet, weil wir jahrelang damit gearbeitet haben und quantitative Ergebnisse erhalten werden, z.B. wenn es darum geht, ein Maß für die Schlagregendichtigkeit einer Sichtmauerwerksfassade zu ermitteln.

Dahmen:
Wenn man wissenschaftliche Untersuchungen und lange Meßreihen durchführen will, liefert die Prüfplatte sicherlich die besseren Meßergebnisse. Der praktisch tätige Sachverständige braucht zur Beurteilung von Schäden an einer Fassade, die auf Durchfeuchtungen zurückzuführen sind, in der Regel aber nur eine qualitative Aussage über die Wasseraufnahme, und hierfür halte ich das Karstensche Röhrchen wegen seiner leichten Handhabbarkeit für besser geeignet.

Franke:
Da sind wir ganz anderer Meinung, muß ich gestehen, weil gerade im Falle von Hydrophobierungen Sie wissen müssen, ob ggf. in welchem Umfang noch Wasser aufgenommen wird. Messungen mit dem Karstenschen Röhrchen insbesondere auf Fugen sind in diesem Fall Zufallsprodukte.

Dahmen:
Die Wasseraufnahme soll je Fassade an mindestens je 10 Stellen auf Steinen und Fugen mit dem Karstenschen Röhrchen überprüft werden, sowohl auf intakten Stellen als auch an Fehlstellen. Ich meine, daß hieraus bei einiger Übung bei der Anwendung des Röhrchens schon relevante Schlüsse gezogen werden können.

Franke:
Sie können dann aber sagen, daß Fehlstellen da sind und in welchem Umfang von diesen Wasser aufgenommen wird. Insbesondere kleinere Fehlstellen lassen sich häufig mit bloßem Auge nicht erkennen, so daß Sie sie ggf. mit dem Karstenschen Röhrchen auch gar nicht erfassen können.

Oswald:
Wir sollten die Diskussion hier nicht weiterführen. Für alle Kollegen sollte die Erkenntnis wichtig sein, daß die Messungen mit Karstenschen Röhren in einigen Anwendungsfällen offenbar umstritten sind.

Frage:
Welche Antigraffiti-Mittel sind zweckmäßig und schaden nicht dem Mauerwerk?

Franke:
Es gibt temporäre Antigraffiti-Beschichtungen und dauerhafte Beschichtungen. Eine größere Palette von Produkten befindet sich auf dem Markt. Das geht von heißwasserlöslichen Systemen bis zu Epoxydharzprodukten. Je dauerhafter diese Beschichtungen sind, je mehr muß man prüfen, ob die Randbedingungen für eine Anwendbarkeit gegeben sind, wie ich sie im Zusammenhang mit anderen transparenten Beschichtungen erwähnt habe. Bei den temporären Beschichtungen ist es so, wenn Sie feststellen, daß sie zu irgendwelchen Mängeln führen, daß Sie diese mit Heißwasserhochdruckstrahlen abwaschen können. Die von uns bisher getesteten temporären Produkte erfüllen ihren Zweck, d.h. daß nach Aufsprühen von Graffiti diese zusammen mit der temporären Beschichtung mit Heißwasser wieder abgespült werden können. Wie Ihnen bekannt, müssen die

temporären dann wieder neu appliziert werden. Von dauerhaften Produkten, zum Beispiel auf der Basis von Epoxydharzen, können Graffiti einfacher mit lösenden Produkten entfernt werden. Ein entscheidendes Problem in diesem gesamten Bereich ist allerdings die Entsorgung der abgewaschenen Substanzen, egal mit oder ohne Graffiti-Beschichtung.

Frage:
Können Sie etwas sagen zu den Zielvorstellungen der geplanten Neufassung der jetzigen Wärmeschutzverordnung? Es ist ja angekündigt, daß sie 1999 kommen soll; als politische Größe ist das in den Raum gestellt worden. Gibt es praktikable Erfahrungen, Ergebnisse und Empfehlungen, die jetzt schon auf vernünftige Art und Weise für den Hausbau verwendet werden können?

Lamers:
Zu der für 1999 ins Auge gefaßten Novellierung der Wärmeschutzverordnung kann ich nur von den Dingen berichten, die in die Öffentlichkeit getragen werden. Mir sind keine darüber hinausgehenden Informationen zugänglich. Es ist geplant, für Neubauten den spezifischen Jahresheizwärmebedarf noch einmal um ca. 30 % zu senken. Je höher das Anforderungsniveau, desto wichtiger wird es aber sein, ein möglichst genaues Berechnungsverfahren, das dabei aber noch handhabbar bleiben muß, einzuführen. Insofern wäre es z.B. wünschenswert, daß bei der Berechnung der solaren Gewinne der erreichbare Sonnenenergie-Nutzungsgrad etwas genauer als bisher berücksichtigt wird. Diese empfehlenswerte genauere Berechnung des Nutzungsgrades kann aber auch jetzt schon jeder an energiesparendem Bauen Interessierte durchführen, indem er die (leider relativ zeitaufwendigen) Berechnungsverfahren der DIN 4108-6 Vornorm und DIN EN 832 zu Rate zieht. Bei großen Fensterflächenanteilen, wie sie z.B. bei Fünfziger-Jahre-Bauten typisch sind, sollte dem sommerlichen Wärmeschuß (Schutz vor Überhitzungen), der für Neubauten in der Wärmeschutzverordnung Anlage 1 Absatz 5 geregelt ist, besondere Aufmerksamkeit geschenkt werden. Zumindest sollten – wenn möglich – die Empfehlungen der DIN 4108-2, Absatz 7, beachtet werden. Steigende Verkaufszahlen von Kleinklimageräten zeigen an, daß der Nutzer Überhitzungen immer weniger akzeptiert und dabei auch den energiezehrenden Einsatz von Klimageräten in Kauf nimmt.

Franke:
Gestatten Sie mir ebenfalls einen Satz zu den Wärmeschutzverordnungen. Zur Frage der Bewertung der Wärmeschutzverordnungen 1982, 1995 und 1999 erscheint von uns demnächst ein Aufsatz in der Zeitschrift „Bauphysik". Die Zusammenhänge sind hochinteressant. Die Äußerungen, die man so hört, daß man die aktuelle Wärmeschutzverordnung schon kaum noch erfüllen kann, stimmen mit der Wirklichkeit überhaupt nicht überein. Wir weisen zum Beispiel nach, daß der Grad des Wärmeschutzes für die nichttransparenten Hüllbereiche in der Regel nicht höher zu sein braucht als nach der Wärmeschutzverordnung von 1982, in einigen Fällen niedriger, allein dadurch bedingt, daß Wärmeschutzverglasungen eingebaut werden, die den Sprung von der 82er auf die 95er Wärmeschutzverordnung in aller Regel bewirken. Auch die Forderungen der geplanten Wärmeschutzverordnung 1999 dürften in der Regel ohne Schwierigkeiten erfüllbar sein, da sie dem Niveau der Hamburger Wärmeschutzverordnung von 1992 entsprechen, welche bis zum Erscheinen der bundesweiten Wärmeschutzverordnung 1995 problemlos angewandt wurde.

1. Podiumsdiskussion am 19.3.1996

Künzel:
Sichtfachwerk bedarf eines größeren Aufwands an Wartung und Betreuung wegen der Aneinanderreihung von Fachwerk und Gefachen mit unterschiedlichen Eigenschaften und den unvermeidlichen Schwindfugen dazwischen. Wenn man ein Fachwerkhaus nach heutigen Anforderungen nutzen will, dann sollte zunächst eine einheitliche Wärmedämmung in der Wandfläche angestrebt werden. Das bedeutet, daß die Wärmedämmung der Ausfachung weitgehend an die Wärmedämmung der Holzkonstruktion mit λ-Werten zwischen 0,13 und 0,20 W/mK angeglichen werden soll. Das ist mit Leichtbeton, Porenbeton oder Dämmörtel möglich. Bei einer thermisch „homogenen Wand" zeichnet sich das Fachwerk nicht ab, wie es bei sehr unterschiedlichen Dämmeigenschaften von Fachwerk und Ausfachung der Fall sein kann. Mit einer zusätzlichen Innendämmung kann man auch bei Fachwerkwänden Dämmwerte entsprechend der heute geltenden Wärmeschutzverordnung erreichen. Als man die bauphysikalischen Zusammenhänge noch nicht so beherrschte, wie dies heute der Fall ist, sind sicher manche falschen Sanierungsmaßnahmen getroffen worden. Dies führte zu einer Skepsis der Denkmalpfleger im Hinblick auf die Anwendung moderner Baustoffe und zu der Forderung, nur „reversible" Maßnahmen zuzulassen. Heute wissen wir mehr und wissen insbesondere, daß heutige Baustoffe zur Sanierung und Erhaltung von denkmalgeschützten Fassaden geeignet sind.

Oswald:
Es geht hier vor allen Dingen um die Frage, ob man die Gefache austauschen oder nicht austauschen soll. Herr Gerner, Sie hatten dargestellt, daß ein Drittel der Fachwerkgebäude unter Denkmalschutz steht und zwei Drittel nicht. Würden Sie zustimmen, wenn bei Gebäuden, die nicht unter Denkmalschutz stehen – die Frage der möglichst weitgehenden Originalsubstanzerhaltung also außer acht gelassen werden kann –, so verfahren wird, wie Herr Künzel es beschreibt?

Gerner:
Herr Dr. Künzel und sein Institut und das Deutsche Zentrum für Handwerk und Denkmalpflege haben viele entsprechende Untersuchungen gemeinsam durchgeführt, deshalb gibt es hier einen großen Bereich, in welchem Konsens besteht. Es gibt aber auch Unterschiede. Ein Unterschied liegt in der Beantwortung der Frage: „Wie stehen Sie zu der Aussage von Herrn Künzel, daß Lehm kein geeignetes Ausfachungsmaterial bzw. nicht besser als andere mineralische Baustoffe ist?" Zunächst einmal, wenn die anderen Baustoffe nicht besser sind, gibt es keinen Grund, intakte Lehmausfachungen zu entfernen. Das ZHD ist der Meinung, daß Lehm bis zum heutigen Tag ein guter Baustoff ist, wenn richtig damit umgegangen wird, wenn er verputzt wird, wenn er vor der Witterung geschützt wird. Daß Lehm auch von anderer Seite als guter Baustoff angesehen wird, ist daran zu erkennen, daß gerade vor wenigen Wochen eine neue Bund-Länder-Kommission ins Leben gerufen worden ist, die sich z.B. um die Lehmbaunormen kümmert; die Lehmbaunormen liegen seit Ende der fünfziger Jahre brach und müssen jetzt aktiviert werden, um den Baustoff Lehm wieder hoffähiger zu machen. Nach diesem Vorspann kann ich die Frage, die Herr Professor Oswald mir gestellt hat, leichter beantworten. Dort, wo der Lehm intakt ist und wo man nicht gerade eine Wand von nur 10 cm Wandstärke hat, kann man durchaus mit dem Baustoff Lehm operieren und auch vorhandene Lehmausfachungen belassen bzw. die Wand verbessern, indem ich einen Teil der Wärmedämmung in Form eines Dämmputzes außen auf dem Lehm aufbringe und einen weiteren Teil zusätzlicher Dämmung auf der Innenseite anbringe. Um es kurz zu machen, auch im Sanierungsbereich außerhalb des Denkmalschutzes würde ich nicht ohne weiteres auf die Lehmfüllung im Gefach verzichten wollen.

Künzel:
Ein Nachteil von Lehm ist u.a. die hohe Wärmeleitfähigkeit. Strohlehm hat z.B. eine Wärmeleitzahl von 0,6 W/mK, ist also wesentlich weniger dämmend als Porenbeton, Leichtbeton oder Dämmputz mit λ-Werten zwischen 0,1 und 0,2 W/mK. Wenn eine vorhandene Lehmausfachung in Ordnung ist, kann die mangelhafte Wärmedämmung durch eine zusätzliche Innendämmung ergänzt werden, z.B. durch eine Porenbetonschale, durch Holzwolle-Leichtbauplatten oder Mineralwolleplatten mit Innenputz oder Gipskartonplatten. Die Innen-

dämmung soll nicht zu dicht sein, damit auch eine Trocknung zum Raum hin möglich ist, aber auch nicht zu durchlässig, damit das Eindiffundieren von Raumluftfeuchte im Winter begrenzt ist. Folgende Richtwerte der Eigenschaften von Innendämmungen sollten eingehalten werden:
Wärmedämmdurchlaß-
widerstand $1/\Lambda < 1,0$ m^{2}K/W
μ-Wert Dämmstoff < 10
s_d-Wert raumseitig (auf Innendämmung) > 0,5 m.

Oswald:
Ich möchte hervorheben, daß Einigkeit darüber besteht, daß Sichtfachwerk in stärker bewitterten Zonen nicht ungeschützt bleiben darf, sondern in irgendeiner Weise geschützt werden muß, z.B. durch hinterlüftete Bekleidungen oder sehr weite Dachüberstände.

Künzel:
Wenn man kein Sichtfachwerk haben will, wenn das Fachwerk verputzt wird, dann ist es natürlich naheliegend, daß man nicht einfach einen Putz aufbringt, sondern entweder ein Wärmedämmverbundsystem oder einen Wärmedämmputz, der dann eine deutlich erhöhte Dämmung entsprechend der Dicke, die gewählt wird, zur Folge hat. Das hat außerdem den Vorteil, daß damit das Holzfachwerk nicht nur geschützt ist vor der Beregnung, sondern in den „warmen Bereich" nach innen kommt und damit auch gute Trocknungsbedingungen für das Holz gegeben sind.

Oswald:
Ich möchte weiter hervorheben, daß die einhellige Meinung besteht, daß Dichtstoffe in bewitterten Außenseiten von Fachwerken nichts zu suchen haben.

Gerner:
Nochmals zum Thema Lehm und Holz und dabei zu zwei Vorteilen von Lehm als historischem Baustoff: Wir haben eine Reihe von Ausfachungen im Randbereich zum Holz getestet und haben untersucht, was passiert, wenn Feuchtigkeit beaufschlagt wird. Wie geht die Verteilung der Feuchtigkeit vor sich? Von allen getesteten Baustoffen bringt Lehm die besten Ergebnisse, d.h. Lehm saugt viel Feuchtigkeit auf, wenn es z.B. regnet oder wenn in Fugen Feuchtigkeit eindringt, und gibt von der Feuchtigkeit nur wenig an das Holz ab. Vielmehr gibt der Gefachelehm die Feuchtigkeit nach und nach wieder an die Innen- und Außenluft über Kapillarwirkung und Verdampfung ab. Zum zweiten, zur Frage der Fugen, die Herr Professor Oswald angedeutet hat: Dieses Problem hat der Lehm früher von selbst gelöst, sobald nämlich in den Haarriß zwischen Holz und Gefach Wasser eindrang, ist der Lehm dort gequollen, und die Fuge war dicht.

Künzel:
Der Lehm hat natürlich keinen Kontakt zum Holz, weil er schwindet, andere Mörtel schwinden auch, allerdings in wesentlich geringerem Maße. Und eine so starke Regenbeanspruchung, daß die positive Eigenschaft des Quellens von Lehm wirksam werden kann, ist einfach nicht zulässig, weil dann der Lehm auch ausgewaschen werden kann.

Frage:
Wann kann man fertige und verbindliche Vorschriften für Flüssigbeschichtungen erwarten? Sind die Hersteller an der Ausarbeitung beteiligt?

Fuhrmann:
Diese Frage läßt sich noch nicht endgültig beantworten. Wir rechnen damit, daß im Laufe dieses Jahres Prüf- und Beurteilungsvorschriften für Flüssigbeschichtungen vorliegen, und zwar zunächst auf nationaler Ebene, denn die für derartige Produkte vorläufig anerkannten Prüfstellen, an die ja bereits Anträge auf Erteilung eines allgemein bauaufsichtlichen Prüfzeugnisses gerichtet werden, müssen handeln, und sie müssen das sehr kurzfristig tun. Auf europäischer Ebene werden die ersten konkreten Ergebnisse sicherlich auch Mitte dieses Jahres vorliegen. Sie werden allerdings noch nicht als verbindlich anzusehen sein, weil bis zu ihrer Verabschiedung noch der bürokratische Weg durch die einzelnen Institutionen, nicht nur bei den Zulassungsstellen selbst, sondern insbesondere bei der europäischen Kommission durchlaufen werden muß. Somit werden die zu erwartenden Regelungen sicherlich noch nicht verbindlich sein können, sondern sie werden im Laufe der Zeit weiter verbessert werden. Grundlage im Sinne einer technischen Spezifikation wird aber immer das erteilte allgemeine bauaufsichtliche Prüfzeugnis sein.
Die zweite Frage zur Mitarbeit der Hersteller kann dahingehend beantwortet werden, daß die Hersteller in Deutschland in dem für diese Belange beim Deutschen Institut für Bautechnik gegründeten Sachverständigenausschuß mitarbeiten. Auf europäischer Ebene

sind die Hersteller bei der Bearbeitung der produktspezifischen Leitlinien für die von ihnen vertretenen Produktbereiche in die Diskussionen einbezogen.

Frage:
Wie waren die Anforderungen an den Schall- und Wärmeschutz bei dem von Ihnen gezeigten Sanierungsbeispiel?

Brenne:
Der Lärmschutz ist durch das Weglassen der Dichtung natürlich nicht mehr erfüllt. Dies war jedoch vorab mit dem Bauherrn vereinbart. Wir konnten nicht zusichern, daß dort aufgrund aller anderen Rahmenbedingungen der Schallschutz in erkennbaren Dimensionen gemindert wird. Wir wollten einen Schallschutz erreichen, der aus zwei Faktoren besteht, einmal daß ein psychologischer Schutz entstanden ist, der letztendlich so aussah, daß die Mieter sich dahinter wohlfühlten, daß sie weniger dem Staub ausgesetzt waren, daß sie weniger optisch, hätte ich beinahe gesagt, mit dem Schall konfrontiert waren. Weil alle anderen technischen Voraussetzungen, das halbsteinstarke Mauerwerk, die Dachsituation, der Keller, uns nicht in die Lage versetzt hätten, dementsprechend darauf einzugehen. Beim Wärmeschutz verhielt es sich ähnlich. Es galt hier mehr einen psychologischen Rahmen zu schaffen, der das erfüllte. Es wird immer wieder argumentiert, und das wundert mich eigentlich, daß solche Dinge dann wieder herangetragen werden, es würden Vorschriften der Wärmeschutzverordnung vernachlässigt. Es gibt keine, darauf möchte ich hinweisen. Wir haben an einem Balkon einen Wintergarten, es ist keine Wohnung dahinter, es ist nur ein Balkon. Das muß man erst einmal klarstellen. Die Bauordnung gibt uns klare Vorgaben, wie ein Wintergarten auszusehen hat, und daran, denke ich, sollte man sich auch orientieren.

Oswald:
Man sollte nochmals klarstellen, daß im von Herrn Brenne dargestellten Anwendungsbeispiel Wintergärten mit dichten Fugen und Wärmeschutzverglasung gar nicht diskutabel waren, da die dahinterliegenden Räume nur über den Wintergarten belüftbar waren. Zur Vermeidung von extremem Tauwasser war hier nur eine „durchlüftete" Konstruktion möglich.

Frage:
Die Anforderung „gering wasserabweisend" an Außenputze von Fachwerkbauten steht nicht im Einklang mit DIN 18550, die bei Beanspruchungsgruppe III wasserabweisende Putze voraussetzt!

Künzel:
Beanspruchungsgruppe III ist für Fachwerkfassaden nicht zulässig. Wo Beanspruchungsgruppe III wirklich gegeben ist, darf das Fachwerk nicht ungeschützt bleiben, sondern muß durch eine Bekleidung oder einen das Fachwerk überdeckenden wasserabweisenden Putz geschützt werden.

Frage:
Wie sind die zwangsläufig entstehenden Risse zwischen Fachwerk und Lehmausfachung zu behandeln?

Künzel:
Gar nicht, und ich möchte hier auch noch eine vorliegende Frage über die Wirkung von Kompribändern und Siliconabdichtung beantworten: Man bekommt diese Fugen schon dicht, aber das Holz hat auch Schwindrisse, und die Feuchtigkeit, die über die Holzrisse eindringt, ist dann eingesperrt durch die Fugendichtung. Deshalb ist es günstiger, die Schwindrisse offen zu lassen, so daß eindringende Feuchtigkeit letzten Endes auch wieder über die Schwindrisse an anderen Stellen auslaufen kann. Deshalb ist eben die Forderung berechtigt, nur dann Fachwerk zu verwenden, wenn die Regenbeanspruchung nicht so groß ist. Das ist nach Untersuchungen in Holzkirchen und Fulda dann gegeben, wenn die Regenbeanspruchung nicht größer als rd. 150 l/m² ist. Nur, das kann man natürlich nicht im Einzelfall messen. Aber das ist keine starke Beregnung, wenn man bedenkt, daß im Küstengebiet 500 und 800 l/m² als Schlagregen auftreten.
Die Porenbetonindustrie schlägt aufgrund von Untersuchungen vor, daß Porenbeton nicht mit einem normalen Mörtel eingebaut wird, sondern mit einem Dämmörtel, der eine geringere Wasseraufnahme als der normale Mörtel hat. Dann ist die Saugfähigkeit des Ausfachungsmaterials gar nicht so entscheidend, sondern wichtig ist die wasserhemmende Wirkung des Putzes und des Mauermörtels.

Frage:
Welchen µ-Wert sollte die Dampfbremse, z. B. Natronkraftpapier, haben?

Künzel:
Nicht der µ-Wert, sondern der s_d-Wert ist wichtig, und der ergibt sich als Produkt aus dem µ-Wert

und der Dicke s einer Schicht in m. Dieser s_d-Wert soll mindestens 0,5 m betragen. Beispiel: Ein Zementputz mit $\mu = 25$ und 2 cm = 0,02 m Dicke hat einen s_d-Wert von $25 \times 0,02 = 0,5$ m, wäre also als Dampfbremse ausreichend. Nun verwendet man aber meistens einen Kalkputz oder Kalkgipsputz als Innenputz mit einem nur halb so großen μ-Wert und benötigt dann noch eine zusätzliche Dampfbremse oder einen entsprechend dichten Anstrich.

Frage:
Ist Sichtfachwerk innen historisch authentisch?

Gerner:
Dazu läßt sich ganz eindeutig sagen, daß zur Zeit der Rennaissance mit großer Wahrscheinlichkeit – und bei einem Teil der Bauten auch noch nachweisbar – die Bauten außen und innen mit Sichtfachwerk gestaltet waren. Insbesondere in der Barockzeit begann man zunächst einmal die Fachwerke mit Innenputz zu versehen und später dann auch mit Außenputz zu verhüllen. Auch heute ist dementsprechend das innen sichtbare Fachwerk die Ausnahme. Mit dem durchgehenden Innenputz ist auch die Frage der Winddichtigkeit weitgehend gelöst.

Oswald:
Ich möchte allerdings hier auf den gestrigen Vortrag von Herrn Lamers verweisen: Bei sehr ungleichmäßiger Verteilung der Wärmedämmung über die Gebäudehülle sinkt die Effektivität der Gesamtmaßnahme deutlich.

Frage:
Warum handelt man bei der Denkmalpflege nicht wie bei den Bodendenkmälern, d. h. sie so, wie sie sind, zu konservieren?

Gerner:
Die Frage ist einfach zu beantworten. Denkmäler müssen genutzt werden, und sie müssen vor allem als Kulturdenkmäler genutzt werden, nicht wie Bodendenkmäler, die z.B. unter der Erde nicht wahrnehmbar sind. Fachwerke müssen als Fachwerk erlebbar sein, sonst sind sie als Kulturdenkmäler uninteressant.

Frage:
Wie wird die Winddichtigkeit über das Gesamtgebäude nach DIN 4108 erreicht?

Gerner:
Auch zur Winddichtigkeit haben wir Prüfungen durchgeführt, und zwar in Kooperation mit der Technischen Hochschule in Dresden. An dem Modellvorhaben „Sanierung Alte Mangel" haben wir folgendes festgestellt: Wir können nicht zu jeder Jahreszeit die Werte der 4108 erreichen, aber wir können diese Werte dann erreichen, wenn sie notwendig sind. Ich will Ihnen ein Beispiel dazu schildern. Wir haben die Winddichtigkeit bei den Blockstuben geprüft. Diese sind im Winter weitgehend winddicht, viel winddichter, als es die 4108 verlangt, und im Sommer sind sie luftig; d.h. im Sommer haben wir so viel Holzschwund, daß wir die 4108 nicht erreichen, aber im Sommer ist dies auch gar nicht notwendig – ein Vorteil historischer Bauweisen und Baudenkmäler.

Frage:
Welche Randbedingungen sind bei der Fuge zwischen Holz und Gefach und dem Wandaufbau im Gefach zu beachten?

Gerner:
Ich will zwei Punkte herausgreifen, weil sie mir im Tagesgeschäft bei Gerichtsgutachten sehr häufig beggenen. Das eine ist die Frage der rechnerisch eingesetzten inneren Dampfsperre. Wenn man mit dem Rechnen für die Dampfsperre nicht mehr weiterkommt, wird oft eine innere Dampfbremse oder -sperre angeordnet. Diese funktioniert im Fachwerkhaus nicht, denn man kann noch so saubere Sperre senkrecht auf die Wand aufbringen, im Bereich der Decke, wo die Deckenbalken anstoßen und nach außen gehen, sowie im Bereich des Bodens kann keine Sperre eingebaut werden. An diesen Stellen konzentriert sich der Dampf, und man muß dort mit um so größeren Schäden rechnen. Noch gravierender gerade bei der Frage des Anschlusses zwischen Holz und Gefach ist das Thema der Feuchte des Holzes. Man kann sich noch so sehr anstrengen, man kann Eichentrapezleisten aufschrauben, man kann die Fuge so dicht machen, wie man will, wenn man zu feuchtes Holz einbaut, wirkt die Trapezleiste wie ein echter Abstandhalter, und man ist in der Lage, die Post zwischen Trapezleiste und Holz durchzureichen. Man muß beim Fachwerk darauf achten, daß ich nicht nur Holzfeuchten nach DIN, also trockenes Holz mit 20 % Feuchte, eingebaut werden, sondern das Holz muß in der Größenordnung der Ausgleichsfeuchte eingebaut werden. Für Eigentümer und Neueinsteiger habe ich dazu einen Band mit dem Titel „Fachwerksünden" geschrieben, um die Probleme schlaglichtartig sichtbar zu machen.

Frage:
Dürfen bei Dachabdichtungen künftig nur noch Produkte mit dem Ü-Zeichen bzw. CE-Zeichen verwendet werden?

Fuhrmann:
Im Prinzip ja, es gibt allerdings noch eine gewisse Übergangsregelung, die etwa bis zum Herbst dieses Jahres dauern dürfte, so daß es von den Bauaufsichtsbehörden noch nicht beanstandet wird, wenn das Ü-Zeichen nicht vorhanden ist. Das CE-Zeichen gibt es im Augenblick noch nicht, weil die Voraussetzungen noch nicht erfüllt sind. In den zu erwartenden europäischen Regelungen ist über die Verarbeitung solcher Dachbeschichtungssysteme in den einzelnen produktspezifischen Teilen etwas gesagt, darüber hinaus wird jeder Hersteller verpflichtet, in einem ausführungstechnischen Handbuch die produktspezifischen Maßnahmen und Hinweise niederzulegen, die für die Verarbeitung seines Produktes erforderlich sind. Wie sich ein Bausachverständiger durch den ganzen Dschungel der Vorschriften durchfinden kann, ist eine schwierige Frage; da muß man einfach auf die Fachliteratur verweisen, auf das, was veröffentlicht wird, allem voran die Amtsblätter der EG, die Amtsblätter des Deutschen Instituts für Bautechnik und natürlich die Bauproduktenrichtlinie der EG, die Bauordnungen der Bundesländer und das Bauproduktengesetz sowie national die Bauregelliste A.

Frage:
Hat man mit Epoxydharzdichtungen im Oberflächenbereich Erfahrungen gemacht?

Oswald:
Die von uns dargestellten Schadensbeispiele sowohl zur Flachdach – wie zu den Balkonsanierungen haben gezeigt, daß die Materialien an sich eigentlich gar nicht das Hauptproblem sind. Die Frage ist vielmehr: Wie und wo kann ich sie verarbeiten? Läßt die vorhandene Detailgestaltung überhaupt irgendeinen vernünftigen Anschluß zu? Das Hauptproblem dieser spachtelbaren Beschichtungen ist nach meiner Einschätzung, daß sie dazu verleiten, daß man meint, man braucht nur einen Pinsel und wird es dann schon irgendwie dicht kriegen. Sie verleiten zum planerischen und handwerklichen Leichtsinn.

Frage:
Wie machen sich Dampfsperren bei Schäden bemerkbar und wie wird Innen- und Außenputz möglichst rissefrei aufgebracht?

Gerner:
Nach unseren Untersuchungen und Schadensstatistiken entstehen auch bei rechnerisch viel zu stark wärmegedämmten Fachwerkverbänden nur wenig Schäden. Schäden sind jedoch oft bei inneren Dampfsperren und noch mehr bei „zufällig" aufgebrachten Sperren in Form von Spachtelmassen und zu dichten Anstrichstoffen oder von chemischem Holzersatz festzustellen. Da sich das Fachwerkskelett allein schon durch das Quellen und Schwinden bei unterschiedlicher Luftfeuchte bewegt, müssen durchgängig innere und äußere Putzschichten vom Holz getrennt werden. Innen geschah dies früher z.B. durch das Aufnageln von Rohrmatten, außen durch einen lose auf die Hölzer und leicht überlappenden aufgenagelten Pappstreifen. Darauf hat man z.B. als bescheidene Wärmedämmung eine durchgehende Holzwolleleichtbauplatte aufgebracht und auf diese wiederum einen Putzträger, wie Flachrippenstrickmetall und dann verputzt. Für alle zusätzlichen Maßnahmen sind in jedem Falle bauphysikalische Berechnungen zum Wandaufbau notwendig.

2. Podiumsdiskussion am 19.3.1996

Frage:
Welche Möglichkeiten der rechtlichen Absicherung gibt es für den Architekten und für Bauausführende, wenn in der Denkmalpflege zum Erhalt historischer Bausubstanz nicht 1 m vom sichtbaren Befall zurückgeschnitten wird?

Nuß:
Der Auftraggeber muß damit einverstanden sein, daß man aufgrund der Kenntnisse von der Biologie des Hausschwammes nicht nach der DIN-Norm verfährt, sondern nach dem, was sinnvoll ist. Durch die Einwilligung des Auftraggebers läßt sich eine rechtliche Absicherung bewirken.

Frage:
Welche Vergrößerung muß ein Mikroskop zur Identifizierung des Echten Hausschwammes besitzen?

Nuss:
Für eine eindeutige Identifizierung benötigt man eine 1000fache Vergrößerung mittels eines Ölimmersions-Objektivs. Nur bei 1000facher Vergrößerung lassen sich die Maße der Sporen, der Faserhyphen, der Gefäßhyphen und weiterer Hyphentypen sicher ermitteln.

Frage:
Wo kann man das Mikroskopieren erlernen?

Nuss:
Entweder in der Volkshochschule oder an der Universität, sofern dort entsprechende Kurse – z.B. für die Bestimmung von Pilzen oder Moosen – angeboten werden.

Frage:
Darf beim Neubau die Horizontalabdichtung im Mauerwerk aus Hansit- oder Wandex-Schlämmen hergestellt werden? Entspricht das den allgemein anerkannten Regeln der Technik?

Oswald:
Diese Frage wurde bereits auf unserer Tagung diskutiert. Selbst wenn man eine Querschnittsabdichtung aus Schlämmen als Abweichung von den allgemein anerkannten Regeln der Bautechnik und insofern als Mangel ansieht, so heißt das aber keinesfalls, daß dieser Mangel grundsätzlich so schwerwiegend ist, daß eine Nachbesserung durch Aufstemmen und Verlegen einer Dichtungsbahn erfolgen muß. Bei sorgfältiger Ausführung – die im Einzelfall zu prüfen wäre – kann eine solche alternative Abdichtung selbstverständlich voll funktionsfähig sein.

Frage:
Wie haften mineralische Putze und Farben auf mit Paraffin verpreßtem Mauerwerk?

Dahmen:
Bei ordnungsgemäßer Ausführung des mit Paraffin verpreßten Mauerwerks ist auch der entsprechende Bereich der Wandoberfläche mit Paraffin getränkt. Dies war auf der von mir gezeigten Abbildung an der dunklen Verfärbung im Bereich der Bohrlöcher zu erkennen. In diesem Bereich ist durch eine Dampfstrahlbehandlung das Paraffin aus den Oberflächenporen entfernt worden, wodurch auch eine Aufrauhung entsteht.

Frage:
Was ist bei stark salzbelasteten Außenwänden und der Forderung nach Innendämmung zu tun?

Weber:
Das ist eine Frage, der man nicht mit einfachen Antworten begegnen kann. Aber prinzipiell vielleicht ein paar Worte dazu. Meine persönlichen Erfahrungen mit solchen Wänden und einer notwendigen Innendämmung sind sehr gut beim Einsatz von Wärmedämmputzen, d.h. also der Wärmedämmputz, der gewöhnlich ja außen als Fassadenputz verwendet wird, kann natürlich auch innen verwendet werden. Er hat einen Dämmwert, der nicht vergleichbar ist mit einem Wärmedämmverbundsystem, und wenn Sie die Funktionsfähigkeit (Tauwasserbildung) nach dem Glaserdiagramm ausrechnen, kommen Sie in aller Regel zu sehr günstigen Werten. Sie brauchen innen keine zusätzlichen Dampfsperren aufbringen. Es kommt noch hinzu, daß der Wärmedämmputz aufgrund seiner hohen Porenstruktur natürlich auch eine gewisse Salzaufnahmefähigkeit hat.

Oswald:
Weiterhin kann man auch sicherlich sagen, daß keine sehr dampfdichten Wärmedämmschichten

verwendet werden dürfen, denn damit wird die Funktion des gesamten Sanierputzsystems ad absurdum geführt.

Weber:
Auf keinen Fall, das ist ja auch mit dem Wärmedämmputz sehr gut realisiert. Ich habe da einige Sanierungen in den letzten Jahren betreut, die außerordentlich gut gelungen sind.

Frage:
Welche Oberflächenstruktur ist bei Kellerinnenwänden günstiger? Rauh oder glatt abgerieben?

Weber:
Das ist natürlich zunächst einmal Geschmacksfrage. Der Hausbesitzer hat ja gewisse Vorstellungen, und die werden Sie ihm nicht ausreden können. Wenn Sie es von der Technik her sehen, ist natürlich eine rauhe Putzstruktur immer günstiger, weil diese eine wesentlich geringere Rißanfälligkeit aufweist. Also technisch wäre „rauh" günstiger, aber der Hausbesitzer muß mitmachen.

Frage:
Wie kann der Nachweis geführt werden, daß Sanierputze bei zu hoher relativer Luftfeuchtigkeit verarbeitet wurden und Feuchte- und Salzdurchtritt zeigen?

Weber:
Sie messen die Salzverteilung im Sanierputz. Bei einem funktionsfähigen System nach WTA-Merkblatt ist das Maximum der Salzkonzentration immer in einer Tiefe von etwa 5 mm. Wenn Sie jetzt einen Salz- und Feuchtigkeitsdurchtritt haben, dann werden Sie ein Salzkonzentrationsmaximum im oberflächennahen Bereich haben, und das ist eigentlich der Beweis dafür, daß da etwas nicht gestimmt hat während der Aushärtung. Jetzt müssen Sie die entsprechenden Nachforschungen im Bautagebuch führen. Wie war das mit der Luftfeuchtigkeit? Meßtechnisch nachvollziehen können Sie es ja nicht mehr. Sie werden sicher schnell auf das Ergebnis stoßen, es lag wieder einmal an der zu hohen Luftfeuchtigkeit während der Erhärtungsphase.

Frage:
Wie ist die Tränkung befallener Holzbauteile mit Lindan zu beurteilen? Organismen im Bauteil werden abgetötet. Wie ist das mit den Bewohnern? Wie hoch ist die Wahrscheinlichkeit, daß feuchtes Mauerwerk ohne Holzbauteile vom Echten Hausschwamm befallen ist?

Nuß:
Viele Häuser, in welchen Holzbauteile ehemals mit Lindan – dessen Einsatz heute verboten ist – behandelt worden sind, mußten inzwischen saniert werden, weil es zu gesundheitlichen Schädigungen der Bewohner gekommen war.
Zur zweiten Frage: Falls das feuchte Mauerwerk schon immer ohne eine Verbindung mit Holzbauteilen war, ist die Wahrscheinlichkeit gering. Nur in solchen Fällen, in denen früher Holzbauteile im Mauerwerk vorhanden gewesen oder nur wenige Meter von dem Mauerwerk entfernt und massiv vom Hausschwamm befallen waren, besteht die Möglichkeit, daß der Pilz auch ins Mauerwerk vorgedrungen ist.

Frage:
Muß bei altem, trockenem Schwamm derselbe Sanierungsaufwand getrieben werden wie bei aktivem?

Nuß:
Mehr oder weniger, ja. Sofern man durch Experimente – z.B. in der Feuchtekammer oder durch Kultivierungsversuche - hat sicherstellen können, daß alle noch vorhandenen Teile abgestorben sind und sich nicht nur in einer Trockenstarre befinden, braucht man nicht den gleichen Sanierungsaufwand zu betreiben. Weil es sich in der Praxis aber in aller Regel nicht ausschließen läßt, daß sich einzelne Bereiche des oft ausgedehnten Strangmyzels nur in der Trockenstarre befinden und deshalb nicht abgestorben sind, wird man den gleichen Sanierungsaufwand betreiben müssen, als würde er noch aktiv wachsen.

Frage:
Wie kann man erkennen, ob tierische Holzschädlinge noch leben oder aktiv sind?

Nuß:
Beim Hausbockkäfer macht man es so, daß die betroffenen Hölzer mit einem empfindlichen Spezialgerät nach charakteristischen Fraßgeräuschen der Larven abgehorcht werden. Sind solche Geräusche zu hören, ist der Beweis eines aktiven Befalls erbracht. Die andere und häufiger angewandte Methode ist, das Holz so lange abzubeilen, bis die Fraßgänge und die lebenden oder toten Larven frei liegen.

Frage:
Wie muß eine Probeentnahme von Pilzen ausgeführt werden und wie müssen die Proben beschaffen sein (Menge, Aufbewahrung usw.)?

Nuß:
Im Prinzip genügen schon kleinste Mengen (von 1 cm Länge z.b.) für die mikroskopische Bestimmung, doch sind natürlich größere Proben einfacher zu bearbeiten. Empfehlenswert ist es, ein wenigstens 25 cm langes Stück des befallenen Holzes aus dem Grenzbereich des Befalls zu nehmen, so daß die eine Hälfte des Holzstückes vom Pilz bewachsen, die andere aber noch ohne Befall ist. Eine solche Probe läßt sich dann in der Feuchtekammer dahingehend prüfen, ob der Befall lebend-aktiv ist oder nicht. Zum Verschicken wird die frische Probe – in Zeitungspapier gewickelt und mit Alufolie umhüllt – in einem mit Papier oder ähnlichem gepolsterten Karton oder gefütterten Briefumschlag versandt.
Für die Aufbewahrung wird das Pilzmaterial an der Luft oder im Kühlschrank getrocknet, saftig frische Fruchtkörper müßten – damit sie nicht verfaulen und verschimmeln – in Streifen geschnitten werden, wenn keine speziellen Pilztrockner vorhanden sind. Wichtig ist, daß alle Daten über das getrocknete Pilzmaterial (Fundort, Datum, Bearbeiter usw.) für die Aufbewahrung auf einem Beizettel notiert sind.

Frage:
Können zweikomponentige Silikatfarben auf Sanierputzen verarbeitet werden?

Weber:
Können schon, bloß würde ich es Ihnen nicht raten. Man kann natürlich alles machen. Aber diese Farben sind einfach bauphysikalisch überfordert, ihnen fehlt die Wasserabweisung, also können Sie sie nur innen anwenden und nicht im Außenbereich. Die nächste Frage geht in die gleiche Richtung. Bei dem Gasthaus „Zum goldenen Löwen", Sie erinnern sich an das Bild, hätte natürlich ein wasserabweisendes Anstrichsystem angebracht werden müssen. Sie haben das Bild gesehen, da kann die Antwort nur lauten: „Nehmen Sie ein wasserabweisendes Anstrichsystem. Das WTA-Merkblatt läßt da gar keine Zweifel darüber."

Frage:
Sie sprechen von einem Salzspeicher im Sanierputz, ist dieser Salzspeicher irgendwann voll?

Weber:
Natürlich, wenn genügend Salze eingewandert sind und die Poren sind mit den Salzen gefüllt, dann ist er voll, und dann wird der Sanierputz, egal welche Qualität er hat, eben an der Oberfläche auch wieder Salze zeigen. Was ist dann zu tun? Ja, da muß ich Ihnen eine ganz einfache Antwort geben: „Schlagen Sie ihn ab und kaufen sich einen neuen, es gibt ja genügend Sanierputze."

Oswald:
Hinter dieser Antwort steckt ein wichtiges Grundproblem: Wie lange muß eine bestimmte Leistung gerade beim Bauen im Bestand überhaupt halten? Herr Fuhrmann hatte gestern z.B. darüber berichtet, daß man versucht, bei den europäischen Regeln über Bauprodukte Nutzungsdauern zu definieren. Darüber wird man sicherlich auch bei solchen Putzen nachdenken müssen. Tatsache ist jedenfalls, daß viele dieser Verfahren nicht für die Ewigkeit bestimmt sind, sondern nur eine gewisse begrenzte technische Lebensdauer haben.

Weber:
Genau, die braucht man auch nicht verheimlichen, das ist eine Tatsache. Daran schließt noch eine Frage an. Wie groß ist die Salzaufnahmefähigkeit? Das ist bereits beantwortet. Bis die Poren voll sind, und das hängt von den Randbedingungen ab. Von der Kapillarität, die der Sanierputz hat, und von dem Verhältnis w-Wert zu s_d-Wert. Das ist nicht bei jedem Sanierputz gleich, aber die Erfahrungen sind doch die, daß man selbst bei hohen Salzbelastungen Haltbarkeiten und Standzeiten erreicht, die weit über 10 Jahren liegen, und wenn Sie eben zusätzlich noch Querschnittsabdichtungen machen und damit den Salznachschub reduzieren, dann wird natürlich diese Haltbarkeit nochmal erhöht, weil Sie die Rahmenbedingungen verbessern.

Frage:
Läßt sich ein echter Hausschwamm mit einer Heißluftbehandlung überhaupt beeinflussen bzw. behandeln?

Nuß:
Solche Heißluftbehandlungen sind schon seit Jahren erfolgreich durchgeführt worden. Sie werden hauptsächlich in Dänemark angewandt und haben dort auch zu dem entsprechenden Erfolg geführt. Es wird immer wieder der Einwand gegen das Verfahren gebracht, daß die Sporen

nicht abgetötet würden. Dieses Argument zieht deswegen nicht, weil die Sporen des Hausschwammes ohnehin allgegenwärtig in der uns umgebenden Luft vorhanden sind. Würden also mit einer chemischen Behandlung alle derzeit im Haus vorhandenen Sporen des Hausschwammes abgetötet, dann kämen mit der Außenluft anschließend wieder neue Sporen herein. Es hat folglich gar keinen Zweck, alle alten Sporen abzutöten, wenn sowieso immer wieder neue hereinkommen. Außerdem werden durch Heißluftbehandlung die Hölzer so stark ausgetrocknet, daß die noch vorhandenen Sporen gar nicht keimen und sich entwickeln könnten.

Frage:
Wo kann man die Pilzproben untersuchen lassen?

Nuss:
In meinem Institut Botamynus. Wir sind spezialisiert auf alle in Gebäuden vorkommenden Pilze, also Hausschwamm, Kellerschwamm, Porenschwämme usw. sowie Schimmelpilze. Auch andere Insitutionen, wie z.B. das Institut für Holzbiologie und Holzschutz in Hamburg-Lohbrügge, führen solche Bestimmungen durch.

Frage:
Kann man auf Sanierputz auch Fliesen legen?

Weber:
Muß ich auch wieder sagen, ja, aber das macht dann überhaupt keinen Sinn, weil Sie ja oben eine Deckschicht haben, die wasserdampfdicht ist. Was wollen sie dann darunter mit einem Sanierputz erreichen? Wenn Sie Fliesen verlegen wollen, dann muß ein wasserundurchlässiger Zementmörtel aufgebracht werden.

Frage:
Das WTA-Merkblatt unterscheidet zwischen hoher, mittlerer, geringer Salzbelastung, welche Werte können da angegeben werden?

Weber:
Wenn Sie mir das beantworten können, dann schreibe ich Sie in das goldene Buch der Bausanierung. Die Frage kann kein Mensch genau beantworten. Deswegen wird es im WTA-Merkblatt auch so ein bißchen umschrieben. Die Antwort hängt im Prinzip von verschiedenen Faktoren ab, der wesentlichste ist die hygroskopische Wasseraufnahme. Die hygroskopische Wasseraufnahme einer Salzmischung bestimmt die Gefährlichkeit der Salzmischung, und die hängt davon ab, wieviel Chlorid und Nitrat enthalten sind. Die Hersteller haben sich durchgerungen, verschiedene Werte anzugeben, das sind aber auch, und ich will da niemand zu nahe treten, „Hausnummern", also Erfahrungswerte, mit denen man schon leben kann, aber wissenschaftlich genau können sie gar nicht sein.

Frage:
Was passiert mit den Salzen im Porengrundputz?

Weber:
Der Porengrundputz enthält 45 % Porenvolumen, das ist vorgeschrieben nach WTA-Merkblatt, und die Salze werden in diesen Poren abgelagert, d.h. der Porengrundputz hat eine erhöhte Salzaufnahmefähigkeit, und es kommt dann auch nicht zu einem Kristallisationsdruck oder Kristallisationsschäden, weil diese Poren ja erst einmal vollständig mit Salzen gefüllt sein müssen, damit sich ein Druck aufbauen kann. Das ist so wie bei der Flasche Wasser, die gefriert. Die Flasche sprengt es ja auch erst, wenn sie bis zu einem gewissen Grad voll ist, also wenn der Sättigungsgrad erreicht ist, der dann den Gefrierdruck aufbauen läßt. So ist es auch hier. Die Haltbarkeit von Sanierputzen oder Sanierputzsystemen hängt von diesem Füllgrad ab.

Verzeichnis der Aussteller
Informationsausstellung während der Tagung

Während der Aachener Bausachverständigentage wurde in einer begleitenden Ausstellung den Sachverständigen und Architekten interessierende Meßgeräte, Literatur und Serviceleistungen vorgestellt.

Aussteller waren:

AHLBORN Meß- und Regelungstechnik
Eichenfeldstraße 1 – 3, 83607 Holzkirchen,
vertreten durch:
Dipl.-Ing. F. Schoenenberg,
Petunienweg 4, 50127 Bergheim
Tel. (0 22 71) 9 48 43
Meßgerate für Temperatur (auch für Infrarot), Feuchtigkeit, Druck, Luftgeschwindigkeit, Meßwerterfassung,
Temperatur-Feuchte-Schreiber,
Hand -Speichermeßgeräte,
k-Wert-Programme etc.

BUCHLADEN PONTSTRASSE 39
Pontstraße 39, 52062 Aachen
Tel.: (02 41) 2 80 08
Fachbuchhandlung, Versandservice

FRANKENNE
An der Schurzelter Brücke, 52074 Aachen
Templergraben 48, 52062 Aachen
Tel.: (02 41) 17 60 11
Vermessungsgeräte, Messung von Maßtoleranzen, Zubehör
für Aufmaße; Rißmaßstäbe; Bürobedarf;
Zeichen- und Grafikmaterial,
Overheadprojektoren

FRAUNHOFER-INSTITUT FÜR
BAUPHYSIK - IBP
Postfach 11 52, 83601 Holzkirchen
Tel.: 0 80 24 / 64 30
PC-Programm WUFI von Dr.-Ing. Hartwig M. Künzel zur Berechnung des gekoppelten Wärme- und Feuchtetransports in Bauteilen

GEESEN MESSGERÄTE GMBH
Mootzenstraße 24, 26683 Saterland
Tel.: 0 44 98/ 17 33
Flachdach-Lecksuchgerät HG 4

HEINE-OPTOTECHNIK
Kientalstraße 7, 82211 Herrsching
Tel.: 0 81 52/ 3 80
Heine-Endoskope, netzunabhängig; Rißlupe

HELIOGRAPH - Ingenieurgesellschaft für rationelle Energieverwendung mbH
Dennewartstraße 27, 52068 Aachen
Tel: 02 41 / 9 63 18 42
Gebäudesimulation durch Computerberechnung, Energieeinsparung durch moderne Gebäudeplanung

INGENIEURGEMEINSCHAFT
Bau + Energie + Umwelt GmbH
Am Elmschenbruch, 31832 Springe
Tel.: (0 50 44) 9 75 30
Messung von Luftundichtigkeiten in der Gebäudenhülle, „Blower-Door-Verfahren";
umweltbezogene Beratung und Analytik
Vertrieb der Minneapolis Blower-Door

IRB – Fraunhofer-Informationszentrum
Raum und Bau
Nobelstraße 12, 70569 Stuttgart
Tel.: (07 11) 9 70 26 00
SCHADIS; bebilderte Volltext-Datenbank zu Bauschäden, Literatur-Datenbanken, Veröffentlichungen des IRB-Verlags

MUNTERS Trocknungs-Service GmbH
Postfach 80 06 26, 21006 Hamburg
Telefon (0 40) 7 34 16-03
Ausstellung über Trocknungs- und Sanierungsmethoden, Brandschadenbeseitigung und Meßtechniken, z.B.: Thermografie, Baufeuchtemessung, Leckortung etc.

SUSPA Spannbeton GmbH
Germanenstraße 8, 86343 Königsbrunn
Tel.: (0 82 31) 9 60 70
Baufeuchtemessung
(z. B. CM-Gerät, Gann Hydromette);
Betonprüfgeräte, Bewehrungssucher,
CANIN-Korrosionsanalyse;
vielfältiges Zubehör zur Probenentnahme,
Meßlupe, Rißmaßstäbe etc.

Register 1975–1996

Rahmenthemen Seite 137

Autoren Seite 138

Vorträge Seite 141

Stichwortverzeichnis Seite 161

Rahmenthemen der Aachener Bausachverständigentage

1975 – Dächer, Terrassen, Balkone
1976 – Außenwände und Öffnungsanschlüsse
1977 – Keller, Dränagen
1978 – Innenbauteile
1979 – Dach und Flachdach
1980 – Probleme beim erhöhten Wärmeschutz von Außenwänden
1981 – Nachbesserung von Bauschäden
1982 – Bauschadensverhütung unter Anwendung neuer Regelwerke
1983 – Feuchtigkeitsschutz und -schäden an Außenwänden und erdberührten Bauteilen
1984 – Wärme- und Feuchtigkeitsschutz von Dach und Wand
1985 – Rißbildung und andere Zerstörungen der Bauteiloberfläche
1986 – Genutzte Dächer und Terrassen
1987 – Leichte Dächer und Fassaden
1988 – Problemstellungen im Gebäudeinneren – Wärme, Feuchte, Schall
1989 – Mauerwerkswände und Putz
1990 – Erdberührte Bauteile und Gründungen
1991 – Fugen und Risse in Dach und Wand
1992 – Wärmeschutz – Wärmebrücken – Schimmelpilz
1993 – Belüftete und unbelüftete Konstruktionen bei Dach und Wand
1994 – Neubauprobleme – Feuchtigkeit und Wärmeschutz
1995 – Öffnungen in Dach und Wand
1996 – Instandsetzung und Modernisierung

Verlage: bis 1978 Forum-Verlag, Stuttgart
           ab 1979 Bauverlag, Wiesbaden / Berlin

Lieferbare Titel bitte bei den Verlagen erfragen; vergriffene Titel können als Kopie beim AIBau bezogen werden.

Autoren der Aachener Bausachverständigentage

(die fettgedruckte Ziffer kennzeichnet das Jahr; die zweite Ziffer die erste Seite des Aufsatzes)

Achtziger, Joachim, **83**/78; **92**/46
Arendt, Claus, **90**/101
Arlt, Joachim, **96**/15
Arnds, Wolfgang, **78**/109; **81**/96
Arndt, Horst, **92**/84
Arnold, Karlheinz, **90**/41
Aurnhammer, Hans Eberhardt, **78**/48
Balkow, Dieter, **87**/87; **95**/51
Baust, Eberhard, **91**/72
Bindhardt, Walter, **75**/7
Bleutge, Peter, **79**/22; **80**/7; **88**/24; **89**/9; **90**/9; **92**/20; **93**/17
Bölling, Willy H., **90**/35
Böshagen, Fritz, **78**/11
Brand, Hermann, **77**/86
Braun, Eberhard, **88**/135
Brenne, Winfried, **96**/65
Cammerer, Walter F., **75**/39; **80**/57
Casselmann, Hans F., **82**/63; **83**/57
Cziesielski, Erich, **83**/38; **89**/95; **90**/91; **91**/35; **92**/125; **93**/29
Dahmen, Günter, **82**/54; **83**/85; **84**/105; **85**/76; **86**/38; **87**/80; **88**/111; **89**/41; **90**/80; **91**/49; **92**/106; **93**/85; **94**/35; **95**/135; **96**/94
Dartsch, Bernhard, **81**/75
Döbereiner, Walter, **82**/11
Draerger, Utz, **94**/118
Ehm, Herbert, **87**/9; **92**/42
Erhorn, Hans, **92**/73; **95**/35
Fix, Wilhelm, **91**/105
Franke, Lutz, **96**/49
Franzki, Harald, **77**/7; **80**/32
Friedrich, Rolf, **93**/75
Froelich, Hans, **95**/151
Fuhrmann, Günter, **96**/56
Gehrmann, Werner, **78**/17
Gerner, Manfred, **96**/74
Gertis, Karl A., **79**/40; **80**/44; **87**/25; **88**/38
Gerwers, Werner, **95**/131
Gösele, Karl, **78**/131
Groß, Herbert, **75**/3
Grosser, Dietger, **88**/100, **94**/97
Grube, Horst, **83**/103
Grün, Eckard, **81**/61
Grunau, Edvard B., **76**/163
Haack, Alfred, **86**/76
Haferland, Friedrich, **84**/33
Hauser, Gerd; Maas, Anton, **91**/88
Hauser, Gerd, **92**/98
Hausladen, Gerhard, **92**/64
Heck, Friedrich, **80**/65
Herken, Gerd, **77**/89; **88**/77
Hilmer, Klaus, **90**/69
Hoch, Eberhard, **75**/27; **86**/93

Höffmann, Heinz, **81**/121
Horstmann, Herbert, **95**/142
Horstschäfer, Heinz-Josef, **77**/82
Hübler, Manfred, **90**/121
Hummel, Rudolf, **82**/30; **84**/89
Hupe, Hans-H., **94**/139
Jagenburg, Walter, **80**/24; **81**/7; **83**/9; **84**/16; **85**/9; **86**/18; **87**/16; **88**/9 **90**/17; **91**/27; **96**/9
Jebrameck, Uwe, **94**/146
Jeran, Alois, **89**/75
Jürgensen, Nikolai, **81**/70; **91**/111
Kamphausen, P. A., **90**/135; **90**/143
Kießl, Kurt, **92**/115; **94**/64
Kirtschig, Kurt, **89**/35
Klein, Wolfgang, **80**/94
Klocke, Wilhelm, **81**/31
Klopfer, Heinz, **83**/21
Kniese, Arnd, **87**/68
Knöfel, Dietbert, **83**/66
Knop, Wolf D., **82**/109
König, Norbert, **84**/59
Kolb, E. A., **95**/23
Kramer, Carl; Gerhardt, H. J.; Kuhnert, B., **79**/49
Künzel, Helmut, **80**/49; **82**/91; **85**/83; **88**/45; **89**/109; **96**/78
Künzel, Helmut; Großkinsky, Theo, **93**/38
Lamers, Reinhard, **86**/104; **87**/60; **88**/82; **89**/55; **90**/130; **91**/82; **93**/108; **94**/130; **96**/31
Liersch, Klaus W., **84**/94; **87**/101; **93**/46
Löfflad, Hans, **95**/127
Lohmeyer, Gottfried, **86**/63
Lohrer, Wolfgang, **94**/112
Lühr, Hans Peter, **84**/47
Mantscheff, Jack, **79**/67
Mauer, Dietrich, **91**/22
Mayer, Horst, **78**/90
Meisel, Ulli, **96**/40
Memmert, Albrecht, **95**/92
Meyer, Hans Gerd, **78**/38; **93**/24
Moelle, Peter, **76**/5
Motzke, Gerd, **94**/9; **95**/9
Müller, Klaus, **81**/14
Muhle, Hartwig, **94**/114
Muth, Wilfried, **77**/115
Neuenfeld, Klaus, **89**/15
Nuss, Ingo, **96**/81
Obenhaus, Norbert, **76**/23; **77**/17
Oswald, Rainer, **76**/109; **78**/79; **79**/82; **81**/108; **82**/36; **83**/113; **84**/71; **85**/49; **86**/32; **86**/71; **87**/94; **87**/21; **88**/72; **89**/115; **91**/96; **92**/90; **93**/100; **94**/72; **95**/119; **96**/23
Pauls, Norbert, **89**/48
Pfefferkorn, Werner, **76**/143; **89**/61; **91**/43
Pilny, Franz, **85**/38
Pohl, Wolf-Hagen, **87**/30; **95**/55
Pohlenz, Rainer, **82**/97; **88**/121; **95**/109
Pott, Werner, **79**/14; **82**/23; **84**/9
Prinz, Helmut, **90**/61
Pult, Peter, **92**/70
Reichert, Hubert, **77**/101

Rogier, Dietmar, **77**/68; **79**/44; **80**/81; **81**/45; **82**/44; **83**/95; **84**/79; **85**/89; **86**/111
Royar, Jürgen, **94**/120
Ruffert, Günther, **85**/100; **85**/58
Sand, Friedhelm, **81**/103
Schaupp, Wilhelm, **87**/109
Schellbach, Gerhard, **91**/57
Schießl, Peter, **91**/100
Schickert, Gerald, **94**/46
Schild, Erich, **75**/13; **76**/43; **76**/79; **77**/49; **77**/76; **78**/65; **78**/5; **79**/64; **79**/33; **80**/38; **81**/25; **81**/113; **82**/7; **82**/76; **83**/15; **84**/22; **84**/76; **85**/30; **86**/23; **87**/53; **88**/32; **89**/27; **90**/25; **92**/33
Schlapka, Franz-Josef, **94**/26
Schlotmann, Bernhard, **81**/128
Schnell, Werner, **94**/86
Schmid, Josef, **95**/74
Schnutz, Hans H., **76**/9
Schubert, Peter, **85**/68; **89**/87; **94**/79
Schulze, Horst, **88**/88; **93**/54
Schulze, Jörg, **95**/125
Schumann, Dieter, **83**/119; **90**/108
Schütze, Wilhelm, **78**/122
Seiffert, Karl, **80**/113
Siegburg, Peter, **85**/14
Soergel, Carl, **79**/7; **89**/21
Stauch, Detlef, **93**/65
Steger, Wolfgang, **93**/69
Steinhöfel, Hans-Joachim, **86**/51
Stemmann, Dietmar, **79**/87
Tanner, Christoph, **93**/92
Tredopp, Rainer, **94**/21
Trümper, Heinrich, **82**/81; **92**/54
Usemann, Klaus W., **88**/52
Venter, Eckard, **79**/101
Vogel, Eckhard, **92**/9
Vygen, Klaus, **86**/9;
Weber, Helmut, **89**/122; **96**/105
Weber, Ulrich, **90**/49
Weidhaas, Jutta, **94**/17
Werner, Ulrich, **88**/17; **91**/9; **93**/9
Wesche, Karlhans; Schubert, P., **76**/121
Willmann, Klaus, **95**/133
Wolf, Gert, **79**/38; **86**/99
Zeller, M.; Ewert, M., **92**/65
Zimmermann, Günter, **77**/26; **79**/76; **86**/57

Die Vorträge der Aachener Bausachverständigentage, geordnet nach Jahrgängen, Referenten und Themen

(die fettgedruckte Ziffer kennzeichnet das Jahr; die zweite Ziffer die erste Seite des Aufsatzes)

75/3
Groß, Herbert
Forschungsförderung des Landes Nordrhein-Westfalen.

75/7
Bindhardt, Walter
Der Bausachverständige und das Gericht.

75/13
Schild, Erich
Ziele und Methoden der Bauschadensforschung. Dargestellt am Beispiel der Untersuchung des Schadensschwerpunktes Dächer, Dachterrassen, Balkone.

75/27
Hoch, Eberhard
Konstruktion und Durchlüftung zweischaliger Dächer.

75/39
Cammerer, Walter F.
Rechnerische Abschätzung der Durchfeuchtungsgefahr von Dächern infolge von Wasserdampfdiffusion.

76/5
Moelle, Peter
Aufgabenstellung der Bauschadensforschung.

76/9
Schnutz, Hans H.
Das Beweissicherungsverfahren. Seine Bedeutung und die Rolle des Sachverständigen.

76/23
Obenhaus, Norbert
Die Haftung des Architekten gegenüber dem Bauherrn.

76/43
Schild, Erich
Das Berufsbild des Architekten und die Rechtsprechung.

76/79
Schild, Erich
Untersuchung der Bauschäden an Außenwänden und Öffnungsanschlüssen.

76/109
Oswald, Rainer
Schäden am Öffnungsbereich als Schadensschwerpunkt bei Außenwänden.

76/121
Wesche, Karlhans; Schubert, Peter
Risse im Mauerwerk – Ursachen, Kriterien, Messungen.

76/143
Pfefferkorn, Werner
Längenänderungen von Mauerwerk und Stahlbeton infolge von Schwinden und Temperaturveränderungen.

76/163
Grunau, Edvard B.
Durchfeuchtung von Außenwänden.

77/7
Franzki, Harald
Die Zusammenarbeit von Richter und Sachverständigem, Probleme und Lösungsvorschläge.
77/17
Obenhaus, Norbert
Die Mitwirkung des Architekten beim Abschluß des Bauvertrages.
77/26
Zimmermann, Günter
Zur Qualifikation des Bausachverständigen.
77/49
Schild, Erich
Untersuchung der Bauschäden an Kellern, Dränagen und Gründungen.
77/68
Rogier, Dietmar
Schäden und Mängel am Dränagesystem.
Schild, Erich
Nachbesserungsmaßnahmen bei Feuchtigkeitsschäden an Bauteilen im Erdreich.
77/82
Horstschäfer, Heinz-Josef
Nachträgliche Abdichtungen mit starren Innendichtungen.
77/86
Brand, Hermann
Nachträgliche Abdichtungen auf chemischem Wege.
77/89
Herken, Gerd
Nachträgliche Abdichtungen mit bituminösen Stoffen.
77/101
Reichert, Hubert
Abdichtungsmaßnahmen an erdberührten Bauteilen im Wohnungsbau.
77/115
Muth, Wilfried
Dränung zum Schutz von Bauteilen im Erdreich.

78/5
Schild, Erich
Architekt und Bausachverständiger.
78/11
Böshagen, Fritz
Das Schiedsgerichtsverfahren.
78/17
Gehrmann, Werner
Abgrenzung der Verantwortungsbereiche zwischen Architekt, Fachingenieur und ausführendem Unternehmer.

78/38
Meyer, Hans-Gerd
Normen, bauaufsichtliche Zulassungen, Richtlinien, Abgrenzungen der Geltungsbereiche.

78/48
Aurnhammer, Hans Eberhardt
Verfahren zur Bestimmung von Wertminderungen bei Baumängeln und Bauschäden.

78/65
Schild, Erich
Untersuchung der Bauschäden an Innenbauteilen.

78/79
Oswald, Rainer
Schäden an Oberflächenschichten von Innenbauteilen.

78/90
Mayer, Horst
Verformungen von Stahlbetondecken und Wege zur Vermeidung von Bauschäden.

78/109
Arnds, Wolfgang
Rißbildungen in tragenden und nichttragenden Innenwänden und deren Vermeidung.

78/122
Schütze, Wilhelm
Schäden und Mängel bei Estrichen.

78/131
Gösele, Karl
Maßnahmen des Schallschutzes bei Decken, Prüfmöglichkeiten an ausgeführten Bauteilen.

79/7
Soergel, Carl
Die Prozeßrisiken im Bauprozeß.

79/14
Pott, Werner
Gesamtschuldnerische Haftung von Architekten, Bauunternehmern und Sonderfachleuten.

79/22
Bleutge, Peter
Umfang und Grenzen rechtlicher Kenntnisse des öffentlich bestellten Sachverständigen.

79/33
Schild, Erich
Dächer neuerer Bauart, Probleme bei der Planung und Ausführung.

79/38
Wolf, Gert
Neue Dachkonstruktionen, Handwerkliche Probleme und Berücksichtigung bei den Festlegungen, der Richtlinien des Dachdeckerhandwerks – Kurzfassung.

79/40
Gertis, Karl A.
Neuere bauphysikalische und konstruktive Erkenntnisse im Flachdachbau.

79/44
Rogier, Dietmar
Sturmschaden an einem leichten Dach mit Kunststoffdichtungsbahnen.

79/49
Kramer, Carl; Gerhardt, H. J.; Kuhnert, B.

Die Windbeanspruchung von Flachdächern und deren konstruktive, Berücksichtigung.
79/64
Schild, Erich
Fallbeispiel eines Bauschadens an einem Sperrbetondach.
79/67
Mantscheff, Jack
Sperrbetondächer, Konstruktion und Ausführungstechnik.
79/76
Zimmermann, Günter
Stand der technischen Erkenntnisse der Konstruktion Umkehrdach.
79/82
Oswald, Rainer
Schadensfall an einem Stahltrapezblechdach mit Metalleindeckung.
79/87
Stemmann, Dietmar
Konstruktive Probleme und geltende Ausführungsbestimmungen bei der Erstellung von Stahlleichtdächern.
79/101
Venter, Eckard
Metalleindeckungen bei flachen und flachgeneigten Dächern.

80/7
Bleutge, Peter
Die Haftung des Sachverständigen für fehlerhafte Gutachten im gerichtlichen und außergerichtlichen Bereich, aktuelle Rechtslage und Gesetzgebungsvorhaben.
80/24
Jagenburg, Walter
Architekt und Haftung.
80/32
Franzki, Harald
Die Stellung des Sachverständigen als Helfer des Gerichts, Erfahrungen und Ausblicke.
80/38
Schild, Erich
Veränderung des Leistungsbildes des Architekten im Zusammenhang, mit erhöhten Anforderungen an den Wärmeschutz.
80/44
Gertis, Karl A.
Auswirkung zusätzlicher Wärmedämmschichten auf das bauphysikalische Verhalten von Außenwänden.
80/49
Künzel, Helmut
Witterungsbeanspruchung von Außenwänden, Regeneinwirkung und thermische Beanspruchung.
80/57
Cammerer, Walter F.
Wärmdämmstoffe für Außenwände, Eigenschaften und Anforderungen.
80/65
Heck, Friedrich
Außenwand – Dämmsysteme, Materialien, Ausführung, Bewährung.
80/81
Rogier, Dietmar

Untersuchung der Bauschäden an Fenstern.

80/94
Klein, Wolfgang
Der Einfluß des Fensters auf den Wärmehaushalt von Gebäuden.

80/113
Seiffert, Karl
Die Erhöhung des opitimalen Wärmeschutzes von Gebäuden bei erheblicher Verteuerung der Wärme-Energie.

81/7
Jagenburg, Walter
Nachbesserung von Bauschäden in juristischer Sicht.

81/14
Müller, Klaus
Der Nachbesserungsanspruch – seine Grenzen.

81/25
Schild, Erich
Probleme für den Sachverständigen bei der Entscheidung von Nachbesserungen.

81/31
Klocke, Wilhelm
Preisabschätzung bei Nachbesserungsarbeiten und Ermittlung von Minderwerten.

81/45
Rogier, Dietmar
Grundüberlegungen bei der Nachbesserung von Dächern.

81/61
Grün, Eckard
Beispiel eines Bauschadens am Flachdach und seine Nachbesserung.

81/70
Jürgensen, Nikolai
Beispiel eines Bauschadens am Balkon/Loggia und seine Nachbesserung.

81/75
Dartsch, Bernhard
Nachbesserung von Bauschäden an Bauteilen aus Beton.

81/96
Arnds, Wolfgang
Grundüberlegungen bei der Nachbesserung von Außenwänden.

81/103
Sand, Friedhelm
Beispiel eines Bauschadens an einer Außenwand mit nachträglicher Innendämmung und seine Nachbesserung.

81/108
Oswald, Rainer
Beispiel eines Bauschadens an einer Außenwand mit Riemchenbekleidung und seine Nachbesserung.

81/113
Schild, Erich
Grundüberlegungen bei der Nachbesserung von erdberührten Bauteilen.

81/121
Höffmann, Heinz
Beispiel eines Bauschadens an einem Keller in Fertigteilkonstruktion und seine Nachbesserung.

81/128
Schlotmann, Bernhard
Beispiel eines Bauschadens an einem Keller mit unzureichender Abdichtung und seine Nachbesserung.

82/7
Schild, Erich
Die besondere Situation des Architekten bei der Anwendung neuer Regelwerke und DIN-Vorschriften.

82/11
Döbereiner, Walter
Die Haftung des Sachverständigen im Zusammenhang mit den anerkannten Regeln der Technik.

82/23
Pott, Werner
Haftung von Planer und Ausführendem bei Verstößen gegen allgemein anerkannte Regeln der Bautechnik.

82/30
Hummel, Rudolf
Die Abdichtung von Flachdächern.

82/36
Oswald, Rainer
Zur Belüftung zweischaliger Dächer.

82/44
Rogier, Dietmar
Dachabdichtungen mit Bitumenbahnen.

82/54
Dahmen, Günter
Die neue DIN 4108 und die Wärmeschutzverordnung, ihre Konsequenzen für Planer und Ausführende, winterlicher und sommerlicher Wärmeschutz.

82/63
Casselmann, Hans F.
Die neue DIN 4108 und die Wärmeschutzverordnung, ihre Konsequenzen für Planer und Ausführende, Tauwasserschutz im Inneren von Bauteilen nach DIN 4108, Ausg. 1981.

82/76
Schild, Erich
Zum Problem der Wärmebrücken; das Sonderproblem der geometrischen Wärmebrücke.

82/81
Trümper, Heinrich
Wärmeschutz und notwendige Raumlüftung in Wohngebäuden.

82/91
Künzel, Helmut
Schlagregenschutz von Außenwänden, Neufassung in DIN 4108.

82/97
Pohlenz, Rainer
Die neue DIN 4109 – Schallschutz im Hochbau, ihre Konsequenzen für Planer und Ausführende.

82/109
Knop, Wolf D.
Wärmedämm-Maßnahmen und ihre schalltechnischen Konsequenzen.

83/9
Jagenburg, Walter
Abweichen von vertraglich vereinbarten Ausführungen und Änderungen bei der Nachbesserung.

83/15
Schild, Erich
Verhältnismäßigkeit zwischen Schäden und Schadensermittlung, Ausforschung – Hinzuziehen von Sonderfachleuten.

83/21
Klopfer, Heinz
Bauphysikalische Betrachtungen zum Wassertransport und Wassergehalt in Außenwänden.

83/38
Cziesielski, Erich
Außenwände – Witterungsschutz im Fugenbereich – Fassadenverschmutzung.

83/57
Casselmann, Hans F.
Feuchtigkeitsgehalt von Wandbauteilen.

83/66
Knötel, Dietbert
Schäden und Oberflächenschutz an Fassaden.

83/78
Achtziger, Joachim
Meßmethoden – Feuchtigkeitsmessungen an Baumaterialien.

83/85
Dahmen, Günter
Kritische Anmerkungen zur DIN 18195.

83/95
Rogier, Dietmar
Abdichtung erdberührter Aufenthaltsräume.

83/103
Grube, Horst
Konstruktion und Ausführung von Wannen aus wasserundurchlässigem Beton.

83/113
Oswald, Rainer
Abdichtung von Naßräumen im Wohnungsbau.

83/119
Schumann, Dieter
Schlämmen, Putze, Injektagen und Injektionen. Möglichkeiten und Grenzen der Bauwerkssanierung im erdberührten Bereich.

84/9
Pott, Werner
Regeln der Technik, Risiko bei nicht ausreichend bewährten Materialien und Konstruktionen – Informationspflichten/-grenzen.

84/16
Jagenburg, Walter
Beratungspflichten des Architekten nach dem Leistungsbild des 15 HOAI.

84/22
Schild, Erich
Fortschritt, Wagnis, Schuldhaftes Risiko.

84/33
Haferland, Friedrich
Wärmeschutz an Außenwänden – Innen-, Kern- und Außendämmung, k-Wert und Speicherfähigkeit.

84/47
Lühr, Hans Peter
Kerndämmung – Probleme des Schlagregens, der Diffusion, der Ausführungstechnik.

84/59
König, Norbert
Bauphysikalische Probleme der Innendämmung.

84/71
Oswald, Rainer
Technische Qualitätsstandards und Kriterien zu ihrer Beurteilung.

84/76
Schild, Erich
Flaches oder geneigtes Dach – Weltanschauung oder Wirklichkeit.

84/79
Rogier, Dietmar
Langzeitbewährung von Flachdächern, Planung, Instandhaltung, Nachbesserung.

84/89
Hummel, Rudolf
Nachbesserung von Flachdächern aus der Sicht des Handwerkers.

84/94
Liersch, Klaus W.
Bauphysikalische Probleme des geneigten Daches.

84/105
Dahmen, Günter
Regendichtigkeit und Mindestneigungen von Eindeckungen aus Dachziegel und Dachsteinen, Faserzement und Blech.

85/9
Jagenburg, Walter
Umfang und Grenzen der Haftung des Architekten und Ingenieurs bei der Bauleitung.

85/14
Siegburg, Peter
Umfang und Grenzen der Hinweispflicht des Handwerkers.

85/30
Schild, Erich
Inhalt und Form des Sachverstänigengutachtens.

85/38
Pilny, Franz
Mechanismus und Erfassung der Rißbildung.

85/49
Oswald, Rainer
Rissebildungen in Oberflächenschichten, Beeinflussung durch Dehnungsfugen und Haftverbund.

85/58
Rybicki, Rudolf
Setzungsschäden an Gebäuden, Ursachen und Planungshinweise zur Vermeidung.

85/68
Schubert, Peter

Rißbildung in Leichtmauerwerk, Ursachen und Planungshinweise zur Vermeidung.

85/76
Dahmen, Günter
DIN 18550 Putz, Ausgabe Januar 1985.

85/83
Künzel, Helmut
Anforderungen an die thermo-mechanischen Eigenschaften von Außenputzen zur Vermeidung von Putzschäden.

85/89
Rogier, Dietmar
Rissebewertung und Rissesanierung.

85/100
Ruffert, Günther
Ursachen, Vorbeugung und Sanierung von Sichtbetonschäden.

86/9
Vygen, Klaus
Die Beweismittel im Bauprozeß.

86/18
Jagenburg, Walter
Juristische Probleme im Beweissicherungsverfahren.

86/23
Schild, Erich
Die Nachbesserungsentscheidung zwischen Flickwerk und Totalerneuerung.

86/32
Oswald, Rainer
Zur Funktionssicherheit von Dächern.

86/38
Dahmen, Günter
Die Regelwerke zum Wärmeschutz und zur Abdichtung von genutzten Dächern.

86/51
Steinhöfel, Hans-Joachim
Nutzschichten bei Terrassendächern.

86/57
Zimmermann, Günter
Die Detailausbildung bei Dachterrassen.

86/63
Lohmeyer, Gottfried
Anforderungen an die Konstruktion von Parkdecks aus wasserundurchlässigem Beton.

86/71
Oswald, Rainer
Begrünte Dachflächen – Konstruktionshinweise aus der Sicht des Sachverständigen.

86/76
Haack, Alfred
Parkdecks und befahrbare Dachflächen mit Gußasphaltbelägen.

86/93
Hoch, Eberhard
Detailprobleme bei bepflanzten Dächern.

86/99
Wolf, Gert
Begrünte Flachdächer aus der Sicht des Dachdeckerhandwerks.

86/104
Lamers, Reinhard
Ortungsverfahren für Undichtigkeiten und Durchfeuchtungsumfang.

86/111
Rogier, Dietmar
Grundüberlegungen und Vorgehensweise bei der Sanierung genutzter Dachflächen.

87/9
Ehm, Herbert
Möglichkeiten und Grenzen der Vereinfachung von Regelwerken aus der Sicht der Behörden und des DIN.

87/16
Jagenburg, Walter
Tendenzen zur Vereinfachung von Regelwerken, Konsequenzen für Architekten, Ingenieure und Sachverständige aus der Sicht des Juristen.

87/21
Oswald, Rainer
Grenzfragen bei der Gutachtenerstattung des Bausachverständigen.

87/25
Gertis, Karl A.
Speichern oder Dämmen? Beitrag zur k-Wert-Diskussion.

87/30
Pohl, Wolf-Hagen
Konstruktive und bauphysikalische Problemstellungen bei leichten Dächern.

87/53
Schild, Erich
Das geneigte Dach über Aufenthaltsräumen, Belüftung – Diffusion – Luftdichtigkeit.

87/60
Lamers, Reinhard
Fallbeispiele zu Tauwasser- und Feuchtigkeitsschäden an leichten Hallendächern.

87/68
Kniese, Arnd
Großformatige Dachdeckungen aus Aluminium- und Stahlprofilen.

87/80
Dahmen, Günter
Stahltrapezblechdächer mit Abdichtung.

87/87
Balkow, Dieter
Glasdächer – bauphysikalische und konstruktive Probleme.

87/94
Oswald, Rainer
Fassadenverschmutzung, Ursachen und Beurteilung.

87/101
Liersch, Klaus W.
Leichte Außenwandbekleidungen.

87/109
Schaupp, Wilhelm

Außenwandbekleidungen, Einschlägige DIN-Normen und bauaufsichtliche Regelungen.

88/9
Jagenburg, Walter
Die Produzentenhaftung, Bedeutung für den Baubereich.

88/17
Werner, Ulrich
Die Grenzen des Nachbesserungsanspruchs bei Bauschäden.

88/24
Bleutge, Peter
Aktuelle Aspekte der neuen Sachverständigenordnung, Werbung des Sachverständigen.

88/32
Schild, Erich
Fragen der Aus- und Fortbildung von Bausachverständigen.

88/38
Gertis, Karl A.
Temperatur und Luftfeuchte im Inneren von Wohnungen, Einflußfaktoren, Grenzwerte.

88/45
Künzel, Helmut
Instationärer Wärme- und Feuchteaustausch an Gebäudeinnenoberflächen.

88/52
Usemann, Klaus W.
Was muß der Bausachverständige über Schadstoffimmissionen im Gebäudeinneren wissen?

88/72
Oswald, Rainer
Der Feuchtigkeitsschutz von Naßräumen im Wohnungsbau nach dem neuesten Diskussionsstand.

88/77
Herken, Gerd
Anforderungen an die Abdichtung von Naßräumen des Wohnungsbaues in DIN-Normen.

88/82
Lamers, Reinhard
Abdichtungsprobleme bei Schwimmbädern, Problemstellung mit Fallbeispielen.

88/88
Schulze, Horst
Fliesenbeläge auf Gipsbauplatten und Spanplatten in Naßbereichen.

88/100
Grosser, Dietger
Der echte Hausschwamm (Serpula lacrimans), Erkennungsmerkmale, Lebensbedingungen, Vorbeugung und Bekämpfung.

88/111
Dahmen, Günter
Naturstein- und Keramikbeläge auf Fußbodenheizung.

88/121
Pohlenz, Rainer
Schallschutz von Holzbalkendecken bei Neubau- und Sanierungsmaßnahmen.

88/135
Braun, Eberhard
Maßgenauigkeit beim Ausbau, Ebenheitstoleranzen, Anforderung, Prüfung, Beurteilung.

89/9
Bleutge, Peter
Urheberschutz beim Sachverständigengutachten, Verwertung durch den Auftraggeber, Eigenverwertung durch den Sachverständigen.

89/15
Neuenfeld, Klaus
Die Feststellung des Verschuldens des objektüberwachenden Architekten durch den Sachverständigen.

89/21
Soergel, Carl
Die Prüfungs- und Hinweispflicht der am Bau Beteiligten.

89/27
Schild, Erich
Mauerwerksbau im Spannungsfeld zwischen architektonischer Gestaltung und Bauphysik.

89/35
Kirtschig, Kurt
Zur Funktionsweise von zweischaligem Mauerwerk mit Kerndämmung.

89/41
Dahmen, Günter
Wasseraufnahme von Sichtmauerwerk, Prüfmethoden und Aussagewert.

89/48
Pauls, Norbert
Ausblühungen von Sichtmauerwerk, Ursachen – Erkennung – Sanierung.

89/55
Lamers, Reinhard
Sanierung von Verblendschalen dargestellt an Schadensfällen.

89/61
Pfefferkorn, Werner
Dachdecken- und Geschoßdeckenauflage bei leichten Mauerwerkskonstruktionen, Erläuterungen zur DIN 18530 vom März 1987.

89/75
Jeran, Alois
Außenputz auf hochdämmendem Mauerwerk, Auswirkung der Stumpfstoßtechnik.

89/87
Schubert, Peter
Aussagefähigkeit von Putzprüfungen an ausgeführten Gebäuden, Putzzusammensetzung und Druckfestigkeit.

89/95
Cziesielski, Erich
Mineralische Wärmedämmverbundsysteme, Systemübersicht, Befestigung und Tragverhalten, Rißsicherheit, Wärmebrückenwirkung, Detaillösungen.

89/109
Künzel, Helmut
Wärmestau und Feuchtestau als Ursachen von Putzschäden bei Wärmedämmverbundsystemen.

89/115
Oswald, Rainer
Die Beurteilung von Außenputzen, Strategien zur Lösung typischer Problemstellungen.

89/122
Weber, Helmut
Anstriche und rißüberbrückende Beschichtungssysteme auf Putzen.

90/9
Bleutge, Peter
Beweiserhebung statt Beweissicherung.

90/17
Jagenburg, Walter
Juristische Probleme bei Gründungsschäden.

90/25
Schild, Erich
Allgemein anerkannte Regeln der Bautechnik.

90/35
Bölling, Willy H.
Gründungsprobleme bei Neubauten neben Altbauten, zeitlicher Verlauf von Setzungen.

90/41
Arnold, Karlheinz
Erschütterungen als Rißursachen.

90/49
Weber, Ulrich
Bergbauliche Einwirkungen auf Gebäude, Abgrenzungen und Möglichkeiten der Sanierung und Vermeidung.

90/61
Prinz, Helmut
Grundwasserabsenkung und Baumbewuchs als Ursache von Gebäudesetzungen.

90/69
Hilmer, Klaus
Ermittlung der Wasserbeanspruchung bei erdberührten Bauwerken.

90/80
Dahmen, Günter
Dränung zum Schutz baulicher Anlagen, Neufassung DIN 4095.

90/91
Cziesielski, Erich
Wassertransport durch Bauteile aus wasserundurchlässigem Beton, Schäden und konstruktive Empfehlungen.

90/101
Arendt, Claus
Verfahren zur Ursachenermittlung bei Feuchtigkeitsschäden an erdberührten Bauteilen.

90/108
Schumann, Dieter
Nachträgliche Innenabdichtungen bei erdberührten Bauteilen.

90/121
Hübler, Manfred
Bauwerkstrockenlegung, Instandsetzung feuchter Grundmauern.

90/130
Lamers, Reinhard
Unfallverhütung beim Ortstermin.

90/135
Kamphausen, P. A.
Bewertung von Verkehrswertminderungen bei Gebäudeabsenkungen und Schieflagen.

90/143
Kamphausen, P. A.
Bausachverständige im Beweissicherungsverfahren.

91/9
Werner, Ulrich
Auslegung von HOAI und VOB, Aufgabe des Sachverständigen oder des Juristen?

91/22
Mauer, Dietrich
Auslegung und Erweiterung der Beweisfragen durch den Sachverständigen.

91/27
Jagenburg, Walter
Die außervertragliche Baumängelhaftung.

91/35
Cziesielski, Erich
Gebäudedehnfugen.

91/43
Pfefferkorn, Werner
Erfahrungen mit fugenlosen Bauwerken.

91/49
Dahmen, Günter
Dehnfugen in Verblendschalen.

91/57
Schellbach, Gerhard
Mörtelfugen in Sichtmauerwerk und Verblendschalen.

91/72
Baust, Eberhard
Fugenabdichtung mit Dichtstoffen und Bändern.

91/82
Lamers, Reinhard
Dehnfugenabdichtung bei Dächern.

91/88
Hauser, Gerd; Maas, Anton
Auswirkungen von Fugen und Fehlstellen in Dampfsperren und Wärmedämmschichten.

91/96
Oswald, Rainer
Grundsätze der Rißbewertung.

91/100
Schießl, Peter
Risse in Sichtbetonbauteilen.

91/105
Fix, Wilhelm
Das Verpressen von Rissen.

91/111
Jürgensen, Nikolai
Öffnungsarbeiten beim Ortstermin.

92/9
Vogel, Eckhard
Europäische Normung, Rahmenbedingungen, Verfahren der Erarbeitung, Verbindlichkeit, Grundlage eines einheitlichen europäischen Baumarktes und Baugeschehens.

92/20
Bleutge, Peter
Aktuelle Probleme aus dem Gesetz über die Entschädigung von Zeugen und Sachverständigen (ZSEG).

92/33
Schild, Erich
Zur Grundsituation des Sachverständigen bei der Beurteilung von Schimmelpilzschäden.

92/42
Ehm, Herbert
Die zukünftigen Anforderungen an die Energieeinsparung bei Gebäuden, die Neufassung der Wärmeschutzverordnung.

92/46
Achtziger, Joachim
Wärmebedarfsberechnung und tatsächlicher Wärmebedarf, die Abschätzung des erhöhten Heizkostenaufwandes bei Wärmeschutzmängeln.

92/54
Trümper, Heinrich
Natürliche Lüftung in Wohnungen.

92/64
Hausladen, Gerhard
Lüftungsanlagen und Anlagen zur Wärmerückgewinnung in Wohngebäuden.

92/65
Zeller, M.; Ewert, M.
Berechnung der Raumstörung und ihres Einflusses auf die Schwitzwasser- und Schimmelpilzbildung auf Wänden.

92/70
Pult, Peter
Krankheiten durch Schimmelpilze.

92/73
Erhorn, Hans
Bauphysikalische Einflußfaktoren auf das Schimmelpilzwachstum in Wohnungen.

92/84
Arndt, Horst
Konstruktive Berücksichtigung von Wärmebrücken, Balkonplatten, Durchdringungen, Befestigungen.

92/90
Oswald, Rainer
Die geometrische Wärmebrücke, Sachverhalt und Beurteilungskriterien.

92/98
Hauser, Gerd
Wärmebrücken, Beurteilungsmöglichkeiten und Planungsinstrumente.

92/106
Dahmen, Günter
Die Bewertung von Wärmebrücken an ausgeführten Gebäuden, Vorgehensweise, Meßmethoden und Meßprobleme.

92/115
Kießl, Kurt
Wärmeschutzmaßnahmen durch Innendämmung, Beurteilung und Anwendungsgrenzen aus feuchtetechnischer Sicht.

92/125
Cziesielski, Erich
Die Nachbesserung von Wärmebrücken durch Beheizung der Oberflächen.

93/9
Werner, Ulrich
Erfahrungen mit der neuen Zivilprozeßordnung zum selbständigen Beweisverfahren.

93/17
Bleutge, Peter
Der deutsche Sachverständige im EG-Binnenmarkt – Selbständiger, Gesellschafter oder Angestellter, Tendenzen in der neuen Muster-SVO des DIHT.

93/24
Meyer, Hans Gerd
Brauchbarkeits-, Verwendbarkeits- und Übereinstimmungsnachweise nach der neuen Musterbauordnung.

93/29
Cziesielski, Erich
Belüftete Dächer und Wände, Stand der Technik.

93/38
Künzel, Helmut; Großkinsky, Theo
Das unbelüftete Sparrendach, Meßergebnisse, Folgerungen für die Praxis.

93/46
Liersch, Klaus W.
Die Belüftung schuppenförmiger Bekleidungen, Einfluß auf die Dauerhaftigkeit.

93/54
Schulze, Horst
Holz in unbelüfteten Konstruktionen des Wohnungsbaus.

93/65
Stauch, Detlef
Unbelüftete Dächer mit schuppenförmigen Eindeckungen aus der Sicht des Dachdeckerhandwerks.

93/69
Steger, Wolfgang
Die Tragkonstruktionen und Außenwände der Fertigungsbauarten in den neuen Bundesländern – Mängel, Schäden mit Instandsetzungs- und Modernisierungshinweisen.

93/75
Friedrich, Rolf
Die Dachkonstruktionen der Fertigteilbauweisen in den neuen Bundesländern, Erfahrungen, Schäden, Sanierungsmethoden.

93/92
Tanner, Christoph
Die Messung von Luftundichtigkeiten in der Gebäudehülle.

93/85
Dahmen, Günter
Leichte Dachkonstruktionen über Schwimmbädern – Schadenserfahrungen und Konstruktionshinweise.

93/100
Oswald, Rainer
Zur Prognose der Bewährung neuer Bauweisen, dargestellt am Beispiel der biologischen Bauweisen.

93/108
Lamers, Reinhard
Wintergärten, Bauphysik und Schadenserfahrung.

94/9
Motzke, Gerd
Mängelbeseitigung vor und nach der Abnahme – Beeinflussen Bauzeitabschnitte die Sachverständigenbegutachtung?

94/17
Weidhaas, Jutta
Die Zertifizierung von Sachverständigen

94/21
Tredopp, Rainer
Qualitätsmanagement in der Bauwirtschaft

94/26
Schlapka, Franz-Josef
Qualitätskontrollen durch den Sachverständigen

94/35
Dahmen, Günter
Die neue Wärmeschutzverordnung und ihr Einfluß auf die Gestaltung von Neubauten.

94/46
Schickert, Gerald
Feuchtemeßverfahren im kritischen Überblick.

94/64
Kießl, Kurt
Feuchteeinflüsse auf den praktischen Wärmeschutz bei erhöhtem Dämmniveau.

94/72
Oswald, Rainer
Baufeuchte – Einflußgrößen und praktische Konsequenzen.

94/79
Schubert, Peter
Feuchtegehalte von Mauerwerkbaustoffen und feuchtebeeinflußte Eigenschaften.

94/86
Schnell, Werner
Das Trocknungsverhalten von Estrichen – Beurteilung und Schlußfolgerungen für die Praxis.

94/97
Grosser, Dietger
Feuchtegehalte und Trocknungsverhalten von Holz und Holzwerkstoffen.

94/111
Oswald, Rainer
Das aktuelle Thema: Gesundheitsrisiken durch Faserdämmstoffe? Konsequenzen für Planer und Sachverständige.

94/112
Lohrer, Wolfgang
Das aktuelle Thema: Gesundheitsrisiken durch Faserdämmstoffe? Konsequenzen für Planer und Sachverständige.

94/114
Muhle, Hartwig
Das aktuelle Thema: Gesundheitsrisiken durch Faserdämmstoffe? Konsequenzen für Planer und Sachverständige.

94/118
Draeger, Utz
Das aktuelle Thema: Gesundheitsrisiken durch Faserdämmstoffe? Konsequenzen für Planer und Sachverständige.

94/120
Royar, Jürgen
Das aktuelle Thema: Gesundheitsrisiken durch Faserdämmstoffe? Konsequenzen für Planer und Sachverständige.

94/124
Diskussion
Gesundheitsgefährdung durch künstliche Mineralfasern?

94/128
Anhang zur Mineralfaserdiskussion
Presseerklärung des Bundesministeriums für Umwelt, Naturschutz und Reaktorsicherheit und des Bundesministeriums für Arbeit vom 18. 3. 1994.

94/130
Lamers, Reinhard
Feuchtigkeit im Flachdach – Beurteilung und Nachbesserungsmethoden.

94/139
Hupe, Hans-Heiko
Leitungswasserschäden – Ursachenermittlung und Beseitigungsmöglichkeiten.

94/146
Jebrameck, Uwe
Technische Trocknungsverfahren.

95/9
Motzke, Gerd
Übertragung von Koordinierungs- und Planungsaufgaben auf Firmen und Hersteller, Grenzen und haftungsrechtliche Konsequenzen für Architekten und Ingenieure.

95/23
Kolb, E. A.
Die Rolle des Bausachverständigen im Qualitätsmanagement.

95/35
Erhorn, Hans
Die Bedeutung von Mauerwerksöffnungen für die Energiebilanz von Gebäuden.

95/51
Balkow, Dieter
Dämmende Isoliergläser – Bauweise und bauphysikalische Probleme.

95/55
Pohl, Wolf-Hagen
Der Wärmeschutz von Fensteranschlüssen in hochwärmegedämmten Mauerwerksbauten.

95/74
Schmid, Josef
Funktionsbeurteilungen bei Fenstern und Türen.

95/92
Memmert, Albrecht
Das Berufsbild des unabhängigen Fassadenberaters.

95/109
Pohlenz, Rainer
Schallschutz – Fenster und Lichtflächen

95/119
Oswald, Rainer
Die Abdichtung von niveaugleichen Türschwellen.

95/125
Schulze, Jörg
Das aktuelle Thema: Der Streit um das „richtige" Fenster im Altbau.

95/127
Löfflad, Hans
Das aktuelle Thema: Der Streit um das „richtige" Fenster im Altbau.

95/131
Gerwers, Werner
Das aktuelle Thema: Der Streit um das „richtige" Fenster im Altbau.

95/133
Willmann, Klaus
Das aktuelle Thema: Der Streit um das „richtige" Fenster im Altbau.

95/135
Dahmen, Günter
Rolläden und Rolladenkästen aus bauphysikalischer Sicht.

95/142
Horstmann, Herbert
Lichtkuppeln und Rauchabzugsklappen – Bauweisen und Abdichtungsprobleme.

95/151
Froelich, Hans
Dachflächenfenster – Abdichtung und Wärmeschutz.

96/9
Jagenburg, Walter
Baumängel im Grenzbereich zwischen Gewährleistung und Instandhaltung

96/15
Arlt, Joachim
Die Instandsetzung als Planungsleistung – Leistungsbild, Vertragsgestaltung, Honorierung, Haftung

96/23
Oswald, Rainer
Instandsetzungsbedarf und Instandsetzungsmaßnahmen am Altbaubestand Deutschlands – ein Überblick

96/31
Lamers, Reinhard
Nachträglicher Wärmeschutz im Baubestand

96/40
Meisel, Ulli
Einfache Untersuchungsgeräte und -verfahren für Gebäudebeurteilungen durch den Sachverständigen

96/49
Franke, Lutz
Imprägnierungen und Beschichtungen auf Sichtmauerwerks- und Natursteinfassaden – Entwicklungen und Erkenntnisse

96/56
Fuhrmann, Günter
Beschichtungssysteme für Flachdächer – Beurteilungsgrundsätze und Leistungserwartungen

96/65
Brenne, Winfried

Balkoninstandsetzung und Loggiaverglasung – Methoden und Probleme

96/74
Gerner, Manfred
Das aktuelle Thema: Die Fachwerksanierung im Widerstreit zwischen Nutzerwünschen, Wärmeschutzanforderungen und Denkmalpflege; Fachwerkinstandsetzung und Fachwerkmodernisierung aus der Sicht der Denkmalpflege

96/78
Künzel, Helmut
Das aktuelle Thema: Die Fachwerksanierung im Widerstreit zwischen Nutzerwünschen, Wärmeschutzanforderungen und Denkmalpflege; Instandsetzung und Modernisierung von Fachwerkhäusern für heutige Wohnanforderungen

96/81
Nuss, Ingo
Beurteilungsprobleme bei Holzbauteilen

96/94
Dahmen, Günter
Nachträgliche Querschnittsabdichtungen – ein Systemvergleich

96/105
Weber, Helmut
Sanierputz im Langzeiteinsatz – ein Erfahrungsbericht

Stichwortverzeichnis

(die fettgedruckte Ziffer kennzeichnet das Jahr; die zweite Ziffer die erste Seite des Aufsatzes)

Abdichtung, Anschluß **75**/13; **77**/89; **86**/23; **86**/38; **86**/57; **86**/93
– begrüntes Dach **86**/99
– bituminöse **77**/89; **82**/44
– Dach **79**/38; **84**/79
– Dachterrasse **75**/13; **81**/70; **86**/57
– erdberührte Bauteile; siehe auch → Kellerabdichtung **77**/86; **77**/101; **81**/128; **83**/65; **83**/95; **90**/69
– nachträgliche **77**/86; **77**/89; **90**/108; **96**/94
– Naßraum **83**/113; **88**/72; **88**/77; **88**/82
– Schwimmbad **88**/92
– Umkehrdach **79**/76
Abdichtungsverfahren **77**/89; **96**/94
Ablehung des Sachverständigen **92**/20
Abnahme **77**/17; **81**/14; **83**/9; **94**/9
Abriebfestigkeit, Estrich **78**/122
Absanden, Naturstein **83**/66
– Putz **89**/115
Absprengung, Fassade **83**/66
Abstrahlung, Tauwasserbildung durch **87**/60; **93**/38; **93**/46
Absturzsicherung **90**/130
Abweichklausel **87**/9
Akkreditierung **94**/17; **95**/23
Alkali-Kieselsäure-Reaktion **93**/69
Anstriche **80**/49; **85**/89; **88**/52; **89**/122
Anwesenheitsrecht **80**/32
Arbeitsraumverfüllung **81**/128
Architekt, Leistungsbild **76**/43; **78**/5; **80**/38; **84**/16; **85**/9; **95**/9
– Sachwaltereigenschaft **89**/21
– Haftpflicht **84**/16
– Haftung **76**/23; **76**/43; **80**/24; **82**/23
Architektenwerk, mangelhaftes **76**/23; **81**/7
Armierungsbeschichtung **80**/65
Armierungsputz **85**/93
Attika; siehe auch → Dachrand
– Fassadenverschmutzung **87**/94
– Windbeanspruchung **79**/49
– WU-Beton **79**/64
Auditierung **95**/23
Auflagerdrehung, Betondecke **78**/90; **89**/61
Aufsichtsfehler **80**/24; **85**/9; **89**/15
Augenscheinnahme **83**/15
Augenscheinsbeweis **86**/9
Ausblühungen **81**/103; **83**/66; **89**/35; **89**/48; **92**/106
siehe auch → Salze
Ausgleichsfeuchte, praktische **94**/72
Ausforschung **83**/15
Ausführungsfehler **78**/17; **89**/15
Aussteifung **89**/61
Austrocknung **93**/29; **94**/46; **94**/72; **94**/86; **94**/146
Austrocknung – Flachdach **94**/130

161

Austrocknungsverhalten 82/91; 89/55; 94/79; 94/146
Außendämmung 80/44; 84/33
Außenecke, Wärmebrücke 92/20
Außenhüllfläche, Wärmeschutz 94/35
Außenputz; siehe auch → Putz
Außenputz, Rißursachen 89/75
   – Spannungsrisse 82/91; 85/83; 89/75; 89/115
Außenverhältnis 79/14
Außenwand; siehe auch → Wand
   – Schadensbild 76/79
   – Schlagregenschutz 80/49; 82/91
   – therm. Beanspruchung 80/49
   – Wassergehalt 76/163; 83/21; 83/57
   – Wärmeschutz 80/44; 80/57; 80/65; 84/33; 94/35
   – zweischalige 76/79; 93/29
Außenwandbekleidung 81/96; 85/49; 87/101; 87/109; 93/46

Balkon 95/119
   – Sanierung 81/70; 96/95
Balkonplatte, Wärmebrücke 92/84
Bauaufsicht; siehe auch → Bauüberwachung 80/24; 85/9; 89/15
Bauaufsichtliche Anforderungen 93/24
Baubestimmung, technische 78/38
Baubiologie 93/100
Baufeuchte 89/109; 94/72
Bauforschung 75/3
Baugrund; siehe → Setzung; Gründung; Erdberührte Bauteile
Baukosten 81/31
Bauleistungsbeschreibung 92/9
Baumbewuchs 90/61
Bauordnung 87/9
Bauproduktenrichtlinie 92/9; 93/24
Bauprozeß 86/9
Baurecht 93/9; 85/14
Bauregelliste 96/56
Bausachverständiger; siehe auch → Sachverständiger
Bausachverständiger 75/7; 78/5; 79/7; 80/7; 90/9; 90/143; 91/9; 91/22; 91/111
   – angestellter 93/117
   – Ausbildung 88/32
   – Benennung 76/9; 95/23
   – Bestellungsvoraussetzung 77/26; 83/15; 93/17; 95/23
   – freier 77/26
   – Haftung 77/7; 79/7; 80/7; 82/11
   – Pflichten 80/32
   – Rechte 80/32
   – selbständiger 93/17
   – staatlich anerkannter 95/23
   – vereidigter 77/26
   – Vergütung 75/7; 92/20
   – Versicherung 91/111
Bauschadensbericht 96/23
Bauschadensforschung, Außenwand 76/5; 76/109
   – Dach, Dachterrasse, Balkon 75/13
Bautagebuch 89/15
Bautechnik, Beratung 78/5

Bauüberwachung; siehe auch → Bauaufsicht **76**/23; **81**/7; **85**/9
Bauvertrag **77**/17; **83**/9; **85**/14
Bauweise, biologische **93**/100
Bauwerksdiagnose **96**/40
Bauwerkstrockenlegung **90**/121; **96**/94
Bauwerkstrocknung **94**/146
Bedenkenhinweispflicht; siehe auch → Hinweispflicht
Bedenkenhinweispflicht **82**/30; **89**/21
Befangenheit **76**/9; **77**/7; **86**/18
Befestigungselemente, Außenwandbekleidung **87**/109
Befestigungselemente, Leichtes Dach **87**/30
Begutachtungspflicht **75**/7
Behinderungsgrad **76**/121
Belüftung; siehe auch → Lüftung
Belüftung **75**/13; **75**/27; **87**/53; **87**/101; **93**/29; **93**/46
Belüftungsebene, Dach **93**/38
Belüftungsöffnung **82**/36; **89**/35; **93**/29
Belüftungsstromgeschwindigkeit **84**/94
Beratungspflicht **84**/16; **89**/21
Bergschäden **90**/49
Beschichtung **85**/89
    – Außenwand **80**/65; **96**/49
    – bituminöse **90**/108
    – Dachterrasse **86**/51
Beschichtungsstoffe **80**/49
Beschichtungssysteme **89**/122; **96**/56
Beton, Schadensbilder **81**/75
Beton, wasserundurchlässiger; siehe auch → Sperrbeton
Beton, wasserundurchlässiger **83**/103; **86**/63; **90**/91; **91**/96
Betondachelemente **93**/75
Betondeckung **85**/100
Betonplatten **86**/76
Betonsanierung **77**/86; **81**/75
Betonsanierung Kelleraußenwand **81**/128
Betonsanierung mit Wärmedämmverbundsystem **89**/95
Betontechnologie **91**/100
Betonzusammensetzung **86**/63
BET-Technologie **83**/21
Bewegungsfugen; siehe auch → Dehnungsfugen
Bewehrung, Außenputz **89**/115
    – Stahlbeton **76**/143
    – WU-Beton **86**/63
Beweisaufnahme **93**/9
Beweisbeschluß **75**/7; **76**/9; **77**/7; **80**/32
Beweiserhebung **90**/9
Beweisfrage **77**/7; **91**/22
    – Erweiterung **87**/21; **91**/22
Beweislast **85**/14
Beweismittel **86**/9
Beweissicherung **79**/7
Beweissicherungsverfahren **75**/7; **76**/9; **79**/7; **86**/9; **86**/18; **90**/9; **90**/143
Beweisverfahren, selbständiges **90**/9; **90**/143; **93**/9
Beweiswürdigung **77**/7
Bewertung, Mangel **78**/48; **84**/71
Bitumen, Verklebung **79**/44

Bitumendachbahn 82/44; 86/38; 94/130
Bitumendachbahn, Dehnfuge 91/82
Blasenbildung, Wärmedämmverbundsystem 89/109
Blend- und Flügelrahmen 80/81
Blitzschutz 79/101
Blower-Door-Messung 93/92; 94/Aussteller
Bodenfeuchtigkeit 77/115; 83/85; 83/119; 90/69
Bodengutachten 81/121
Bodenpressung 85/58
Bohrlochverfahren 77/76; 77/86; 77/89; 81/113; 96/94
Bohrwiderstandsmessung 96/81
Brandschutz 84/95
Brauchbarkeitsnachweis 78/38; 93/24
Braunfäule 88/100; 96/81

Calcium-Carbid-Methode 83/78; 90/101; 94/46
CEN, Comit Europen de Normalisation 92/9
CM-Gerät 83/78; 90/101; 94/86; 96/40
CO_2-Emission 92/42; 94/35; 95/127

Dach; siehe auch → Flachdach, geneigtes Dach, Steildach
    – Auflast 79/49
    – begrüntes; siehe → Dachbegrünung
    – belüftetes 79/40; 84/94; 93/29; 93/38; 93/46; 93/65; 93/75
    – Durchbrüche 87/68
    – Einlauf 86/32
    – Entwässerung 86/32
    – Funktionssicherheit 86/32
    – Gefälle 86/32; 86/71
    – genutztes; siehe auch → Dachterrassen, Parkdecks
    – genutztes 86/38; 86/51; 86/57; 86/111
    – Lagenzahl 86/32; 86/71
    – leichtes; siehe → Leichtes Dach
    – unbelüftetes 93/38; 93/54; 93/65
    – Wärmeschutz 86/38
    – zweischaliges 75/27; 75/39; 79/82
Dachabdichtung 75/13; 82/30; 82/44; 86/38; 96/104
    – Aufkantungshöhe 86/32; 95/119
Dachabläufe 87/80
Dachanschluß 87/68
    – metalleingedecktes Dach 79/101
Dachbegrünung 86/71; 86/93; 86/99; 90/25
Dachbeschichtung 96/56
Dachdeckerhandwerk 93/65
Dachdurchbrüche 95/142
Dacheindeckung 79/64; 93/65
    – Blech; siehe auch → Metalldeckung
    – Blech 84/105
    – Dachziegel, Dachsteine 84/105
    – Faserzement 84/105
    – schuppenförmige 93/46
Dachflächenfenster 95/151
Dachhaut 81/45; 84/79
    – Risse 81/61
    – Verklebung 79/44

Dachneigung **79**/82; **84**/105; **87**/60; **87**/68
Dachrand; siehe auch → Attika **79**/44; **79**/67; **81**/70; **86**/32; **87**/30; **93**/85
Dachterrasse **86**/23; **86**/51; **86**/57; **95**/119
Dampfdiffusion; siehe auch → Diffusion
Dampfdiffusion **75**/27; **75**/39; **76**/163; **77**/82
– Estrich **78**/122
Dampfsperre **79**/82; **81**/113; **82**/36; **82**/63; **87**/53; **87**/60; **92**/115; **93**/29; **93**/38; **93**/46; **93**/54
– Fehlstellen **91**/88
Dampfsperrwert, Dach **79**/40; **87**/80
Darrmethode **90**/101; **94**/46
Dämmplatten; siehe auch → Wärmedämmung
Dämmplatten **80**/65
Dämmschicht, Durchfeuchtung **84**/47; **84**/89; **94**/64
Dämmschichtanordnung **80**/44
Dämmstoffe für Außenwände **80**/44; **80**/57; **80**/65
Decken, abgehängte **87**/30
Deckenanschluß **78**/109
Deckendurchbiegung **76**/121; **76**/143; **78**/65; **78**/90
Deckenrandverdrehung **89**/61
Deckenschlankheit **78**/90; **89**/61
Deckelfaktor **95**/135
Dehnfuge; siehe auch → Fuge
Dehnfuge **85**/49; **85**/89; **88**/111; **91**/35; **91**/49
– Abstand **76**/143; **85**/49; **91**/49
– Dach **79**/67; **86**/93; **91**/82
– Verblendung **81**/108
Dehnungsdifferenz **76**/143; **89**/61
Dichtstoff, bituminös **77**/89
– Fuge **83**/38; **91**/72
Dichtungsprofil, Glasdach **87**/87
Dichtungsschicht, elastische **81**/61
Dichtschlämme **77**/82; **77**/86; **83**/119; **90**/109
Dielektrische Messung **83**/78; **90**/101
Diffusion; siehe auch → Dampfdiffusion, Wasserdampfdiffusion
Diffusion **87**/53; **91**/88; **92**/115; **94**/64; **94**/130
Diffusionsstrom **82**/63; **83**/21; **94**/64; **94**/72; **94**/130
DIN 1045 **86**/63
DIN 18195 **83**/85
DIN 18 516 **93**/29
DIN 18 550 **85**/76; **85**/83
DIN 4095 **90**/80
DIN 4108 **84**/47; **84**/59; **92**/46; **92**/73; **92**/115; **93**/29; **93**/38; **93**/46; **93**/54; **95**/151
DIN 4701 **84**/59
DIN 68 880 **93**/54
DIN Normen **82**/11; **78**/5; **81**/7; **82**/7
– Abweichung **82**/7
– Entstehung **92**/9
Doppelstehfalzeindeckung **79**/101
Dränung **77**/49; **77**/68; **77**/76; **77**/115; **81**/113; **81**/121; **81**/128; **83**/95; **90**/69; **90**/80
Druckbeiwert **79**/49
Druckdifferenz **87**/30
Druckwasser; siehe auch → Grundwasser
Druckwasser **81**/128; **83**/95; **83**/119; **90**/69
Duldung **86**/9
Durchbiegung **78**/90; **78**/109; **79**/38; **87**/80

Durchfeuchtung, Außenwand 76/79; 76/163; 81/103; 89/35; 89/48; 96/49
- Balkon 81/70
- leichtes Dach 87/60
- Wärmedämmung 86/104
Durchfeuchtungsschäden 83/95; 89/27, 96/81; 96/105

Ebenheitstoleranzen 88/135
EG-Binnenmarkt 92/9; 93/17
EG-Richtlinien 94/17
Einbaufeuchte 94/79
Einheitsarchitektenvertrag 85/9
Eisschanzen 87/60
Elektrokinetisches Verfahren 90/121
Elektroosmose 90/121; 96/94
Endoskop 90/101; 96/40; 96/81
Energiebilanz 95/35
Energieeinsparung 92/42; 93/108
- Fenster 80/94; 95/127
Energieverbrauch 80/44; 87/25; 95/127
Enthalpie 92/54
Entsalzung von Mauerwerk 90/121
Entschädigung 79/22
Entschädigungsgesetz ZSEG 92/20
Entwässerung 86/38
- begrüntes Dach 86/93
- genutztes Dach 86/51; 86/57; 86/76
- Umkehrdach 79/76
Epoxidharz 91/105
Erdberührte Bauteile; siehe auch → Gründung; Setzung
Erdberührte Bauteile 77/115; 81/113; 83/119; 90/61; 90/69; 90/80; 90/101; 90/108; 90/121
Erdwärmetauscher 92/54
Erfüllungsanspruch 94/9
Erfüllungsgehilfe 95/9
Erfüllungsstadium 83/9
Erkundigungspflicht 84/22
Ersatzvornahme 81/14; 86/18
Erschütterungen 90/41
Erschwerniszuschlag 81/31
Erweiterung der Beweisfrage 87/21
Estrich 78/122; 85/49; 94/86
- schwimmender 78/131; 88/111
ETA-Leitlinien 96/56
Extensivbegrünung 86/71

Fachingenieur 95/92
Fachkammer 77/7
Fachwerk, neue Bauweise 93/100
- Sanierung 96/74; 96/78
Fahrlässigkeit, leichte und grobe 80/7; 92/20; 94/9
Fanggerüst 90/130
Farbgebung 80/49
Faserzementwellplatten 87/60
Fassade 83/66
Fassadenberater 95/92

Fassadenbeschichtung 76/163; 80/49; 89/122; 96/49
Fassadengestaltung 87/94; 95/92
Fassadenhinterwässerung 87/94
Fassadensanierung 81/103
Fassadenverschmutzung 83/38; 87/94; 89/27
Fenster, Anschlußfugen 95/35
    – Bauschäden 80/81
    – Konstruktion 95/74
    – Material 80/81; 95/127; 95/131; 95/133
    – Schallschutz 95/109
    – Wärmeschutz 80/94; 95/51; 95/55; 95/74; 95/151
    – Wartung 95/74
Fensteranschluß 80/81; 95/35; 95/55; 95/74
Fensterbank 87/94
Fenstergröße 80/94
Fertigstellungsfrist 77/17
Fertigteilbauweise 93/69; 93/75
Fertigteilkonstruktion Keller 81/121
Feuchte, relative 92/54
Feuchtegehalt, praktischer 94/64; 94/72; 94/79; 94/86
Feuchtemeßgerät 83/78; 90/101; 94/46
Feuchteemission 88/38; 94/146
Feuchtestau 89/109
Feuchtetransport; siehe auch → Wassertransport
Feuchtetransport 84/59; 89/41; 90/91; 92/115; 94/64
Feuchteverteilung 94/46; 94/74
Feuchtigkeit Dach 79/64; 94/130; 94/146
Feuchtigkeitsbeanspruchung, begrüntes Dach 86/99
Feuchtigkeitsgehalt, kritischer 83/57; 89/41
Feuchtigkeitsmessung 83/78; 94/46
Feuchtigkeitsschutz, erdberührte Bauteile; siehe auch → Abdichtung 77/76; 81/113
    – Naßraum 88/72
Feuchtigkeitssperre 88/88
Firstlüftung 84/94
Flachdach; siehe auch → Dach
Flachdach 79/33; 79/40; 84/76; 84/79; 84/89; 86/32; 93/75
    – Alterung 81/45
    – Belüftung 82/36
    – Dehnfuge 86/111; 91/82
    – gefällelos 84/76
    – Instandhaltung 84/79
    – Reparatur 84/89
    – Schadensbeispiel 81/61; 86/111; 94/130
    – Schadensrisiko 81/45
    – Windbeanspruchung 79/49
    – zweischalig 82/36
Flachdachabdichtung 82/30; 96/56
Flachdachanschlüsse 84/89
Flachdachrichtlinien 75/27; 82/30; 82/44; 82/7
Flachdachwartung 82/30; 84/89; 96/56
Flankenschall 82/97; 88/121
Fliesenbelag 88/88
Flüssigkunststoff 96/56
Folgeschaden 78/17; 88/9
Formänderung des Untergrundes 88/88

– Estrich **94**/86
– Putz **85**/83
– Mauerwerk **76**/143
– Stahlbetong **76**/143
Forschungsförderung **75**/3
Fortbildung **76**/43; **77**/26; **78**/5; **79**/33; **88**/32
Fortschritt im Bauwesen **84**/22
Freilegung **83**/15
Frostbeanspruchung **89**/35; **89**/55; **96**/49
– Dachdeckung **93**/38; **93**/46
Frostwiderstandsfähigkeit **89**/55
Fuge; siehe auch → Dehnfuge
Fuge **91**/43; **91**/72; **91**/82
– Außenwand **83**/38
– WU-Beton **83**/103; **86**/63; **90**/91
Fugenabdichtung **83**/38; **83**/103; **91**/72
– Kellerwand **81**/121
Fugenabstand **86**/51
Fugenausbruch **89**/27
Fugenband **83**/38; **91**/72
Fugenblech **83**/103
Fugenbreite **83**/38
Fugendichtung, Fenster-, Türleibung **76**/109; **93**/92; **95**/55; **95**/74
Fugendurchlaßkoeffizient (a-Wert) **82**/81; **83**/38; **87**/30
Fugenglattstrich **91**/57
Fugenloses Bauwerk **91**/43
Fugenstoß **76**/109
Fußbodenheizung **78**/79; **88**/111

Gamma-Strahlen-Verfahren **83**/78
Gebäudeabsenkung; siehe → Setzung
Gebäudedehnfuge; siehe auch → Setzungsfuge
Gebäudedehnfuge **91**/35
Gebrauchswert **78**/48; **94**/9
Gefälle **82**/44; **86**/38; **87**/80
Gegenantrag **90**/9
Gegengutachten **86**/18
Gelbdruck, Weißdruck **78**/38
Gelporenraum **83**/103
Geltungswert **78**/48; **94**/9
Geneigtes Dach; siehe auch → Dach
Geneigtes Dach **84**/76; **87**/53
Gericht **91**/9; **91**/22
Gesamtschuldverhältnis **89**/15; **89**/21
Geschoßdecken **78**/65
Gesetzgebungsvorhaben **80**/7
Gesundheitsgefährdung **88**/52; **92**/70; **94**/111
Gewährleistung **79**/14; **81**/7; **82**/23; **84**/9; **84**/16; **85**/9; **88**/9; **91**/27
Gewährleistungsanspruch **76**/23; **86**/18
Gewährleistungseinbehalt **77**/17
Gewährleistungspflicht **89**/21; **96**/9
Gewährleistungsstadium **83**/9
Gewährung des rechtlichen Gehörs **78**/11
Gipsbaustoff **83**/113
Gipskartonplattenverkleidungen **78**/79; **88**/88

Gipsputz, Naßraum **88**/72; **83**/113
Gitterrost **86**/57; **95**/119
Glasdach **87**/87; **93**/108
Glaser-Verfahren **82**/63; **83**/21
Glasfalz **80**/81; **87**/87; **95**/74
Glaspalast **84**/22
Gleichgewichtsfeuchte, hygroskopische **83**/21; **83**/57; **83**/119; **94**/79; **94**/97
Gleichstromimpulsgerät **86**/104
Gleitlager; siehe auch → Deckenanschluß **79**/67
Gleitschicht **77**/89
Gravimetrische Materialfeuchtebestimmung **83**/78
Grenzabmaß **88**/135
Grundwasser; siehe auch → Druckwasser
Grundwasser **83**/85
Grundwasserabsenkung **81**/121; **90**/61
Gründung; siehe auch → Erdberührte Bauteile; Setzung
Gründung **77**/49; **85**/58
Gründungsschäden **90**/17
Gußasphaltbelag **86**/76
Gutachten **77**/26; **85**/30; **95**/23
  – Auftraggeber **87**/121
  – Erstattung **79**/22; **87**/21; **88**/24
  – fehlerhaftes **77**/26
  – Gebrauchsmuster **89**/9
  – gerichtliches **79**/22
  – Grenzfragen **87**/21
  – Individualität des Werkes **89**/9
  – juristische Fragen **87**/21
  – Nuzungsrecht **89**/9
  – privates **75**/7; **79**/22; **86**/9
  – Schutzrecht **89**/9
  – Urheberrecht **89**/9
g-Wert **95**/51; **95**/151

Haarriß **89**/115; **91**/96
Haftung **78**/11; **79**/22; **90**/17; **91**/27
  – Architekt und Ingenieur; siehe auch → Architektenhaftung
  – Architekt und Ingenieur **82**/23; **85**/9
Haftung, Ausführender **82**/23; **95**/9; **96**/9
  – außervertraglich **91**/27
  – deliktische **91**/27
  – des Sachverständigen; siehe auch → Bausachverständiger, Haftung
  – des Sachverständigen **88**/24
  – gesamtschuldnerische **76**/23; **78**/17; **79**/14; **80**/24
Haftungsausschluß **80**/7
Haftungsbeteiligung, Bauherr **79**/14
  – Hersteller **95**/9
Haftungsrisiko **84**/9
Haftungsverteilung, quotenmäßige **79**/14
Haftverbund **85**/49; **89**/109
Harmonisierung; siehe → Vorschriften
Hausschwamm **88**/100; **96**/81
Haustrennwand **77**/49; **82**/109
Hebeanlage **77**/68
Heizestrich, Verformung und Rißbildung **88**/111

Heizkosten **80**/113
Heizwärmebedarf; siehe auch → Wärmeschutz **92**/42; **92**/46; **94**/35
Herstellerrichtlinien **82**/23
Hinterlüftung, Fassade **87**/109
Hinweispflicht **78**/17; **79**/14; **82**/23; **83**/9; **84**/9; **85**/14; **89**/21
HOAI **78**/5; **80**/24; **84**/16; **85**/9; **91**/9; **96**/15
Hochpolymerbahn **82**/44
Hohlraumbedämpfung **88**/121
Holz, Riß **91**/96
Holzbalkendach **75**/27
Holzbalkendecke **88**/121; **93**/100
Holzbalkendecke, Trocknung **94**/146
Holzbau, Wärmebrücke im **92**/98
Holzfeuchte **88**/100; **93**/54; **93**/65; **94**/97; **96**/81
Holzkonstruktion, unbelüftet **93**/54
Holzschutz **88**/100; **93**/54; **96**/81
Holzschutzmittel **88**/52; **88**/100
Holzwerkstoffe **88**/52
Holzwolleleichtbauplatte **82**/109
Horiziontalabdichtung **77**/86; **90**/121
Hydrophobierung **83**/66; **85**/89; **89**/48; **89**/55; **91**/57; **96**/49
H-X-Diagramm **92**/54

ibac-Verfahren **89**/87
Immission **83**/66; **88**/52
Imprägnierung; siehe auch → Wasserabweisung **81**/96, **83**/66
Induktionsmeßgerät **83**/78; **86**/104
Industrie- und Handelskammer **79**/22
Infrarotmessung **83**/78; **86**/104; **90**/101; **93**/92; **94**/46
Injektagemittel **83**/119
Injektionsverfahren **77**/86; **96**/94
Innenabdichtung **77**/49; **77**/86; **81**/113; **81**/121
    – nachträgliche **77**/82; **90**/108
    – Verpressung **90**/108
Innendämmung **80**/44; **81**/103; **84**/33; **84**/59; **92**/84; **92**/115; **96**/31
    – nachträgl. Schaden **81**/103
Innendruck Dach **79**/49
Innenverhältnis **76**/23; **79**/14; **88**/9
Innenwand, nichttragend **78**/65; **78**/109
Innenwand, tragend **78**/65; **78**/109
Installation **83**/113; **94**/139
Instandhaltung **84**/71; **84**/79
Instandsetzung **96**/15
Instandsetzungsbedarf **96**/23
Institut für Bautechnik **78**/38
Internationale Normung ISO **92**/9
Isolierdicke **80**/113
Isolierglas **87**/87; **92**/33; **95**/51
Isolierglasfenster **95**/51; **95**/109
Isothermen **95**/55; **95**/151

Jahreswärmebedarf; siehe auch → Wärmeschutz **94**/35

Kaltdach; siehe auch → Dach zweischalig, Dach belüftet
Kaltdach **84**/94

Kapillarität **76**/163; **89**/41; **92**/115
Kapillarwasser **77**/115
Karbonatisierung **93**/69
Karsten Prüfröhrchen **89**/41; **90**/101; **91**/57
Kellerabdichtung; siehe auch → Abdichtung, Erdberührte Bauteile **77**/76; **81**/128; **96**/94
 – Schadensbeispiel **81**/121; **81**/128
Kellernutzung, hochwertige **77**/76; **77**/101; **83**/95
Kellerwand **77**/49; **77**/76; **77**/101; **81**/128
Keramikbeläge; siehe auch → Fliesen
Keramikbeläge **88**/111
Kerndämmung **80**/44; **84**/33; **84**/47; **89**/35; **91**/57
Kiesbett **86**/51
Kiesrandstreifen **86**/93
Klimatisierte Räume **79**/82
Kohlendioxiddichtigkeit **89**/122
Kompetenz-Kompetenz-Klausel **78**/11
Kompressenputz **96**/105
Kondensation; siehe auch → Diffusion, Wasserdampfdiffusion **76**/163; **82**/81
Kondensfeuchtigkeit **83**/119
Kontaktfederung **82**/109
Konterlattung **93**/38; **93**/46; **93**/65
Konvektion **91**/88; **93**/92; **93**/108
Koordinierungsfehler **80**/24; **95**/9
Koordinierungspflicht **78**/17; **95**/9
Korrosion, Leitungen **94**/139
Korrosionsschutz, Sperrbetondach **79**/67
Korrosionsschutz, Stahlleichtdach **79**/87
Kostenrechnung nach ZUSEG **79**/22
Kostenschätzung **81**/108
Kostenüberschreitung **80**/24
Körperschall **78**/131
Kriechen, Wasser **76**/163
Kriechverformung; siehe auch → Längenänderung
Kriechverformung **78**/65; **78**/90
Kristallisation **83**/66
Kristallisationsdruck **89**/48
Kritische Länge **79**/40
Krustenbildung **83**/66
Kunstharzputze **85**/76
Kunstharzsanierung, Beton **81**/75
Kunststoffdachbahn **84**/89; **86**/38; **91**/82
k-Wert **82**/54; **82**/63; **84**/22; **84**/71; **87**/25; **92**/46; **92**/106; **96**/31
k_F-Wert **95**/151

Last, dynamische **86**/76
Lastbeanspruchung **91**/100
Längenänderung, thermische **76**/143; **78**/65; **81**/108
Lebensdauer, Flachdach **81**/45
 – technische **84**/71
Leichtbetonkonstruktion **81**/103
Leichtes Dach; siehe auch → Stahlleichtdach
Leichtes Dach **79**/44; **87**/30; **87**/60
Leichtmauerwerk **85**/68; **89**/61
Leichtmörtel **85**/68
Leistendeckung **79**/101

Leistung, Besondere 95/9; **96**/15
Leistungsbeschreibung **94**/26
Leistungsersetzung **81**/14
Leistungstrennung **95**/9
Leistungsverweigerungsrecht **94**/9
Leitern **90**/130
Leitungswasserschaden **94**/139
Lichtkuppelanschluß **79**/87; **81**/61; **95**/142
Lichtschacht **77**/49
Lichttransmissionsgrad **95**/51
Luftdichtheit; siehe auch → Luftundichtigkeit **79**/82; **93**/85; **93**/92
   – Dach **87**/30; **87**/53
   – Gebäudehülle **95**/55; **96**/31
   – neue Bauweisen **93**/100
Luftdurchströmung **87**/30; **92**/54; **92**/65; **96**/31
Luftfeuchte, relative **82**/76; **82**/81; **83**/21; **88**/45; **94**/46
Luftfeuchtigkeit **75**/27; **92**/73; **92**/106
   – Innenraum **88**/38
Luftraum abgehängte Decke **93**/85
Luftschallschutz; siehe auch → Schallschutz
Luftschallschutz **78**/131; **82**/97; **88**/121
Luftschicht, ruhende **82**/36
Luftschichtdicke **75**/27; **82**/91
Luftschichtplatten **84**/47
Luftstromgeschwindigkeit **75**/27
Lufttemperatur, Innenraum **82**/76; **88**/38; **88**/45
Luftundichtigkeit **93**/92; **94**/35; siehe auch → Luftdichtheit
Luftüberdruck **79**/82; **87**/30
Luftverschmutzung **87**/94
Luftwechsel **82**/81; **88**/38; **93**/92; **95**/35
Luftwechselrate **92**/90
Lüftung; siehe auch → Belüftung
Lüftung **82**/81; **88**/38; **88**/52; **92**/33; **92**/54; **92**/65; **93**/92; **93**/108
Lüftungsanlagen **92**/64; **92**/70; **93**/85
Lüftungsöffnung, Fenster **95**/109
Lüftungsquerschnitt **75**/39; **84**/94; **87**/53; **87**/60
Lüftungsverhalten **92**/33; **92**/90; **95**/35; **95**/131
Lüftungswärmeverlust **82**/76; **91**/88; **94**/35; **95**/35; **95**/55

MAK-Wert **88**/52; **92**/54; **94**/111
Mangel **78**/48; **82**/11; **85**/9; **85**/14; **86**/23; **96**/9
   – Verursacher **89**/15; **89**/21; **96**/9
Mastixabdichtung **86**/76
Maßtoleranzen **88**/135
Mauerwerk; siehe auch → Außenwand
Mauerwerk **76**/121; **94**/79
   – Abdeckung **89**/27
   – Formänderung **76**/121; **76**/143; **94**/79
   – Gestaltung **89**/27
   – leichtes **89**/61; **89**/75
   – Rißbildung **76**/121
   – zweischalig **84**/47; **89**/35; **89**/55
Mauerwerksanker **89**/35
Mängelbeseitigung Kosten **81**/14; **81**/31; **88**/17; **94**/9
Mängelbewertung **94**/26

Meßtechnik 85/38
    – Schadstoffimmission 88/52
Meßverfahren Luftwechsel 93/92
Metalldeckung 79/82; 79/101; 84/105; 87/30; 87/60; 87/68; 93/85
Mikrowellenverfahren 83/78; 90/101
Minderwert 78/48; 81/31; 81/108; 86/32; 87/21; 91/9; 91/96
Mindestschallschutz 82/97
Mindestwärmeschutz 82/76; 92/73; 92/90; 96/31
Mineralfasern 93/29; 94/111
Mischmauerwerk 76/121; 78/109
Modernisierung 93/69; 96/15; 96/23; 96/74; 96/78
Mörtel 85/68; 89/48
Mörtelfuge 91/57
Muldenlage 85/58
Musterbauordnung 78/38; 87/9; 93/24
Mustersachverständigenordnung 77/26
Myzel 88/100; 96/81

Nachbarbebauung 90/17; 90/35
Nachbesserung 76/9; 81/7; 81/25; 83/9; 85/30; 86/23; 87/21; 88/9; 94/9
    – Außenwand 76/79; 81/96; 81/108
    – Beton 81/75
    – Flachdach 81/45
Nachbesserungsanspruch 76/23; 81/14; 88/17
Nachbesserungsaufwand 88/17
Nachbesserungskosten 81/14; 81/25; 81/31; 81/108
Nachbesserungspflicht 88/17
Nachprüfungspflicht 78/17
Nagelbänder 79/44
Naßraum 83/113; 88/72; 88/77
    – Abdichtung 88/77
    – Anschlußausbildung 88/88
    – Beanspruchungsgruppen 83/113
Naturstein 83/66; 88/111; 96/49
Neue Bundesländer 93/69; 93/75
Neuherstellung 81/14
Neutronensonde 86/104; 90/101
Neutronen-Strahlen-Verfahren 83/78
Nichtdrückendes Wasser; siehe auch → Grundwasser
Nichtdrückendes Wasser 83/85; 90/69
Niedrigenergiehaus 95/35
Niedrigenergiehausstandard; siehe auch → Wärmeschutzverordnung 92/42
Norm, europäische 92/9; 92/46; 94/17
    – Harmonisierung 92/9; 94/17
    – technische 87/9; 90/25
    – Verbindlichkeit 90/25; 92/9
Normenausschuß Bauwesen 92/9
Nutzerverhalten 92/33; 92/73; 96/78
Nutzschicht Dachterrasse 86/51
Nutzungsdauer Flachdach 86/111

Oberflächenebenheit, Estrich 78/122; 88/135
Oberflächenschäden, Innenbauteile 78/79
Oberflächenschutz, Beton 81/75
    – Dachabdichtung 82/44

– Fassade **83**/66
Oberflächenspannung **89**/41
Oberflächentauwasser **77**/86; **82**/76; **83**/95; **92**/33
Oberflächentemperatur **80**/49; **92**/65; **92**/73; **92**/90; **92**/98; **92**/106; **92**/125
– Putz **89**/109
Obergutachten **75**/7
Optische Beeinträchtigung **87**/94; **89**/75; **89**/115; **91**/96
Ortbeton **86**/76
Ortstermin **75**/7; **80**/32; **86**/9; **90**/130; **91**/111; **94**/26
Ortungsverfahren für Undichtigkeit in der Abdichtung **86**/104
Öffnungsanschluß; siehe auch → Fenster
   – Außenwand **76**/79; **76**/109
   – Stahlleichtdach **79**/87
Öffnungsarbeit, Ortstermin **91**/111

Pariser Markthallen **84**/22
Parkdeck **86**/63; **86**/76
Parkettschäden **78**/79
Parteigutachten **75**/7; **79**/7; **87**/21
Partialdruckgefälle **83**/21
Paxton **84**/22
Phasenverzögerung **92**/106
Pilzbefall **88**/52; **88**/100; **92**/70; **96**/81
Planungsfehler **78**/17; **80**/24; **89**/15
Planungskriterien **78**/5; **79**/33
Planungsleistung **76**/43; **95**/9
Plattenbauweise; siehe auch → Fertigteilbauweise
Plattenbauweise **93**/75
Plattenbelag auf Fußbodenheizung **78**/79
Polyesterfaservlies **82**/44
Polymerbitumenbahn **82**/44; **91**/82
Polystyrol-Hartschaumplatten **79**/76; **80**/65; **94**/130
Polyurethanharz **91**/105
Polyurethanschaumstoff **79**/33
Porensystem, Ausblühungen **89**/48
Praxisbewährung von Bauweisen **93**/100
Produktinformation; siehe auch → Planungskriterien
Produktinformation **79**/33
Produktzertifizierung **94**/17
Produzentenhaftung **88**/9; **91**/27
Prozeßrisiko **79**/7
Prüfungs- und Hinweispflicht **79**/14; **83**/9; **84**/9; **85**/14; **89**/21
Prüfzeichen **78**/38; **87**/9
Putz; siehe auch → Außenputz
   – Anforderungen **85**/76; **89**/87
   – hydrophobiert **89**/75
   – Prüfverfahren **89**/87
   – Riß **89**/109; **89**/115; **89**/122; **91**/96
   – wasserabweisend **85**/76; **96**/105
Putzdicke **85**/76; **89**/115
Putzmörtelgruppen **85**/76
Putzschäden **78**/79; **85**/83; **89**/109
Putzsysteme **85**/76
Putzuntergrund **89**/122
Putzzusammensetzung **89**/87

Putz-Anstrich-Kombination **89**/122

Qualitätssicherung **94**/17; **94**/21; **94**/26; **95**/23
Qualitätsstandard **84**/71
Quellen von Mauerwerk **89**/75
– Holz **94**/97
Querlüftung **92**/54
Querschnittsabdichtung; siehe auch → Abdichtung, Erdberührte Bauteile **81**/113; **90**/121; **96**/94

Radon **88**/52
Rammarbeiten **90**/41
Rauchabzugsklappe **95**/142
Raumentfeuchtung **94**/146
Raumklima **79**/64; **84**/59; **88**/52; **92**/33; **92**/65; **92**/70; **92**/73; **92**/115; **93**/108
Raumlufttemperatur **88**/45
Raumlüftung **80**/94; **82**/81
Rechtsvorschriften **78**/38; **87**/9
Reduktionsverfahren **81**/113
Regeln der Bautechnik, allgemein anerkannte **78**/38; **79**/64; **79**/67; **79**/76; **80**/32; **81**/7; **82**/7; **82**/11; **82**/23; **83**/113; **84**/9; **84**/71; **87**/9; **87**/16; **89**/15; **89**/27; **90**/25; **91**/9
Regelquerschnitt, Außenwand **76**/79; **76**/109
Regelwerke **81**/25; **82**/23; **84**/71; **87**/9; **87**/16
Regelwerke, neue **82**/7
Rekristallisation **89**/122
Residenzpflicht **88**/24
Resonanzfrequenz **82**/109
Richtlinien; siehe auch → Normen
Richtlinien **78**/38; **82**/7
Riemchenbekleidung **81**/108
Ringanker/-balken **89**/61
Risse verpressen **85**/89; **91**/105
Riß Außenwand **76**/79; **91**/100
    – Bergbauschäden **90**/49
    – Bewertung **85**/89
    – Estrich **78**/122
    – Gewährleistung **85**/89
    – Injektion **91**/105
    – Innenbauteile **78**/65; **78**/109
    – Leichtmauerwerk **85**/68; **89**/61
    – Mauerwerk **89**/75
    – Nachbesserung **85**/89
    – Oberfläche **85**/49
    – Riemchen **81**/108
    – Schattennut, Außenwand **81**/103
    – Stahlbeton **78**/90; **78**/109
    – Sturz **76**/109
    – Trennwand **78**/90
Rißbewertung **91**/96
Rißbildung **85**/38
    – Fassade **83**/66; **91**/100
Rißbreitenbeschränkung **91**/43
Rißformen **85**/38
Rißsanierung **78**/109; **79**/67; **85**/89
    – Außenwand **81**/96
Rißsicherheit **76**/121

– Kennwert **89/87**
Rißüberbrückung **89/122; 91/96**
Rißverlauf **76/121**
Rißweite **76/143**
Rohrdurchführung **83/113**
Rolladen, -kasten **95/135**
Rolläden, Schallschutz **95/109**
Rollschicht **89/27; 90/25**
Rotationsströmung; siehe → Luftdurchströmung
Rückstau **77/68**

Sachgebietseinteilung **77/26**
Sachverständigenbeweis **77/7; 86/9**
Sachverständigenentschädigung **92/20**
Sachverständigenordnung **79/22; 88/24; 93/17**
Sachverständigenwesen, europäisches **95/23**
Sachverständiger; siehe → Bausachverständiger
Salzanalyse **83/119; 90/101**
Salze **77/86; 89/48; 90/108; 96/105**
Sanierputz **83/119; 90/108; 96/105**
Sanierung **86/23; 96/15**
  – Flachdach **81/61; 96/56**
  – genutztes Flachdach **86/111**
  – Verblendschalen **89/55**
  – von Dächern **93/75**
Sanierungsplanung im Gutachten **82/11; 87/21**
Sattellage **85/58**
Saurer Regen **85/100**
Sättigungsfeuchtigkeitsgehalt **83/57**
Schadensanfälligkeit, Flachdach **82/36; 86/111**
  – Naßraum **88/72**
  – von Bauweisen **93/100**
Schadensbeispiel, Balkon **95/119**
Schadensermittlung **81/25; 83/15**
Schadensersatzanspruch **76/23; 78/17; 81/7; 81/14**
Schadensersatzpflicht **80/7**
Schadensminderungspflicht **85/9**
Schadensstatistik **96/23**
  – Dach/Dachterrasse **75/13**
  – Öffnungen **76/79; 79/109; 80/81**
Schadensursachenermittlung **81/25; 96/23; 96/40**
Schadstoffimmission **88/52**
Schalenabstand, Schallschutz **88/121**
Schalenfuge, vermörtelt **81/108; 91/57**
Schalenzwischenraum, Dach **82/36**
Schallbrücke **82/97**
Schalldämmaß **82/97; 82/109; 95/109**
Schallschutz **84/59; 88/121**
  – Fenster **95/109**
  – im Hochbau DIN 4109 **82/97**
Scharenabmessung **79/101**
Scheinfugen **88/111**
Scherspannung, Putz **89/109**
Schiedsgerichtsverfahren **78/11**
Schiedsgutachten **76/9; 79/7**

Schimmelpilzbildung **88**/38; **88**/52; **92**/33; **92**/65; **92**/73; **92**/90; **92**/98; **92**/106; **92**/125; **96**/31
Schlagregenbeanspruchungsgruppen **80**/49; **82**/91
Schlagregenschutz **83**/57; **87**/101
    – Kerndämmung **84**/47
    – Putz **89**/115
    – Verblendschale **76**/109; **81**/108; **89**/55; **91**/57
Schlagregensicherheit **89**/35; siehe auch → Wassereindringprüfung
Schlagregensperre **83**/38
Schleppstreifen **87**/80; **91**/82
Schmutzablagerung **89**/27
Schrumpfsetzung **90**/61
Schubverformung **76**/143
Schuldhaftes Risiko **84**/22
Schüttung, Schallschutz **88**/121
Schweigepflicht des Sachverständigen **88**/24
Schweißnaht, Dachhaut **81**/45
Schwellenanschluß; siehe auch → Abdichtung, Anschluß **95**/119
Schwimmbad **88**/82
    – Klima **93**/85
Schwimmender Belag **85**/49
Schwimmender Estrich **78**/122; **88**/121
Schwindriß **85**/38
    – Holz **91**/96; **94**/97
Schwindverformung **76**/143; **78**/65; **78**/90; **79**/67; **89**/75
Schwingungsgefährdung **79**/49
Schwingungsgeschwindigkeit **90**/41
Sekundärtauwasser **87**/60; **93**/38; **93**/46
Setzungen; siehe auch → Erdberührte Bauteile, Gründung
Setzungen **78**/65; **78**/109; **85**/58; **90**/35; **90**/61; **90**/135
    – Bergbau **90**/49
Setzungsfuge **77**/49; **91**/35
Setzungsmaß **90**/35
Sichtbetonschäden **85**/100; **91**/100
Sichtmauerwerk **89**/41; **89**/48; **89**/55; **91**/49; **91**/57; **96**/49
Sickerschicht; siehe auch → Dränung
Sickerschicht **77**/68; **77**/115
Sickerwasser **83**/95; **83**/119
Simulation, Wärmebrückenberechnung **92**/98
Simulationsprogramm Raumströmung **92**/65
Sockelhöhe **77**/101
Sogbeanspruchung; siehe auch → Windsog
Sogbeanspruchung **79**/44; **79**/49
Sohlbank **89**/27
Solargewinne **95**/35
Solarhaus **95**/35
Sollfeuchte **94**/97
Sollzustand **84**/71
Sonderfachmann **83**/15; **89**/15
Sonneneinstrahlung **87**/25; **87**/87
Sonnenschutz **80**/94; **93**/108
Sonnenschutzglas **87**/87
Sorgfaltspflicht **82**/23
Sorption **83**/21; **83**/57; **88**/38; **88**/45; **92**/115; **94**/64; **94**/79
    – Holz **94**/97
    – Therme **83**/21; **92**/115

Sozietät von Sachverständigen **93**/17
Spachtelabdichtung **88**/72
Spanplatte, Naßraum **88**/72; **88**/88
Spanplattenschalung **82**/36
Sperrbeton; siehe auch → Beton wasserdurchlässig, WU-Beton
Sperrbeton **77**/49
Sperrbetondach **79**/64; **79**/67
Sperrestrich **77**/82
Sperrmörtel **77**/82
Sperrputz **76**/109; **77**/82; **83**/119; **85**/76; **90**/108; **96**/105
Spritzbeton Nachbesserung **81**/75
Stahlbeton; siehe auch → Beton
Stahlbeton Riß **91**/96; **91**/100
Stahlleichtdach **79**/38; **79**/87
Stahltrapezdach **79**/8; **79**/82; **87**/80
Stand der Forschung **84**/22
Stand der Technik; siehe auch → Regeln der Bautechnik
Stand der Technik **78**/17; **79**/33; **80**/32; **81**/7; **82**/11
Stand der Wissenschaft und Technik **82**/11
Stauwasser **77**/68; **77**/115; **83**/35
Steildach **86**/32
Stelzlager **86**/51; **86**/111
Stoßfuge, unvermörtelt **89**/75
Strahlungsaustausch **92**/90
Streitverkündung **93**/9
Strömungsgeschwindigkeit **82**/36
Structural glazing **87**/87
Sturmschaden **79**/44; **79**/49
Subsidiaritätsklausel **79**/14; **85**/9

Tagewerk **81**/31
Taupunkttemperatur **75**/39
Tausalz **86**/76
Tauwasser **82**/63; **92**/65; **92**/90; **92**/115; **92**/125
Tauwasser, Dach **79**/40; **82**/36; **94**/130; **95**/142
  – Kerndämmung **84**/47
Tauwasserausfall **75**/13; **75**/39; **89**/35; **92**/33
Tauwasserbildung **87**/60; **87**/101; **87**/109; **88**/38; **88**/45; **92**/106
  – Außenwand **81**/96; **87**/101
Technische Güte- u. Lieferbedingungen TGL **93**/69
Technische Normen, überholte; siehe auch → Stand der Technik **82**/7; **82**/11
Temperaturdifferenz, Flachdach **81**/61
Temperaturverformung **79**/67
Temperaturverlauf, instationärer **89**/75
Terminüberschreitung **80**/24
Terrassentür **86**/57; **95**/119
Thermografie **83**/78; **86**/104; **90**/101; **93**/92
Toleranzen, Abmaße **88**/135
Transmissionswärmeverlust; siehe auch → Wärmeverlust, Wärmeschutz
Transmissionswärmeverlust **91**/88; **92**/46; **94**/35; **95**/35; **95**/55; **96**/31
Trapezprofile **87**/68
Traufe **86**/57
Trennlage **86**/51
Trennschicht **77**/89
Treppenraumwand, Schallschutz **82**/109

TRK-Wert **94**/111
Trittschallschutz **78**/131; **82**/97; **82**/109; **88**/121
Trocknung von Mauerwerk **90**/121; **94**/79
  – von Estrichen **94**/86; **94**/146
Trocknungsberechnung **82**/63
Trocknungsverfahren, technisches **94**/146
Trocknungsverlauf **94**/72; **94**/146
Trombe-Wand **84**/33
Tropfkante **87**/94
Türschwellenhöhe **95**/119
TWD **96**/31

Ultraschallgerät **90**/101
Umkehrdach **79**/40; **79**/67; **79**/76; **86**/38
Unfallverhütungsvorschriften **90**/130
Unmittelbarkeitsklausel **79**/14
Unparteilichkeit **78**/5; **80**/32; **92**/20
Unterböden **88**/88
Unterdach **84**/94; **84**/105; **87**/53; **93**/46; **93**/65
Unterdecken **88**/121
Unterdruck Dach **79**/49
Unterkonstruktion, Außenwandbekleidung **87**/101; **87**/109
  – Dach **79**/40; **79**/87
  – metalleinged. Dach **79**/101
  – Umkehrdach **79**/76
Unterspannbahn **84**/105; **87**/53
Untersuchungsverfahren, technische **86**/104; **90**/101; **93**/92
Unverhältnismäßigkeitseinwand **94**/9
Unwägbarkeiten **81**/25
Urkundenbeweis **86**/9
Überdeckung, Dacheindeckung **84**/104
Überdruckdach **79**/40
Übereinstimmungsnachweis **93**/24; **96**/56
Überlaufrinne **88**/82

Verankerung der Wetterschale **93**/69
Verblendschale; siehe auch → Sichtmauerwerk
Verblendschale **89**/27; **91**/57
  – Sanierung **89**/55
  – Verformung **91**/49
Verbundbelag; siehe auch → Haftverbund
Verbundverlag **85**/49
Verbundestrich; siehe auch → Estrich
Verbundpflaster **86**/76
Verdichtungsarbeiten **90**/41
Verdunstung **90**/91; **94**/64
Verformung, Außenwand **80**/49
  – Stahlbeton-Bauteile **78**/90
Verfugung; siehe auch → Fuge; Außenwand, Sichtmauerwerk **91**/57
Verglasung **80**/94; **95**/74
  – Schallschutz **95**/109
  – Wintergarten **87**/87; **93**/108; **96**/65
Vergleichsvorschlag **77**/7
Verhältnismäßigkeitsprüfung **94**/9
Verjährung **76**/9; **84**/16; **86**/18; **88**/9; **90**/17

Verjährungsfrist **76**/23; **77**/17; **79**/14
Verkehrserschütterungen **90**/41
Verkehrswertminderung; siehe auch → Wertminderung
Verkehrswertminderung **90**/135
Verklebung, Dachabdichtung; siehe auch → Bitumen; Abdichtung, Dach **82**/44; **95**/142
Verklotzung **87**/87; **95**/55
Versanden **77**/68
Verschleißschicht **89**/122
Verschmutzung; siehe auch → Fassadenverschmutzung
Verschmutzung, Wintergarten **93**/108
Verschulden des Architekten **89**/15
   – des Auftraggebers **89**/21
   – vorsätzliches **80**/7
Verschuldenfeststellung **76**/9
Verschuldensbeurteilung **81**/25
Versiegelung, Estrich **78**/122
Vertragsbedingungen, allgemeine **77**/17; **79**/22; **94**/26
Vertragsfreiheit **77**/17
Vertragsrecht AGB **79**/22
Vertragsstrafe **77**/17
Vertragsverletzung, positive **84**/16; **85**/9; **89**/15
Vertreter, vollmachtloser **83**/9
Verwendbarkeitsnachweis **93**/24; **96**/56
VOB **91**/9
VOB B **77**/17; **83**/9
VOB-Bauvertrag **85**/14
Vorhangfassade **87**/101; **87**/109; **95**/92
Vorlegeband, Glasdach **87**/87
Vorleistung **89**/21
Vorschriften, Harmonisierung **93**/24; **94**/17; **96**/56

Wandanschluß, Dachterrasse **86**/57
Wandbaustoff; siehe auch → Außenwand **80**/49
Wandentfeuchtung, elektro-physikalische **81**/113
Wandorientierung **80**/49
Wandquerschnitt **76**/109
Wandtemperatur **82**/81
Wannenausbildung **86**/57
Warmdachaufbau; siehe auch → Dach, einschalig, unbelüftet; Flachdach
Warmdachaufbau **79**/87
Wasserableitung **89**/35
Wasserabweisung; siehe auch → Imprägnierung **89**/122
Wasseraufnahme, Außenwand **82**/91; **94**/79
Wasseraufnahme, kapillare **83**/57; **96**/105
   – /-abgabe **89**/41
Wasseraufnahmekoeffizient **76**/163; **89**/41
Wasserbeanspruchung **83**785; **90**/69; **90**/108
Wasserdampfdiffusion; siehe auch → Diffusion
Wasserdampfdiffusion **75**/39; **83**/57; **88**/45; **89**/109; **93**/85
Wasserdampfkondensation **82**/81
Wasserdampfmitführung **87**/30; **87**/60; **91**/88; **93**/85
Wasserdampfstrom, konvektiver **87**/30; **87**/60; **91**/88; **93**/85
Wassereindringtiefe **83**/103
Wassereindringprüfung (Karsten) **89**/41; **90**/101; **91**/57
Wasserlast **79**/38

Wasserpumpe **81**/128
Wasserspeicherung, Außenwand **81**/96; **83**/21; **83**/57
Wassertransport; siehe auch → Feuchtetransport
Wassertransport **76**/163; **83**/21; **89**/41; **90**/108
Wasserzementwert **83**/103
Wasser-Bindemittelwert **89**/87
Wasseraufnahme, Grenzwerte **89**/41
Wärmebedarf **82**/46; **94**/35
Wärmebrücke **84**/59; **88**/38; **92**/33; **92**/46; **92**/84; **92**/98; **92**/115; **92**/125; **94**/35; **95**/35
  – Beheizung einer **92**/125
  – Bewertung **92**/106; **95**/55
  – Dach **79**/64
  – geometrische **82**/76; **92**/90
  – Schadensbilder **92**/106
Wärmedämmung; siehe auch → Dämmstoffe, Wärmeschutz
Wärmedämmung **80**/57; **93**/69
  – Außenwand, nachträgliche **81**/96
  – durchfeuchtete **86**/23; **86**/104; **94**/130
  – Fehlstellen **91**/88
  – geneigtes Dach **87**/53
  – Keller **81**/113
Wärmedämmverbundsystem **85**/49; **89**/95; **89**/109; **89**/115
  – Systemübersicht **89**/95
Wärmedurchgangskoeffizient **82**/54; **82**/76
Wärmedurchgang **95**/55
Wärmedurchlaßwiderstand **82**/54; **82**/76; **82**/109
Wärmegewinn, -verlust **80**/94; **95**/55
Wärmegewinn, solarer **94**/46
Wärmeleitfähigkeitsmessung **83**/78
Wärmeleitzahl **82**/63
Wärmeleitzahländerung **76**/163
Wärmerückgewinnung **82**/81; **92**/42; **92**/54; **92**/64
  – Dach **79**/40
Wärmeschutz **80**/94; **80**/113; **82**/81; **87**/25; **87**/101; **94**/64
  – Baubestand **96**/31; **96**/74
  – Baukosten **80**/38
  – Bautechnik **80**/38
  – Dach **79**/76
  – Energiepreis **80**/44; **80**/113
  – erhöhte Anforderungen 1980 **80**/38
  – im Hochbau DIN 4108 **82**/54; **82**/63; **82**/76
  – sommerlicher **93**/108
  – temporärer **95**/135
Wärmeschutzverordnung 1982 **82**/54; **82**/81; **92**/42; **94**/35
Wärmespeicherfähigkeit **84**/33; **87**/25; **88**/45; **94**/64
Wärmestau **89**/109
Wärmestromdichte **83**/95; **92**/106; **94**/64
Wärmeströme **95**/55
Wärme- und Feuchtigkeitsaustausch **88**/45; **94**/64; siehe auch → Sorption
Wärmeübergangskoeffizient **92**/90
Wärmeübergangswiderstände **82**/54
Wärmeübertragung **84**/94
Wärmeverlust Fuge **83**/38; **95**/55
Weiße Wanne **83**/103; **91**/43
Werbung des Sachverständigen **88**/24

Werkunternehmer **89**/21
Werkvertragsrecht **76**/43; **77**/17; **78**/17; **80**/24
Wertminderung; siehe auch → Minderwert
Wertminderung, technisch-wirtschaftliche **78**/48; **81**/31; **90**/135
Wertsystem **78**/48; **94**/26
Wertverbesserung **81**/31
Winddichtigkeit **93**/92; **93**/128
Winddruck /-sog **76**/163; **79**/38; **87**/30; **89**/95
Windlast **79**/49
Windsog an Fassaden **93**/29
Windsperre **87**/53; **93**/85; siehe auch → Luftdichtheit → Winddichtigkeit
Windverhältnisse **89**/91
Winkeltoleranzen **88**/135
Wintergarten **87**/87; **92**/33; **93**/108; **94**/35; **96**/65
Wohnfeuchte **96**/78
Wohnungslüftung **92**/54
Wohnungstrennwand **82**/109
Wurzelschutz **86**/93; **86**/99
WU-Beton; siehe auch → Beton, wasserundurchlässig; Sperrbeton
WU-Beton **83**/103; **90**/91; **91**/43

Zementleim **91**/105
Zertifizierung **94**/17; **95**/23
Zeuge, sachverständiger **92**/20
Zeugenbeweis **86**/9
Zeugenvernehmung **77**/7
ZSEG **92**/20
ZTV Beton **86**/63
Zugbruchdehnung **83**/103
Zugspannung **78**/109
Zulassung, bauaufsichtlich **87**/9
– behördliche **82**/23
Zulassungsbescheid **78**/38
Zwangskraftübertragung **89**/61
Zwängungsbeanspruchung **78**/90; **91**/43; **91**/100

BAUVERLAG

Nachträglicher Wärmeschutz für Bauteile und Gebäude

Von Prof. Dr.-Ing. R. Oswald, Dipl.-Ing. R. Lamers und Dipl.-Ing. V. Schnapauff. 1995. 130 Seiten DIN A 4 mit zahlreichen Abbildungen. Gebunden DM 88,— / öS 642,— / sFr 80,—
ISBN 3-7625-3200-1

Ein wesentlicher Anteil unseres Energieverbrauchs entfällt auf die Beheizung von Hochbauten. Da der größte Teil des Hochbaubestandes aus einer Zeit stammt, in der keine hohen Anforderungen an den Wärmeschutz von Gebäuden gestellt wurden, muß eine erfolgversprechende Verminderung des Heizenergieaufwandes und damit der CO_2- Emissionen auf die bestehenden Gebäude ausgerichtet sein. In den Vorschriften für Um- und Anbauten wird dies zwar schon weitgehend berücksichtigt, in der Praxis ist der Anteil nachträglicher Wärmeschutzmaßnahmen jedoch noch relativ gering.

Ziel dieses Buches ist es, alle mit der Planung und Errichtung von Hochbauten befaßten Fachleute zu motivieren, vermehrt nachträgliche Wärmeschutzmaßnahmen durchzuführen, wo diese tatsächlich effektiv und sinnvoll sind, Informationen über eine technisch einwandfreie Ausführung derartiger Maßnahmen zu geben und mögliche Fehlerquellen bei der Ausführung aufzuzeigen. Zunächst erläutern die Autoren Grundsätzliches zum Wärmeschutz. Im zweiten Teil gehen sie auf die Entscheidungskriterien für nachträgliche Wärmeschutzmaßnahmen ein. Im dritten Teil folgt die nach Bauteilen gegliederte Darstellung im Detail. Auf besondere Schwachstellen wird durch typische Schadensbeispiele hingewiesen. Abschließend werden empfehlenswerte Maßnahmen für typische Bauweisen des Gebäudebestandes zusammengefaßt dargestellt.

Preis bei Drucklegung, Preisänderungen vorbehalten.

BAUVERLAG GMBH · D-65173 Wiesbaden

BAUVERLAG

Aachener Bausachverständigentage

1980 Probleme beim erhöhten Wärmeschutz von Außenwänden.
Sachverständigen- und Haftungsfragen
1980. 133 Seiten DIN A 5 mit zahlr. Abb. Kart. DM 29,- / öS 212,- / sFr 26,50
ISBN 3-7625-1386-4

1981 Die Nachbesserung von Bauschäden. Rechtsfragen für Baupraktiker
1981. 146 Seiten DIN A 5 mit zahlr. Abb. Kart. DM 34,- / öS 248,- / sFr 31,50
ISBN 3-7625-1482-8

1984 Wärme- und Feuchtigkeitsschutz von Dach und Wand.
Rechtsfragen für Praktiker
1984. 134 Seiten DIN A 5 mit Abb. Kart. DM 36,- / öS 263,- / sFr 33,-
ISBN 3-7625-2236-7

1986 Genutzte Dächer und Terrassen. Konstruktion und Nachbesserung
begangener, bepflanzter und befahrener Flächen.
Rechtsfragen für Baupraktiker
1986. 144 Seiten DIN A 5 mit zahlr. Abb. Kart. DM 39,- / öS 285,- / sFr 36,-
ISBN 3-7625-2510-2

1987 Leichte Dächer und Fassaden. Rechtsfragen für Baupraktiker
1987. 135 Seiten DIN A 5 mit zahlr. Abb. Kart. DM 42,- / öS 307,- / 39,-
ISBN 3-7625-2589-7

1991 Fugen und Risse in Dach und Wand
1991. 135 Seiten DIN A 5 mit Abb. Kart. DM 54,- / öS 394,- / sFr 49,-
ISBN 3-7625-2875-6

1993 Belüftete und unbelüftete Konstruktionen bei Dach und Wand
1993. 130 Seiten DIN A 5 mit zahlr. Abb. Kart. DM 58,- / öS 423,- / sFr 52,50
ISBN 3-7625-2486-6

1994 Neubauprobleme – Feuchtigkeit und Wärmeschutz
1994. 170 Seiten DIN A 5 mit zahlr. Abb. und 54 Seiten Register aller bisher
erschienenen Jahrgänge. Kart. DM 64,- / öS 467,- / sFr 58,-
ISBN 3-7625-3079-3

1995 Öffnungen in Dach und Wand – Fenster, Türen, Oberlichter –
Konstruktion und Bauphysik
1995. 232 Seiten DIN A 5 mit zahlr. Abb. Kart. DM 66,- / öS 482,- / sFr 60,-
ISBN 3-7625-3250-8

Preise bei Drucklegung, Preisänderungen vorbehalten.

BAUVERLAG GMBH · D-65173 Wiesbaden